井上満郎著

平安時代軍事制度の研究

吉川弘文館刊行

序にかえて

もう十五、六年も以前のことになるが、私の在籍していた当時の京都大学文学部国史研究室でひとつの小さい論争があった。先輩であるM氏の著作に記された序文（はしがき）をめぐってである。M氏の後輩にあたり、論客として知られていたH氏が、序文というものはその書物の発刊の意義や研究史上の位置付けなどについて記すものであって、みずからの私生活がたとえ研究を生みだす背景であったとしてもそれはわざわざ書くべきようなものではないとして批判を加えた。これに対してM氏の同級生であったW氏は、それはたしかにそうかも知れないけれども、一著を公刊するというのはきわめて気力を必要とする行為であり、原稿を完成したときにM氏は心身ともに疲れはてていて私事を書物の由来に換えて冒頭に記したのであろうし、また意義や位置は本文中でおのずと明らかになるものだからあえて序文に書く必要もないだろうとして、M氏を擁護した。たしかにその著の序文には個人的な趣味の問題や生活状態などが記されていて、他書とはかなりちがったものになっていたし、通例からすれば「あとがき」ともいえる内容であった。この「論争」があったとき研究室に居たのは私のほか一、二の人だけであったし、おそらく論者のH氏・W氏すらもう忘れておられると思うが、私には何か頭の底に残るものがあったのか、いまでもその様子を鮮明に思い出すことができる。そのときに妥当だと思ったのはH氏の主張のほうであって、論理的な発想のたてかたであったし、私もいつの日にか一著を公刊するときには壮大な序文を書こうと思っていた。

しかし、いざ現実にいままでの書き貯めた論文を、たとえ部分的にではあっても手を加え、用語の不備や史料引用の不適正を修正することは、きわめて時間と労力のかかることだという事実にいやおうなしに直面せざるをえなかった。作業にとりかかったのは前著『研究史 平安京』を上梓した直後の昭和五十三年（一九七八）初秋からであるが、その間いくつかの依頼による執筆はしたが論文と呼びうるものはほとんど書かずに作業にとりくんだ。その過程で序文の構想をたてればよいことは十分に承知はしていたのであるが、実際には成らなかったのである。H氏の序文「論」を善しとしながらも現実にはこのありさまであって、むしろ心情としてW氏の主張が理解できるようになったといえる。それを〃変節〃といえばいえるであろう。だが、個人によって書かれ編まれた書物が、学界にとって重要であろうとするのは当然のことであるが、それと同時にその個人にとっても比類なく重要な足跡となるのも、これまた当然のことであろう。その意味で、序文に学問的解説を行なうのも一面の真実であれば、私ごとを基礎とした感懐を記すのも他の一面の真実であるのである。

＊　＊　＊

私が軍事制度を研究テーマに選んだ理由のひとつは、平安時代のそれが研究史のうえにおいて空白に近かったからである。川上多助・大森金五郎氏といった人々の先駆的な業績はあったものの、この時期以前の律令軍制を中心とする研究と以後の武士団・武家政権の研究との間にはさまれて軍事制度的には過渡的な時代であったゆえに、両氏以後の研究はけっして多いとはいえなかった。いわゆる健児制が実施されて「軍防令」軍制が崩壊してからは軍事制度のうえでは混乱の時代であって、その混乱のなかから治安担当の武士が発生してくる、といったような研究がなされていたにすぎなかった。むろんその論はまちがいではないし、当時の軍事制度の一面を言い当てている。しかし武士というのはそれ自体として成立するものではないし、いわば国家権力との関係において日本の武士は武士たりうるのであり、だとすれば国家権力と武力・軍事力あるいはその荷担者との有機的関係を明らかにしてこそ軍事制度のもつ真の意味を知ることができるといえる。このような箇所から出発した私のいくつかの研究が、客観的にどこまで目標に達しているか、また出発点そのものは正しかったのか、といったことについて自分自身で判断を下すことはできないが、いささかでも研究史の欠を補いえたことがあれば、それでよいとも思っている。

もうひとつの軍事制度の研究を選んだ理由は、勉強をはじめた頃の私をとりまく時代的な環境である。学部から大学院のころの京都大学国史研究室は、マルクス主義史学の全盛期であって、私自身もそれに関わる書を次から次へと読みもした。しかし、上横手雅敬氏が「当時学界を風靡しつつあった史的唯物論の歴史学は、周囲の先輩や友人の間でも盛んであった。戸惑いつつも、それを受容し、対応していく中で、私の研究生活ははじまった」と書かれ（同氏著『日本中世政治史研究』「あとがき」）、また横井清氏が「『領主制論』が湧き立ち、口角沫をとばす勢いの論議に、わけもわからぬままひっそりと耳を傾けたものだった」と述べられたが（同氏著『中世民衆の生活文化』「はしがき」）、全体的には私の場合もこれに近かった。もっとも、古代史の場合には史的唯物論の方法かあるいはいわゆる「実証主義」史学の方法か、はたまた第三の方法かいずれが有効かということについて、論理的な結論はともかく研究業績のうえでは、まだ結果が出ていないという現況とも関係して、とくにどれかを選択しなければ学問・研究ができないというわけではなかった。また、内面的にはともかくとして外面的にはそれを迫られるということもなかった。ただ、大勢であるか少数であるかという選択が結果として存在するだけであった。

　だが、そうした研究室的な環境とは別に、やはり当時の社会的な情勢が私をして軍事制度に興味をもたせるにいたった。私が京都大学に入学したのは昭和三十五年（一九六〇）であって、いわゆる安保改定の年である。連日にわたって大学では抗議行動が行なわれ、入学直後からいやおうなしにその事態に直面せざるをえなかったし、みずからの立場が反対か賛成かということとは別に、国家の問題・権力の構造にどうしても無関心ではいられなかった。国家というものを、何においてとらえるかは、または権力のどこを対象としてとらえるかは、基本的に研究者個々人の自由であり、動機もまた多様であらざるをえないが、私の場合は、当時の社会的な情況を基本とし、かっこうをつけて言うことをゆるしてもらうなら、それはいわば直観ともいえる感覚的な把握によっていた。つまり、論理的な思考の手続きを踏んでのものではないから、言いかえれば趣味的な把握ともいえる。青木和夫氏が安保闘争で惨死せしめられた樺美智子さんの「国史を勉強してらっしゃるのは、なんのためなんですか」という質問に対して「なぜ学問を職業としたかっていう経過をしゃべること」に置き換えた「ずるさ」を「痛み」として感じておられるように（青木和夫氏『日本古代の政治と人物』第四―二「樺さんへの追憶」）、青木氏自身はここでは研究出発の動機を書いてはおられないが、私もこのような二、三の学生からされた質問にまともに答え得たことはなかったし、私自身の場合は感覚的・非論理的に平安時代・軍事制度を選んだことにある種の後ろめたさを感じてきたことは確かである。しかしそれはあくまで個人的な私ごとに過ぎないだろうし、研究のひとつの結果としての論文・著作の評価とは無関係であろう。しょせん、評価は動機によって拘束されるものでなく、読み手に委ねざるをえないと思う。

しかしながら、そうはいっても、動機とは別に、自からが選択した研究テーマを追求し続けるためには、なぜそれを研究するか、何を研究の目的にするかということが、内面的にも外面的にも論理化されねばならない。青木氏の場合それを「職業」と結びつけることによってなされようとしたのである。私の場合は軍事制度をテーマとする原因・背景となった社会状況との関係で、これを把握しようとした。社会の変革を考えるために、また社会運動に身を置くために、などというところまではとてもいかず（むろんそれなりに〝参加〟していることにおいては誰しも同じであろう）、国家なり社会なりを私自身が把握・認識するときにそれをどのように行なうかということの基礎となっているにすぎない。ほかならない私が国家・社会を判断するときの論理的前提になっているのであって、研究史上において果しうる役割とは別に、軍事制度を研究テーマにしたことの論理性は、換言すれば、国家といって大げさならば私をとりまく社会へ私がどうかかわったかという点において評価されることになろう。これまた個人的なことではあるが、私は〝象牙の塔〟には感覚的にすら耐えきれないし、藤原義江・山口誓子を女だと答える〝日本史学者〟にも耐えられない。まだ小野妹子を女性と思っている人のほうに親しみを感じる。遠く隔たった古代を研究しているにしても、身近かな現代に対しては、少なくとも〝開かれた〟人間でありたいと思っている。

* * *

本書の構成については、すでに発表した論文を基礎としている。

序章「平安時代軍事制度の概観」は、「平安時代軍事制度の素描」（『奈良大学紀要』第二号、昭和四十八年〈一九七三〉）

文は別として私の最初に発表したものであって、序論的な叙述を少し付けていたのでこれを分離して序章にもってきてみた。前者も論文の体裁はととのえてはいたつもりだが、あくまで素描であったから史料などはほとんど使用しておらず、本書序章も概観にすぎない。

第一章第一節「健児制の成立と展開」は、「奈良時代の健児」(『日本歴史』二七六号、昭和四十六年〈一九七一〉)を基礎とする。表題のとおり奈良時代を中心にして健児制を考えようとしたものであって、第三次健児制については山内邦夫氏「健児制をめぐる諸問題」(遠藤元男博士還暦記念『日本古代史論叢』所収)というすぐれた論文があったので考察の対象から省いたのであるが、本書収録に際しては構成上の都合もあって改変と平安時代をも加えて多少の増補を行なっている。

第一章第二節「俘囚の兵士」は、「俘囚の兵士」(小葉田淳教授退官記念『国史論集』所収、昭和四十五年〈一九七〇〉)を基礎とし、五、六点の史料本文を加え、二、三の用語を変えたほかはほとんど変改を加えていない。同様のテーマをとったものにすでに村尾次郎氏「奥羽の動乱と俘軍」(『律令財政史の研究』所収)があったが、それとは異なる視点から考えてみた。

第一章第三節「律令国家の武器所有について」は新稿である(昭和五十一年〈一九七六〉成稿)。某誌の依頼によって執筆したものであるが、校正刷出来後しばらくして廃刊となったため未発表原稿ということになる。はじめて武士に興味をもったときに、解けなかったのは彼らのもっていたはずの甲冑・刀剣などの武器がどのようにして調達されたものであるかということであった。諸記録からうかがえる武士間の戦闘が個人戦(一騎打ち・名乗り)を大きな要素としていることは疑えないが、そうだとすると、個人の肉体とともに武器の強靭さが勝敗を決する重要な要素となったこともまた疑うことができない。いまでもこの武器の生産・伝来について解けないでいるが、少しでも解決の糸口をつかもうとしたのが本節である。

第二章第一節「検非違使の成立」は、「検非違使の成立と摂関政治」(『日本史研究』九三号、昭和四十二年〈一九六七〉を基礎としている。その一部は序章に入れたが、処女論文であったため、本書収録に際してはかなり手を入れている。なお、このテーマの分野は論文を発表した昭和四十二年(一九六七)以後、もっとも研究の進んだものであって、渡辺直彦氏『日本古代官位制度の基礎的研究』・森田悌氏『平安初期国家の研究』その他に結実している。本来ならばこれらの業績を検討したうえで全面的に改稿するべきであるが、諸般の事情によって最低の補訂にとどまった。なお、その後、押領使・追捕使をも含めて検非違使について論じたものに大饗亮氏『律令制下の司法と警察』がある。

第二章第二節「押領氏の研究」は、「押領使の研究」(『日本史研究』一〇一号、昭和四十三年〈一九六八〉、のち『論集平将門研究』に再収)を基礎としている、論旨そのものはこれと変っていないが、史料の追加や叙述の増補を行なった。次節の追捕使についての考察もそうであるが、承平・天慶の乱の国制の変化・動揺と軍事制度とを関わらせて考えようとしたものである。

第二章第三節「追捕使の研究」は、「平安時代の追捕使」(『古文書研究』二号、昭和四十四年〈一九六九〉、のち『論集日本歴史平安王朝』に再収)を基礎としている。前節同様、史料の追加や叙述の増補を行なったが、「五、追捕使と惣追捕使」はまったくの本書収録に際しての追加である。全面的な解明にはもちろんなっていないが、平安時代史・古代史の側から鎌倉幕府の守護制度成立の意味を考えてみようとしたものである。その後、押領使・追捕使については、堀内和明氏「中世初期武力の特質」(『立命館文学』三〇六・三〇七号)・福田豊彦氏「王朝軍事機構と内乱」(『岩波講座日本歴史』古代4所収)・下向井龍彦氏「王朝国家国衙軍制の成立」(『史学研究』一四四号)などの考察がなされ、国家軍制の構成が追求されている。

第二章第四節「源氏と平氏―棟梁の成立」は、「源氏政権の歴史的前提」(『歴史公論』四〇号、昭和五十四年〈一九七九〉)と「武家と三使〈検非違使・押領使・追捕使〉」(『歴史公論』八号、昭和五十一年〈一九七六〉)とを基礎としている。発表誌の性格上いわゆる少し〝柔かい〟ものとなっているが、本書収録に際しては構成を変え、また史料などもいくつか補なった。

第三章第一節「将門の乱と中央貴族」は、「将門の乱と中央貴族」(『史林』五〇―六号、昭和四十二年〈一九六七〉)を基礎としている。多少の変改と増補を行なっている。

第三章第二節「院政政権の軍事的編成」は、「院政政権の軍事的編成」(『史林』五五―三号、昭和四十七年〈一九七二〉)を基礎として、多少の補訂を行なっている。いうまでもなく、本節は石井進氏「中世成立期軍制研究の一視点」(『史学雑誌』七八―一二号)に啓発されて、中央における軍事制度を考えようとしたものである。前節は将門の乱を手がかりとして十世紀といういわゆる律令国家の崩壊から王朝政治の成立という時点の軍制を考えようとしたものであるのに対し、本節はその後の中央軍制を追求しようとしている。

第三章第三節「鎌倉幕府成立期の武士乱行」は、「鎌倉幕府成立期の武士乱行」(『日本史研究』一一〇号、昭和四十五年〈一九七〇〉)を基礎としている。多少の史料の追加を行なった。佐藤仲清・能清を素材に源平内乱期の武力のありかたを考えようとしたものであるが、意外にも山田宗睦氏『異志倭人伝』に引用されるなど西行にふれた個所が注目されたようである。この佐藤氏とその行動に関してはその後、目崎徳衛氏「佐藤氏と紀伊国田中荘」（『西行の思想史的研究』所収）・田中文英氏「平氏政権の在地支配構造」（『日本史論集』所収）などがある。

＊　＊　＊

以上が本書のテーマ設定の理由と構成である。空白とまではいかないまでも研究されることの少なかった平安時代の軍事制度研究において、何らかの寄与するところがあればしあわせである。

著　者

昭和五十五（一九八〇）年三月

目　次

序章　平安時代軍事制度の概観

はじめに

日本の古代国家の崩壊から中世封建制の成立するまでの時期については、今までいうまでもなく種々の説が提出されている。本書が問題にしたいのはその軍事的・武力的側面における場合のみである。律令体制を政治的母体として、これを克服して生れる日本の中世封建制の特性を考えてみたとき、その過程は具体的にどのようなものであったのか。律令体制の時代をも含めて古代におけるいかなる歴史的要素を受けついで、また何から脱出することによって封建的権力は形成されたのであろうか。ここで軍事力・武力を対象とするのは、その側面こそが日本中世の成立を特色づける重要な契機になっていると考えるからである。軍事力・武力は単なる強制の手段というのみではなく、ことに日本律令制下にあっては西欧社会とは異なり軍事力が労役(税)として徴発され、それを徴発しうるということ自体が同時に租税を人身から収取する機構が完全であることの証明でもあった。単なる武力という側面での重要性ばかりでなく、国家に対して軍役を負担させることが、租税を徴収しうる妥当性・正当性を主張する拠りどころともなったのである。

このように、日本古代では軍事力・武力の存在形態である兵士役自体が、租税として収取・貢納されるという側面をもつ。西欧の古代社会においての兵士役または軍事的負担は、支配階級たる市民階級のための武力としての性格が濃厚であって、奴隷所有者たる市民階級の奴隷階級に対する支配を目的とするものである。そしてその武力は、武力を必要としている当の市民階級その人々によって負担される。支配者である市民の、市民たることを発揮するためのひとつの権利なのであって、自己の階級の奴隷制的支配を維持するために市民自身により比較的自発的なものとして形成される。だからそこでの武力は市民階級共通の財産たる奴隷を支配し、かつそれを供給することを目的とする。武力は市民および奴隷から成っていた社会を再生産するためにあるのであって、それが強力であればあるほど戦士という存在は奴隷制社会を拡大・維持・再生産していくのに有用であり、それ自体非常に価値の高い崇高な行為とみなされることになる。逆に言えば軍事力・武力を負担するという事実が市民階級であるということを示す重要なひとつの要素でもあったのである。(1)

また律令制下の兵士役は、容易に反国家的存在に転化しうるものであって、しかも西欧のように支配者が武力を提出するのではなくて、被支配者が実際行動をするものであってみればなおさらのこと反国家的存在として転換しやすくなる。そこでそうした兵士役を行なうとき、その一方で武器を公的な所有として一般民衆から隔離することが政策として実行される。(2)と同時に、そうした物質的な方法のみではなくて精神的にも武力または武力を行なう者をも疎外する必要があった。(3)もちろん、その武力といっても、現象的には武力一般ではなくて反国家勢力と化した武力を阻止することであって、反国家勢力と認定されるのはある特定の組織原理のもとに編成されたときにである。その編成原理そのものが反国家的であれば排除されるということになり、つまり既成の国家権力を守護するという以外の目的をもつ武力は、またはその編成原理は排除され卑賤視されるのである。日本の中世は実にこうしたところからも脱出せねばならなかった。根本的な政権の移行はもちろんその政治権力の奪取であるが、加えてそこに至るまでの、中世を構成する武士個人の精神のなかでの古代との闘争・その克服を経なければならなかった。

壬申の乱を経験した八世紀初頭に飛鳥浄御原令に続く大宝律令が制定され、律令国家の基礎がきずかれることになるが、早くも八世紀の中葉には石母田正氏の言われた「古代の没落の第一の段階」がはじまる。しかしこの時期は、「貴族階級内部における対立が激化し、律令制本来の諸政策が破綻しはじめ、全体として古代世界の行きづまりが到来したことを示した点において」(4)注目されるのであって、いまだ国家機構の変容にまでは進行していない。破綻が随所に感じられながらも依然として律令制に基本をおいた諸施策が実行されていた。八世紀の律令制盛時を過ぎ、古代の没落の第二の段階になると兵制・軍事制度全般にわたる第一段の変化が起る。健児制であり、この制度において、残滓をもちながらも労役として一方的に貢納物としてのみ存在してきた兵士役が中断され、身分のある種の表現である健児制へととって代るのである。そして例外として兵士制の廃止されなかった地域たる陸奥・出羽等の国の兵士制についても、弘仁二年(八一一)の文室綿麻呂の「今官軍一挙、寇賊無遺、事須悉廃鎮兵、永安百姓」(5)という言葉のごとくに存在の意味が少なくなったところで実質的には一応消滅したと考えることができよう。

もちろんこの時期に律令兵士制が何らかのかたちで崩壊したとしても、次に考えねばならないのはそれにとって代るものとして何が在ったかということである。律令国家の租税収取を支える律令制にのっとった兵士制が解体したとしても、膨大な国家機構が消滅したわけでないことはいうまでもない。よしそうであったにしても律令というものが日本国家を支える根本法であったことを認めれば、兵士制の解体、つまり租税収取を支える強制手段の主たるものの消滅は、律令国家の消滅をも物語るはずである。しかし律令体制は以後も国家支配の法的側面として原則的には平安時代の末にまで継続するとせねばならない。税制は消滅したのではなくて、それを武力の面で支えていた兵士制が解体・消滅したのであり、国家権力の側面からいえばその構成が変質・転換したのである。そしてその第一の時期を延暦（七八二—八〇六）から大同（八〇六—八一〇）・弘仁（八一〇—八二四）にかけてに求めるのがもっとも妥当であろう。この時期において実質的には抽象的な統一体概念としての律令国家は変質の方向に向かう。しかし、依然として律令国家は各権門に分散して権門体制的様相を呈することはなく、従来通りの国家として存在し、また存在するように官人の行動が行なわれる。各権門が独自に国家機構の中でその機能を分有し、また経済的に自立的な収取を行なうだけの条件が完成していなかった。

ついで各権門が経済的基礎を充実させ、国家権力の構成員にまで上昇し、国家機能を共有するまでに至る時期、それが石母田正氏の言われる「古代の没落の第三の段階」であり、十世紀初頭に求められよう。この時期は「古代国家の骨格をなしてきた天皇制、その法制的表現である律令体制がこの時期を境として急速に没落しはじめた(6)」ときであって、日本古代国家没落の最重要の画期であろう。しかし制度的意味での兵士制の変化は顕著ではない。もちろんそのことは軍事的要素の無変化を示すものではない。換言すれば、それは国家制度という側面で捉えうる表面的な軍事制度が変化しなかったというだけのことであって、必ずしも国家構造そのものの安定性を示してはいない。逆にそれは国家構造そのものの変化によって、従来のような形式としての兵士制が不適切になってきたことを物語っているものである。旧来の「律令国家」に奉仕するという意味の兵士制が不必要になっていたのであって、それは軍事機能が各権門のもとに分有されるがごとき情況へと変化したことにほかならない。国家の構成の変化、またそれをもたらした在地の情勢の変化、そうした変革の過程のなかでこの時期の特質は出発しているのである。

以上のような前提にたって、律令軍制の崩壊から平安時代の軍事制度の具体的な展開にいたるありさまを概観してみる。

1　律令軍制の変質

律令軍制を規定する主な要素は兵士と軍団である。軍防令に規定をもち、国家によって措定された公民がこの兵士役を国家に対して負担し、これに軍団統制その他の官僚機構が加わる。もっともこうした古典的な軍団制度の評価には、野田嶺志氏の有力な批判がある。(7) すなわち、「軍団は常備軍などというべきものでない」「いうなれば器庫」であり、「律令国家の軍隊は、行軍というきわめて臨時的性格」を示すという。たしかにそのとおりであろうが、いかに軍団の平面形態が常備軍でないとしても、軍団が法的・歴史的に実在して兵士動員の拠点になっていたことは「正倉院文書」などの随所にも確かめられるし、また軍事行動そのものはたえず臨時的行動としての戦争に備えるものである。たとえ常備軍ではなくとも国家の軍事力にはちがいなかったし、近代的な軍隊の概念で古代の軍事制度を考えることはできない。綜合的な国家の軍制の中で、やはり軍団は評価しておかねばならないと思う。というのは、まさにこれが律令制度にもとづいた国家支配の重要な一端をになっているからであって、笹山晴生氏が述べられるように「軍団制は、農民をつねに軍団に勤務せしめることによって徭役体制を維持させる役割を果した」(8) のである。また兵役そのものについても、律令体制支配維持のための諸種の免除規定の存在にもかかわらず、一定年齢に達すれば国家は公民を兵役に点定しうるということは、国家支配の上においても軍事支配の上においても重要なことであった。前代の農業共同体の残存不可避性にもかかわらず、国家はその構成員を国家のもとに個別に軍事的に徴発することが法的に可能であったし、在来の共同体から分離して軍団の中の兵士としたのである。

では律令体制下の軍事制度、つまり軍団制・兵士制の崩壊はどう把握できるか。それは軍事制度の最大の要点であった公民兵の組織・徴兵が不可能となったということであり、概念的にいえば班田農民層のかつて北山茂夫氏が主張された(9)ような逃亡などの国家への広範な闘争の一環としての結果であって、それは農民闘争のひとつとしてあらわれてくる。その帰結として公民層の分解がもたらされ、従来のような公民兵は徴兵が不可能となってくる。奈良時代の健児はそれに対する国家の軍事制度上のひとつの対応策であった。公民が富豪層の営田・私出挙その他の活動などによってその影響下にくみ入れられ、国家の徴税対象から種々の側面で離れていくところを、経済的には富豪層として活動し、しかも律令国家の地方行政機関の末端に属する郡司の子弟を把握することによって軍事制度の再編成を目論んだのである。こうした公民層の変質は一時に起るものではないから健児制についてもその施策は徐々に行なわれることになり、しかも確実に軍団制・兵士制を廃止せねばならない方向で事態は進行していく。天平十年（七三八）以前の第一次健児制が公民兵士制の枠の中で設定され、一般兵士の優秀な者を点じたにすぎないという情況から、天平宝字六年（七六二）の第二次健児制は律令政治を再編・強化することに最大の努力をはらった藤原仲麻呂らによって政策として出され、兵士制と共存し相補う関係にたつものであった。延暦十一年（七九二）の第三次健児になると、軍防令における兵士制との関係では健児のみが法的には中央政府の兵士となってしまう(10)。ところが、健児制の目的は公権力を与えられた郡司の共同体首長としてもっている潜在的軍事力を国家の軍事的官僚機構にとりこむということであって、家父長制家族の成長・分解が進めば進むほど成員を兵士として従属させることは不可能となってくる。結局、構成員の成長と首長への闘争の激しさによって、実質的に彼らの兵役徴発ということを果しえず、それが最終的に延暦十一年（七九二）第三次健児制とその失敗として帰結するのである。

しかし、こうした健児制に帰結するような事態に対する評価について、中央政府のそれと地方国府のそれとは異なっていた。中央政府は総体として徴兵不可能という情況を認識したとしても、またそれによって兵士制の廃止は可能であったとしても、支配・被支配が具体的に接する地方においては兵士制の存続が願われる。地方では軍事力のもうひとつの側面である被支配者抑圧の暴力としてのそれが必要なのであった。延暦十一年（七九二）の兵士制廃止・健児制実施の直後、現地支配の長官で、また兵士を「私役」して私利の追求に忙しかった国司たちから兵士制復活願いが多く出されるゆえんである。この八世紀末―九世紀という段階は兵役負担者としての側面からみた公民（班田農民）層は決定的に崩壊しているわけではなかったし、たとえそうであったとしても新たに公民層を措定しうる国家権力は十分に存在していた。門脇禎二氏の主張された弘仁・天長期における一町経営規模の自立的農民を新たな租税負担対象にしたという経済政策も同じようなことであろう。[11] またそれは各地方によって程度はさまざまであり、兵士制を地方によっては残存させることが可能であった。

たとえば、旧来の、実質的に国司の主導下にあった兵士制がいかに効果の薄いものになっていたかは、兵士制廃止後の九世紀の史料であるが貞観八年（八六六）の広野河の水利をめぐる事件の中にうかがうことができる。[12] よく知られているようにこの事件は水利を中心にしての郡司たちの争いが展開されるわけであるが、このとき郡司に率いられた兵員が抗争している。水なくしては農民は農業生産に携わることができないから全農民をまきこんだ争論とも思えるが、その主たる推進者は家父長クラスの農民であって、彼らにとっては共同体構成員の成長と外部からの圧力（富豪層の活躍など）によるその離脱を防ぐことによる権利の保全なのであった。そしてそれは変質していたとはいえ農業共同体の首長でもあって国家公権の末端につらなっていた郡司の利害にも通じていた。郡司は、この抗争の主導者でないかぎりその権力を保持していけなかったのである。美濃国各務・厚見郡の大領たちが率いた兵士七百人は、軍団兵ではなくいわゆる「私兵」である。すなわち、郡司の農業共同体の首長としての機能において、また律令国家の地方行政権を行使する官人としての権限を利用し、兵士として隷属化したものであって、また家父長としての利益を守り構成員への統制を強化せんがためにみずから兵士となって郡司に従ったものであろう。広野河の水利に浴する各務・厚見両郡の全農民が戦ったものではないことは明らかである。そしてこの事件を政府は国司に処理させようとしている。むろんそれは軍事的な意味で地方の実体とは離れたものであったから成功はしなかった。九世紀の国司の中にはある程度地方社会の実体をふまえた国司がいたことは指摘されているが、それは律令国家の行政支配の遂行に中心をすえた文治的なものであって、軍事的にも同じ原理がはたらいたというわけではなかった。

この八・九世紀における中央軍制は、それがすべてではもちろんないが征夷大将軍に典型的である。この職がいわゆる令外官として八世紀末に登場しなければならないのは、軍防令における公民兵の変質と大きくかかわっていることを示す。本来は地方軍事については「職員令」にも示されているように国司が主としてこれを処理し、軍団がこれにあたったと思われる。その体制が法的に効力をもっていたのは公民兵が令の規定の範囲内で点定できるときであって、すでにそれが十分に行ないえない情況のもとでは国司による軍事力編成は中央政府にとっての位置を低くする。そこで新たに機械的に政治と軍事を切りはなして作り出した軍事的官僚制が征夷大将軍の制度である。大将軍のもとに副将軍・軍監・軍曹という四等官を擬し、旧来の軍事・政治未分離である情況とは異なり、独自の軍事官僚が作り出された。この成立がまさに健児制の採用時期、すなわち八世紀末であるというのも、「軍防令」における公民兵の解体という軍事情況の反映であることを物語っている。征夷大将軍のもとに引率された兵というのは、すでにもう旧来の公民兵そのままではなかったのである。九世紀の兵士徴発の主たるものは延暦十一年（七九二）第三次健児制以後の復活兵士制である。復活した国が何国と何国であったのかは不明であって、史料上に復活が確かめられるのはわずか数例にすぎないが、おそらくはかなりの国々に復活していたであろうことが征夷関係に動員された兵士の記載などから知ることができる。この兵士制が国司サイドからの復活であったことは史料の語るところであるが、しかし、それゆえにこそこの兵士の組織権は国司に大きな力を持たせねばならなかった。律令兵士制のもっていた公民兵徴収という原理から離れることはできなかったが、復活兵士制における「公民」兵はそれ以前の公民とは異なっていた。門脇禎二氏が言われるように「共同体関係を再編しはじめた自立的農民層を主要な課税対象」とし、(13)軍事的にも彼らを兵員化する方向に徴兵原理を求めたのである。国家からの収奪と大経営からの攻撃をうけて成長してきた自立的農民は武装権を奪われていたのであるが、これを彼らを支配する暴力に転化させて国家の体制を確保せんとした。従来の公民とはもちろん生産関係上に占める位置を異にし、しかもそうした「公民」層の措定に現場として事にあたったのは国司であった。国司が現地の具体的な社会構成のありかたをふまえたところからこの公民ははじまるのであるから、その兵士化についても国司の大きな影響下にあることは必然のなりゆきであった。したがって、これは征夷というような一種の対外侵略に対しては兵士として役立ちうるが、一般的な国家支配上の軍事問題にはあまり有効に作用しえない。なぜならば、すでに一国という規模を越えて横の結合をもちはじめた階層——たとえば群盗や「僦馬之党」——に対して国を単位とした軍事力は、国司の私利追求にのみしか一定の役割を果せないのは当然であろう。

徴兵されるべき公民の成長や階層分化が国制の上でもまったく統制しえなくなった時点で、「軍防令」公民兵に系譜をもつ東洋世界的な徴兵制、すなわち被支配者人民の武装権を奪いこれを逆に支配者のための武力に転化するという兵制は崩壊せざるをえない。旧来の農業共同体とはちがった場所に新しい村落を開発することが行なわれてくるような段階では、公民支配を現実的に保つことは不可能となる。もはや律令国家は土地開発・灌漑水利をはじめとする諸機能を国制のレベルでになうことは不可能となっており、したがってそういう情況下では旧来と同じ公民は国制の上では組織できなくなっていた。

2　検非違使・押領使・追捕使

新しい兵士制として登場してくるのは十世紀の国兵士である。この制度は戸田芳実氏が注目されて分析しておられるが、(14)国兵士は旧来の公民兵系譜の兵士とはまったくちがったところで徴兵される。いわば国司が中央政界を構成する貴族たちの一員として、地方国衙を拠点として徴兵したものである。この国兵士となっていったのは戸田氏の指摘のように浪人身分がその武力上の中心であろう。大山荘の著名な史料にみられるような「堪百姓」たちは国兵士となったであろうが、正身ではなくて代身のこともあったであろうし、国家の軍事的要求をみたす精兵とはなりえなかった。また河音能平氏が指摘されるように十世紀以後に至ってかつての公民たちは「もはや農村の新興階級＝富豪層の経済的活動のもとに完全に包摂されて、あるいはその決定的な影響下においてのみ自己を再生産しなければならなくなって」いる(15)という情況であったから、軍事力においても彼ら富豪層やその成長した農奴主階級を通じて兵士が調達された。あるいは諸家兵士にみられるような家産制的支配を通じての兵士もあった。しかし、十世紀における国家支配の重要な一部分としての軍事制度の基本は、農奴主階級から成立した諸国の兵士であったと考える。在地において旧い公民制的な律令体制支配の枠を破って形成されつつあった農奴主たちによる経営に対しての支配の意味をもつゆえに大切な部分を占めていた。国家の軍事力編成さらには軍事情況における古代から中世への移行という側面を考えたとき、浪人・俘囚[16]といった武力ではなく、現地の基本的な農業経営を基礎とした農奴主階級の武力を中心に置くべきであろう。国家はもはや従来のような公民支配を行ないえないし、国司たちが現地の国衙の行政機構を通じて徴兵したものが国ごとの兵士として体制的に組織された。それは国衙の公権に接触することによってみずからの立場を補強していた農奴主階級の存在を前提としてのみの徴兵であった。吉田晶氏は将門の乱の武力を追求していくなかで、「平安中期の武力の基本的特質は農奴主階級の武力」であるとされたが[17]、農奴主たちの活動や小経営農民との関係を破壊しての徴兵はもはや考えられなかった。

この段階で中央政府の軍事制度として国制に重要な役割を果したのは、いわゆる三使――検非違使・押領使・追捕使――である。律令国家が解体し、政治権力の分散化＝権門体制化がすすみ、それにつれて太政官機構を把握する中央朝廷は自己の諸権門の統制者・代表者としての地位を保障する軍事力を持たねばならない。それは太政官行政の末端を構成する国司の組織しうる国兵士を中央朝廷が何らかの方法によって把握することであった。より大きな叛乱などに対する軍事行動は国司の下での兵士のみでは不可能であって、それらを統括して国制の一環とする必要があった。つまり従来の徴兵概念・組織とはまったく異なった軍事力徴発の手段として考え出されたのが三使であった。この制度は、武力・武装そのものの存在の場所にまでさかのぼって支配を行なおうとするためのものではなかった。軍事力組織のための手段であって、支配機構そのものとは異なっていた。この際より重要なのは、諸国・諸家・諸司というような徴兵の直接的な当事者がどう軍事力を組織するかということであった。

検非違使は、九世紀前半の、いわゆる「良吏」政治の一環として出発し拡大していった。弘仁前半年に設置され、渡辺直彦氏が指摘されたように「ある程度太政官から独立して」[18]、九世紀終り頃までに諸国にも順次置かれていった。もっとも、中央政府の軍事的な意味にあっては諸国検非違使は重大な役割を果すことはほとんどなく、地方的な警察制度に終始したものと思われ、軍事的な意義をもつにしても京師検非違使を通じてのみであった。十世紀に至って律令制の公民兵に系譜をひく兵士制が衰退した段階で検非違使が軍事的な役割を果すことを要求される。この場合中央政府の指揮下に軍事的な機能を果しうるのは京師検非違使であった。そして諸国検非違使も中央検非違使との関係が薄いとはいえ、国司のもとにあって中央との結合はあったと思える。それは検非違所の成立というところからも推定できるようである。その詳しい考察はここではできないが、検非違所の成立は十世紀の後半からみられ[19]、地方国衙の一機関と変化していく。国衙の機関化して在庁官人たちが実質的に検非違所の機構を把握するということは、相対的に国司の軍事力・警察力組織が衰えたということを示し、国衙の権力が在庁レベルで再編されていくということである。

中央政府が京師検非違使を軍事手段とし、京外に軍事的行動の範囲を及ぼした例は、かの平忠常の乱にみられる。このとき追討使という職務内容を与えられて関東に下るのは平直方・中原成道の二人であって、彼らは検非違使であった[20]。その輩下には各国衙によって動員されたであろう国兵士が付けられるが、史料の明らかにするように検非違使の軍事力はこのとき実際の役にはたたず、武士の棟梁たる源頼信の登場をまたねばならなかった。頼信の当時の官職は国守にすぎず、在来の律令国家の軍事編成・行軍の体系とはまったく関係がない。十一世紀はじめという時期から考えて、国々の情況は在地領主の武力を基本とする軍事的環境に移行しつつあり、十世紀はじめの段階のような軍事力の中央政府への集中は望むべくもなかったのである。検非違使がこうした方法で国家の軍事の中で大きな意味を与えられた例はこれだけしか史料は残されていないが、この中央政府の軍事政策はこの時期の軍事制度のありかた・組織の方法をもっとも典型的に示すものといわねばならない。

追捕使は、十世紀中葉、承平・天慶の乱において発明されたものである。これは具体的に東国の将門の叛乱と西国の海賊蜂起という直接的な動乱の対策として出発したものであって、その意味で軍事目標ははっきりしていた。またこの段階で従来の官制にまったく見られない追捕使という官職の出現したこと自体が中央政府の軍事編成が効果的に機能していなかったことを示している。地方における兵士徴発と軍事力編成が従来のごとく軍団を論理的基点として健在であるならば新たに追捕使を作る必要はないのであって、それが機能を失ったという中央政府の認識と現実のもとでこの新官職が設置されたのである。これと対応して形式的に律令軍制の示す概念が将門叛乱に対する征東大将軍と純友叛乱に対する征西大将軍であるが、こうしたものが有効なのはかつてのように徴兵されるべき公民層が何らかの形式で措定できる場合のみであって、指揮系統も十分に機能を発揮しているときである。ところが現実にはそれはすでにまったく不可能であり、かつての公民の崩壊してしまっている現地においてこれらの職はその軍事的役割を果すことはなかった。八世紀末段階での律令国家の公民兵を基礎とした征夷大将軍制度が、当時の共同体秩序の解体していたこのときに有効でありえようはずがなかった。

ともあれ、追捕使は中央政府の軍事的要請にもとづいて設定される。この被任命者は、山陽南海両道の追捕使であった小野好古の例からみてもわかるように、在地において武力的立場を確立している人物をこれにあてている。好古は、祖父が小野篁で弟が書家として著名な道風であるという、いわば典型的な中央貴族の家系に生れている。先祖以来中央の貴族社会のなかで伝統と権威を築いてきたのであって、そうした家産制的な背景のもとで追捕使という軍事官僚として登用されたのである。中央政府との直接的な命令関係をもつこの段階での追捕使に任命されるにふさわしい人物であったといえよう。しかし好古が個人的・家産的に持っていた軍事力のみでは国家的広域性をもった叛乱を鎮圧できようはずがない。そこで兵制のもっとも基本を構成せねばならない兵士として諸国から徴発された国兵士が付される。加えて、諸権門として国家機構上の位置を競っていた諸家・諸司から徴兵された兵士も追捕使の支配下兵士となる。これらの兵士が、当時の史料に頻繁にみられる王臣家・諸司の地方進出などによって確保された家産経営によって動員されてきたものであることはいうまでもない。

この承平・天慶期の追捕使は、中央政府への指向性がきわめて強い(21)。そのことは、名称が「諸道」追捕使というべきものであったことから理解できる。「道」という当時において行政的にはまったく実体のない単なる区画呼称を単位としていた。道単位の官職が任命されてとにかくも役割を果しうるのは、中央政府の意志が強く作用し、道を構成する単位である国の行政すなわちこの場合軍制としての兵士徴発と国司・軍毅の軍事的指揮系統が一定程度の有効性をもっていたという事実をもととしている。国衙にはすでに行政主体となる「所」などが成立しており、中央政府の権限の分散化が激しかったが、いまだ軍事力をも含めた形で完全に国衙が地方政治の主体となるところまではいっていない。軍事制度においても、質量のちがいや占める位置のちがいはあるけれども、中央政府はまだその命令権を保持していた。のちにみられるような尾張守藤原元命のような受領はまだあらわれていず、国司が地方行政において収取を完成するためには、いまだ現地社会の「公民」の再生産を保障する諸機能を公権のもとで果さねばならなかった。この「公民」を組織・支配しえなくなった国司は、みずからの多くの利益と中央政府の少しの公的収入を果すことが自分にもっとも有利な道と悟り、受領化への道を進まざるをえなくなる。したがって、この段階になると追捕使の任命も中央政府の影響のもとから離れて各国衙の主体的立場を基本として任命されるようになる。現実に道追捕使はまったく史料の上にみえなくなり、かわって国追捕使がすべてとなってくる。十世紀後半頃の情況を反映していると思われる追捕使任命の規定では、畿内・近江は宣旨によって任命され、それ以外の国々では国解によって太政官に申請せよとされている。[22]つまりこの十世紀後半の段階では、制度的にも実質的にも追捕使の任命は各国衙にその実権が移っていた。そしてまた当然の結果として追捕使の軍事編成でも大きな位置を占めていた国兵士の指揮権も国追捕使に移行していった。

押領使についても情況は追捕使と同じである。官職の名称そのものは追捕使よりはるかに古く、平安時代初期にすでに史上にみえており、兵員の輸送を事として働いている。このこと自体統一的な軍事的官僚体系としての「軍防令」制の不備を物語るものであるが、これが軍事衝突における戦闘指揮者となったのは実質的に承平・天慶の乱のときである。[23]それ以前にも実戦に携わった例はそれらしきものが史料にみえてはいるが、少なくとも押領使を中央政府による国家の軍制として考えるとき、実質的な押領使の成立は承平・天慶の乱に対応している。押領使藤原秀郷に典型的なように、将門叛乱の鎮圧がうまく進まなくなった段階、すなわち将門の軍隊に対抗してこれを撃破できるだけの有効な軍隊を作り出すことができなくなったので、中央政府は現地の武力的な有力者を利用してこれに任命している。したがって、この官職も追捕使と同じく中央政府指向的なものであって、任命に関しては追捕使における「北山抄」の規定がそのまま適用されていた。十世紀後半には追捕使と同じく官職の任命権・支配権などは国衙に移ったのであった。

以上のように、この三使は、従来の公民兵士制のシステムを効果的に利用できなくなった段階で考え出された中央政府の軍事政策上の官職であった。この十世紀頃の段階は、周知のように農奴主―農奴関係が広範に展開しつつも、いまだ所領を媒介とする封建的主従関係に発展するところまでは至っていなかった。そういう関係において生み出される武力を国家はみずからのものに転化できないかぎり従来の公民兵士制に等しい軍事力を確保することができない。そのための機構が三使なのであった。

しかしながら、この三使が軍事制度として有効であるためには、任命される者が軍事行動に熟練していることと、加えてすでにみずからの持っている私兵を公的な軍事行動の基幹に投入しうるという前提が必要であった。公民兵に系譜をひく国兵士などが質量ともに大きい戦闘行動に堪ええなくなっているのであるから戦闘にあたる者はその核となる忠実な私兵――たとえば将門が叛したときの従類――を確保せねばならないのである。したがって、十世紀において三使に任命された人物のうちでまがりなりにも役割を果しえたのはわずかの人物でしかなかった。

この中央三使に代表される軍制は、だいたい十一世紀中頃まで続く。この時期の軍事制度の特色は明確なかたちで中央政府の軍事制度があらわれてこないということである。三使もまさにそれであって、本来ならば一個の固定した官職によって軍事力編成の行なわれるのが当然であるが、検非違使・追捕使・押領使といったような成り立ちも名称も異なる制度に仮の軍事力を組織させている。とくに律令国家が衰退し、そこへ十世紀のはじめに承平・平慶の乱が勃発して中央政府の軍事的危機が生れるのだが、この軍事的処理の済んだ天暦年間頃からのちはまったく軍制を明確に知ることができない。しいていうならば、この段階で中央政治を左右した貴族・摂関家の軍制がそのまま国家の軍事制度のようにあらわれてくる。たとえば、源満仲のような安田元久氏の言われる「原初的武士団」(24)の長を登用したり、また忠常の叛乱のときにこれを鎮めたのは源頼信であったように、平将門に典型的なような移牒をうけたり、また検非違使庁からの下文をうけるような権力者たちを摂関家の侍大将として育成し、これに国家の軍事的指揮権を委任することが軍事政策であった。[25] 軍事力構成の中心となる国府の機能はまったく軍事的指揮系統のうえでは頼りにならず、中央政府はその軍事力の中核に中央政治を握っている摂関家の家産制内部の武力を据えたのである。この段階では中央政府は農奴主たちを直接的に把握することはできない。軍事的側面においても、著名な寛仁三年(一〇一九)の丹波国百姓の上訴事件では丹波国司が百姓の動きに対応してみずからの「国司親兵」を京都に派遣しているように、[26] 国司が国衙を機能的な中核として兵士を調達している。国司を介さないかぎり国々の兵士たちを有効な中央政府の軍事力に編成することはできなかった。

3　棟梁の成立

前代に続く軍事制度の段階の主たる表象は棟梁である。前代の軍事力は、都市貴族の盟主として国制の恣意的な運用をめざす院政にとってはまったく不十分であった。少なくとも中央政府の軍事力として貴族たちを制圧し、官職の任免権を確保するための武力が必要である。そこで考え出されるのが前代の軍事力における中央と地方の分裂を統一して武力を再編成するということであった。そのための機関が棟梁である。棟梁の性格についてはいくつかの学説があるが、その間には石母田正氏らのように古代国家の軍事指揮権付与を中心とするか、[27] それとも上横手雅敬氏らのようにそれ以外の中世的な私的主従関係を中心とするか、[28] ということ以外はたいした異同はなく、在地領主の政治的結合の結節点であるということが定説となっている。武力についても同じであり、在地領主たちと棟梁との間に封建的主従関係が発生するところとなる。この結合はもちろん「反律令制的性格」[29] をもっており、当然中央政府の従来の方式では把握しきれないものである。在地領主たちの政治的な結束と公権への進出を保証するものとしての棟梁と、在地領主たちの武力を中央にひきよせるための機関としての棟梁と、この二つの異なった性格の同時発現として棟梁は軍事制度のうえで成立する。したがって、いつの場合にも棟梁は在地領主と中央朝廷との二つの政治的権力集団に片足ずつを乗せ、均衡をとっている必要があった。政治権力のうえではそのバランスを失ってどちらかに重心をかけたとき、棟梁はその性格をまったく変える。

こうして軍事的に中央政府の古代的性格と在地領主の封建的性格との矛盾の産物として産みだされた棟梁は、中央軍制の問題として棟梁が輩下にもつ在地領主の武力を有効に登用するという課題を作り出した。政府はこれを強力にみずからの軍事力として体制内に位置づけねばならない。そこでこれにある種の律令制度上の国家的官職を与えて上横手氏の言われる「律令制軍事機構の将帥」(30)たらしめんとした。このことは頼義の例として「徴発諸国兵士、兼納兵粮」(31)とあるごとく、国家の軍事的権限の一部が棟梁に委任されるという事態となって結果したのである。

この棟梁がいつ頃成立するかということについては、石母田氏は源頼義・義家の段階であると述べておられるが、妥当なところであろう。もっとも、棟梁がなにゆえに棟梁たりえたかについては、国制の問題とも深くかかわってくるのであるが、少なくとも軍事力の側面においては頼義の父頼信のときはまだみずからの原初的武士団組織や家産的軍事組織を超えて軍事力を編成するというところまでは至っておらず、貴族武力そのものないしは摂関家の侍という範囲を大きく出るものではなかった。それが頼義・義家の段階では国家権力の軍事的官僚体系との関係が異なったものとなってくる。すなわち、棟梁にふさわしい軍事的な官職が与えられ、諸国の武士団に号令権をもつようになる。正確に棟梁発生の時点を求めることはできるはずもないが、一応は天喜元年(一〇五三)に頼義が鎮守府将軍に任命されたときをひとつのメドとすることができよう。棟梁に固定した官職があるわけでもないし、また鎮守府将軍が棟梁の属性として以後展開したというわけでもないが、「陸奥話記」に主としてみえる前九年の役の際の戦闘に関して頼義に与えられた諸種の権限は、陸奥守兼鎮守府将軍という官職から出発したように思われる。もちろん乱そのものが陸奥国で発生したものであるからこれも当然のこととも考えられるが、それにしても諸国兵士の徴兵権などにみられるように明らかにそうした官職に付属する職能を超えて拡大した権限を与えられているのである。こうした徴兵権・指揮権が、のちの棟梁の主たる権限として流動的ながら固定化していく方向に向かう。この傾向は頼義の子義家に至って決定的となり、遂には後世の源氏武士から「八幡太郎」と呼ばれて武士の祖として仰がれるところとなった。武士たちの精神情況・思想のなかにおいても義家が武士の祖となるのは、こうした、のちの武家政権の成立につながるような国家公権を大きく付与されて武士たちを統率したという歴史的事実によったものであることは疑いない。つまり義家の段階では単なる軍事的指揮権の保持者のみにとどまらず、諸国百姓の義家への土地の爆発的寄進にみられるように大領主化への道をも歩みはじめる。この寄進は、荘園領主と国衙の双方からその時々の政治的情況によって土地私有を危機にさらされる在地領主たちに主体性があることはもちろんであるが、義家が土地を集積すればもっとも被害をこうむるのは中央政府であった。所領を集積することによって、義家は単に軍事的権限をもつのみではなく、それと同時に大領主として存在することになり、当然そのゆきつくところは軍事独裁政権となる。中央政府や国家にとっては、棟梁は単なる軍事統率者として終らねばならなかった。この傾向は、やがて棟梁自身が、大領主化・貴族化への道をたどることによって、平氏政権となる。またこの棟梁出現の時期は、坂本賞三氏の指摘された(32)在地領主制の体制的容認が十一世紀中葉であるということとほぼ一致する。国家が在地領主制という体制を認めないかぎりみずからの支配を保っていけないということであるが、この容認によって国家は軍事的にその持つ武力を吸収しようとする。武士身分が国衙との関係で成立するということが石井進氏によって指摘されているが、(33)中央政府もそうした武力をみずからの軍事力として編成する必要があった。棟梁は、在地領主制の容認ということによって生じる領主たちの身分的向上を武力の面で中央に奉仕させる機関であった。軍事的に国衙はすでに中央政府と密接な関係でない以上、個々別々の在地領主たちの武力を、中央政府が吸収する新たな機構を必要とした。それが国家の軍事機構のひとつとしての棟梁の成立という結果になったのである。前九年の役からはじまった軍事的叛乱については、すべてこの棟梁を利用することによって対処し、中央政府の軍事問題としての乱は鎮圧されている。頼義・義家から清盛・頼朝に至るまでの棟梁は、いずれも中央政府との関係で作り出され、中央政府との関係でその地位を保持する。保元・平治の乱などで棟梁クラスの武士たちが旗幟を鮮明にして、どちらかの陣営に属さねばならないのはこうした理由によっている。農民たちのたえざる闘争とみずからの支配を拡大する戦争に対処せねばならない在地領主層は、軍事的に武士団という組織をもっていたが、さらに棟梁のもとに結集して、在地領主層の階層的な政治的立場を確立しないことには支配は危険であった。両乱やさらには治承・寿永の乱にしても、単に貴族や武家がどういう中央政府内の地位に落ちつくかということではなくて、より広い政治的な問題を含んだのは当然のことである。

棟梁が国家の公的機構として期待された役割は単なる在地領主の軍事的統率者ということであったが、それは当然のことながらその軍事的行動を出発点として、上横手氏が強調された棟梁の属性としての封建的主従関係に移行する。加えて中央政府の中に種々の官職を獲得し、また特定の権門と結ぶこと（たとえば院など）を通じて、一方で武力を軍事力として組織し、また一方で貴族なみの政治的位置と経済的基盤を得る。この経済的基盤が拡大してくれば旧来の貴族たちを圧倒して政権を奪取することは不可能なことではない。中央政府は、棟梁が意に従わねばほとんど自己の武力を持つことができず、持っても京都のみにとどまる。向上した棟梁は軍事力によって政権を奪取するが、それが平氏政権であって、平氏は、その持つ武力組織というものを除けば経済的基盤などは他の貴族たちとはほとんど変らず、その性格をとくに際だたせているのはその武力のありかたであった。治承三年(一一七九)のクーデタが成功するのもその卓越した軍事力の致すところであった。それ以前にもしばしば清盛は大軍をもって院政を脅迫しており、平氏の暴力がその政権を確保する重要な要素であったことは疑いない。平氏が中央政府内部での貴族たちの間での政争に勝利し、たとえ一時期であったにせよ国家政治を運営しえたのはすでに多くの人々が指摘するように(34)その持つ軍事力に負うところが多かった。鎌倉幕府についても少なくとも頼朝が生きている間は棟梁政権としての評価を与えることができよう。しかし幕府は単に軍事独裁にとどまらず新しい政治的・軍事的官僚機構を創出してそれを国制にまで上昇させる(たとえば守護・地頭)。幕府の主たる政治権力上の敵対勢力である院政の側が鎌倉殿を軍事的守護者(あるいは上横手氏の言われた「王朝国家の侍大将」(35))の地位におしこめるべくかつての清盛・義朝などにみられたような諸種の政治的策謀によって努力するが、これは政治権力者内部での政争として時に応じて展開した。政争がそれぞれの当事者の能力に応じて種々な方向に展開するのは当然のことであるが、大勢としては棟梁が大きな力を占めるようになってくる。やがてそれが執権政治という棟梁政権を克服した新しい封建的官僚体系と封建法を基本とする政治体制となっていくのである。

おわりに

以上の平安時代の中央軍制の推移の中で、軍事制度そのものとして画期になるのはどの時期であるかが問題となってくる。軍制における古代から中世への移行を考える場合、このことは重要である。日本の古代的な軍事制度とは何であって、また中世についてはどうか、と問うこともまた本章で試みたこと以上に重要な軍事問題上の核であるが、制度の画期を求めて、かりにそれを措定しておくというのもあながち無意味なことではないし、軍事問題の歴史上の位置を明らかにする作業の第一歩ともなるはずである。

この画期を私は棟梁の成立の時点に求めたい。その理由は、まず第一にこのときに中央政府がその持たねばならない軍事力を兵士・兵器にまでさかのぼって、みずから組織することを理念的にも現実にもやめたことである。すでに「軍防令」を適用する客体としての公民はどんな形でも設定することができず、かわって在地領主制が出現し、これを認めないことには国家が存続しえないという情況で、在地領主たちのもつ卓越した武器と練達した武力を組織しないことには国家の軍事制度が作り出せないのである。つまり、律令軍事制度の根本をなす兵士制が最終的に消滅し、部分的にはもちろん後世に至るまで残存するけれども体制としては大きな意味をもたなくなった時期である。

第二に、棟梁というそれ自体が国家の官僚体系とは異なるところで権力を貯えた私的な存在を発生させ、それを公権力によって束縛して国家の武力としたことである。軍事制度上において棟梁という媒介項をもつことによってはじめて国家は軍事的な有効性をもった。私的な存在というのは、棟梁の組織する武力の基幹的なものが私的なものであるということであって、それを中核として棟梁の武力が形成される。その場合に棟梁を公権力的な側面で束縛するものは、必ずしも固定した官職ではなかった。官職を与えることによって、棟梁を律令制度上の一定身分の中にとじこめておくために重要なのであった。

第三に兵士の段階でいうと、公民兵という原則的皆兵制から選抜兵制へ少なくとも中心的な武力を構成する原理が変ったということがあげられる。中央軍制レベルでの武士身分の成立からはじまり、拡大解釈すれば明治徴兵制まで国家の兵制としては続くことになる。そして中央での武士身分の成立というのは、やはり単に武的な官職に就いたということのみではなくて、体制として武士がその地位を獲得したときでなくてはならない。棟梁が成立し、武士たちがそのもとに統合されうるという情況ができた段階で、すなわち十一世紀中葉の段階で武士身分が成立したとみられないだろうか。少なくとも中央軍制の中において体制的に武士が問題になるのは、このときを画期としている。

これらのことが正しいとすれば、十一世紀中葉以後の中央軍制は、中央政府が地方行政機関を通して軍事力を組織することを唯一の方法としなくなったところからはじまり、在地領主の武力を棟梁を媒介として組織するということに結着した。軍事制度における中世的要素の成立をこの時期に求めてみたい。古代的な中央軍制の崩壊は律令国家がみずからの方式で兵士を集めて軍事力を構成するということを行なえなくなった十世紀の中頃であって、ある意味ではこの十世紀中頃から十一世紀中頃までは中央軍事制度の過渡期ということになると思われる。

古代社会の軍事に関する職掌についての研究はたしかにかなりの蓄積をもっていて、現在もその研究がすすめられている。しかしその対象になっている時代は、奈良時代もしくはそれ以前、または鎌倉時代などに限られていて、本書でとり上げようとする平安時代については、いまだに拠るところとなる本格的な軍事制度の考察はないといってもいいすぎではなかろう。もちろんこれは理由のあることである。奈良時代については「律令」という法体系の中に位置づけられた軍制があるからそれとのかかわりにおいて論じることが可能であり、また政府の記録たる「六国史」も存在しており、それによる制度的把握も可能である。鎌倉時代における軍事制度についても「御成敗式目」やその他の追加法から論じうる。しかし平安時代、ことに十世紀以降のそれについて論じようとする場合われわれは、「六国史」や式目に相当する明確な成文上の法体系を知りえないがゆえに多くの困難を経なければならない。この理由のゆえにだけではないが、小山靖憲氏が指摘されたようにたしかに今までの平安時代の軍事・武力の研究にあって「平安初期の健児の制のみを媒介にしてあまりに安易に論じられてきた」(36)という傾向がある。その理由はいうまでもないことは思うが軍事・武力というものを単に国家サイドにおける軍事的側面という視角からのみ把えてきたからである。軍事制度が発現する武力に対して、国家というものを守るという評価しか与えることなしに視角を限定してきたからである。その側面がきわめて重要なものであることは否定できないが、それではせいぜい武力のもつ体制的な意味――現段階の権力を守るという保守的立場――が明らかになるだけであって、体制が移行する過渡期には武力は一端断絶するという結論しか出てこないのではなかろうか。平安時代中期の軍制の研究が奈良時代と鎌倉時代の間にあって振わないのはこうした理由によるものと考えられる。

軍事力・武力というものを考える場合、このような国家の側からしての守護と考える立場と併行して、軍事力・武力を現実のものとして引率して実現・行動する者が自分の支配領域でいかなる権力を保有しまたその権力を拡大していったかという視角も重要なものであろう。国家を守るという機能を注目するのと同じように注目しなければならないのは、その武力荷担者が自己の武力を、自分の支配領域でいかにその支配を実現するために作用させていたかということである。いいかえれば、その時々の国家権力とさまざまな関係を保ちながらもきずきつつあった自己の支配領域を保存していくのにいかに軍事力・武力を使用したのか、ということであろう。本書が対象とするのは、平安時代の、それも中央軍制の側面だけであるが、以上のような私の認識からの試論である。

(1) たとえば、ほんの一例であるが、マックス・ウェーバーは『古代社会経済史』(渡辺金一・弓削達訳)の中のローマ史をあつかった箇所(Ⅱ-6-a-16)で「数および富においてしだいに増加する非土地所有者は軍役に服せられ、またそれとともに完全市民権をゆるされた」と述べている。むろんこの書は周知のように原題が「古代の農業事情」(Agrarverhältnisse im Altertum)であって軍事制度を正面からとりあげたものではないが、軍役と市民権との関係における密接さに注意をはらっている。

(2) 律令制的支配を正当化するものとして書かれた「日本書紀」(の編者)の中において、一方で種々の乱にあって大いなる軍事編成や武器の使用がなされている記述があると同時に、他方ではしばしば武器を公に収めるという記事がある(「日本書紀」大化元年〈六四五〉八月、同九月など)。

これは律令制下にあって武器というものがすでに公権力以外の所有物である可能性を示していると同時に、そうした武器を収公するということを前提にして律令制に基礎を置いた国家が成立することを物語っているものであろう。なお、この点については本書第一章第三節を参照されたい。

(3) 健児制施行にしても、兵士徴発が困難になったことや日本が統一されたという意識が貴族階級にもたれたという原因の他に、従来公のものとして法によって禦してきた兵器が一般個人の私有になることを停止しえなくなったことがある。そのことによって容易に一般民衆が武装しうるのであって、反国家勢力に移動しうるのである。ために、兵器を公から与えられ、本来は私的に武力装備しうるはずのない兵士を否定し、その可能性を取り去るためにも兵士制は廃止される。もちろんそれはそうした民衆の上に立つものが具体的に指導してはじめて反国家的な存在になる。たとえば「(前略)夫兵士之設備於非常、而国司軍毅非理役使、徒致公家之費(後略)」(「類聚三代格」延暦十一年六月七日勅)という国司・軍毅などがそれであろう。

しかし兵士制に代って登場した健児制は支配者身分が支配者身分を徴発したものであり、徴発されたものは一種の有力者・中間層なのである。彼らにとって、たとえ期待されていたにせよ全体的抽象的な国家を支える義務も必要もなかった。だから健児制はさしたる実効を持ちえず、在地の側からは従来の兵士制に復してくれという願いが、まさに全体的抽象的な国家を支えるために派遣された国司などの官人の方から出されてくる（延暦二十年〈八〇一〉左右京職より、延暦二十一年〈八〇二〉長門国より、延暦二十三年〈八〇四〉丹波国より、など）。ある種の身分の表現でしかなかった健児制は、本文に述べたごとき兵役に対する考え方が一般的である限り、兵士制をも含めた膨大な租税収取体系を実質的に支えることはできなかった。

（4）石母田正氏『古代末期政治史序説』第一章「古代の転換期としての十世紀」

（5）「日本後紀」弘仁二年閏十二月十一日条

（6）石母田正氏『古代末期政治史序説』第一章「古代の転換期としての十世紀」

（7）野田嶺志氏「日本律令軍制の特質」（『日本史研究』七六号）

（8）笹山晴生氏「日本古代の軍事組織」（『古代史講座』第五巻）

（9）北山茂夫氏『奈良朝の政治と民衆』

（10）この点については本書第一章第一節を参照されたい。

（11）門脇禎二氏「天長期の政治史的位置」（『奈良女子大学文学会研究年報』第七号）

（12）「日本三代実録」貞観八年七月九日条。この事件については亀田隆之氏『日本古代用水史の研究』第三編第二章「用水をめぐる郡司の動向」に詳しい。

（13）門脇禎二・甘粕健氏『古代専制国家』第六章「律令体制の動揺」

(14) 戸田芳実氏「国衙軍制の形成過程」(日本史研究会中世史部会史料部会編『中世の権力と民衆』所収)
(15) 河音能平氏『中世封建制成立史論』第一部第一章「日本封建国家の成立をめぐる二つの階級」
(16) 俘囚の軍事力については本書第一章第二節を参照されたい。
(17) 吉田晶氏「平安中期の武力について」(『ヒストリア』四七号)
(18) 渡辺直彦氏『日本古代官位制度の基礎的研究』第四編「検非違使の研究」
(19) 同右
(20) 平直方については検非違使としてではなく武家の棟梁として登用されたものとみることが可能であるが、中原成道の例はそれでは説明がつかない。この場合はやはり中央政府の軍事的官僚体系の一部分として派遣されたものとしたほうがよいと思われる。
(21) この点については本書第二章第三節を参照されたい。
(22) 「北山抄」巻六
(23) この点については本書第二章第二節を参照されたい。
(24) 安田元久氏「源満仲とその説話」(『歴史と人物』所収、のち同氏著『日本初期封建制の基礎研究』に再収)
(25) 「雑筆要集」(『続群書類従』公事部所収)に

検非違使庁下、摂津国多田館而、

応被早搦進強盗帳本某身事、

副下　強盗交名注文一紙、

右得去何日加輿丁友久解状偁、謹考案内、去何日夜大強盗打入于友久住宅、令殺害友久妻子二人畢、即追尋行処、追得一人手負、捉而問之、皆是多田蔵人満重之郎従也云々、伏案、上所行夫鷹不涸、当鯨労寄鴻、是世間之謂也、然満重恣振私之武威、失隣之公人、何況平氏乎者、早且為傍輩之誡、召上彼犯人等、一々欲被禁獄者、如解状者罪科不軽、速任注文旨可召進之由、所仰如件、宜承知不可違失、故下、

年月日

検非違使別当——

とあるような「多田館」の経営者源満重のような類の人物。

(26) 戸田芳実氏「国衙軍制の形成過程」（前掲）に分析が加えられている。
(27) 石母田正氏『古代末期政治史序説』第三章「古代国家の没落過程」
(28) 上横手雅敬氏『日本中世政治史研究』第一章第四節「棟梁と坂東」
(29) 同右
(30) 石母田正氏『古代末期政治史序説』第三章「古代国家の没落過程」にくわしく分析が加えられている。
(31) 「陸奥話記」
(32) 坂本賞三氏『日本王朝国家体制論』序説、および第二編「後期王朝国家体制の成立」
(33) 石井進氏「院政時代」（『講座日本史』二所収）
(34) たとえば、石母田正氏『古代末期政治史序説』。
(35) 上横手雅敬氏『源平の盛衰』（『日本歴史全集』六）
(36) 小山靖憲氏「日本中世成立期の身分と階級」（『歴史学研究』三二八号）

第一章　律令軍制の崩壊

第一節　健児制の成立と展開

はじめに

健児制の研究については、栗田寛・大森金五郎・川上多助・西岡虎之助・山内邦夫各氏の論考を主たるものとして相当数の研究が蓄積されてきた。しかしながら、関係史料がそう多くないところから、実体としての健児制には不明なところが多い。制度としての健児制の存在とその実施経過についてはかなり明らかになってはいるが、歴史的に軍事制度としてどういう役割を果したかということについて、まだ十分に追求されているとはいいがたい。健児制が軍事制度である以上、その軍事史上の特徴がきわめて大事なものであることはいうまでもないが、制度上の追求に固執するあまり、健児制のもつ全政治的な歴史的環境を忘れてはならないだろう(1)。本節は主として奈良時代の健児に焦点をあわせて、健児の内容上の意味と制度の示す政治的意味とを追求していこうとするものである。

まず健児の語例であるが、平安末期の成立にかかる「伊呂波字類抄」には「コンニ　諸国健児」とみえており、いまだこの段階では健児という語には出発当初の内容が記憶されていたものと思われる。しかしこの意味はのちに大きく変化を遂げ、「下学集」や「運歩色葉集」などには中間のことであると記されている。これは谷川士清の「倭訓栞」にも引きつがれており、「今時武家の足軽の類也とぞ」とみえている。ここに至って健児のもつ本来的な意味はまったく失われ、たいして役に立たない身分の低い戦闘者としてしか考えられていない。「兵士健児、其号各異、所掌是同也」というときの健児の消極的な側面ばかりが後世に伝えられていって定着してしまったのである。こうした語例の変化の主たる部分はすでに平安時代の、健児の実質的側面が失われていく過程で起ったと思われるが、このことはこの時期の国衙軍制の研究と合わせて別に追求せねばならない問題であろう。

しかしながら、こうした健児制施行後の意味内容の変化とは別に、中国のそれとの比較検討がなされねばならない。いうまでもなくわが養老軍防令は唐軍防令の模倣であり、健児制もまた中国健児制に範をとった模倣制度である。したがって日本健児制の意味内容を追求するためには、まず唐のそれがどういう制度であったかを確認しておかねばならない。

唐の軍事制度の根本が徴兵制度としての府兵制度にあることはいうまでもないが、中国古代国家が宿命的にもった異民族への軍事対策として、唐では軍鎮と鎮戍が置かれていた。そして各地に置かれた折衝府によって差点・訓練された兵士が防人としてここに派遣され、鎮将・戍主のもとで軍備にあたった。この兵士は当然のことながら府兵であった。しかしながら年を経るにしたがって軍鎮は異民族に対処するために多くの兵員を必要とするようになり、従来の徴兵制による府兵だけでは不足となり、遂に開元年間（七一三―七四一）に至って募兵を主とする軍鎮勤務専門の兵士の出現をみた。また他方募兵をしても一年交代の勤務では数に不足があり、時をおって在鎮年限は延長されていった。そして遂に開元年間（七一三―七四一）中葉には在鎮六年を義務とする健児という募兵の出現をみることとなった。すな

わち、在鎮年限六年を義務とし、軍鎮勤務を専門とする募兵、これを唐の健児という。(2)

この唐における健児は、ではいつ頃から出現したものであろうか。浜口重国氏によると、(3)言葉としての健児は古くから使用されているが、唐が軍鎮の兵を健児という語で呼んだのは、したがって健児が制度として成立したのは開元七、八年（養老三、四年〈七一九、七二〇〉）の交とされている。もっともこの説には異説もあり、開元初年にはすでに健児は出現していたともいわれている。

ここで唐の制度において注目しておかねばならないもうひとつの健児制がある。「長征健児」とよばれるものである。かくして成立した健児は六年の任期さえ終れば郷に帰ることを得、従来の庶民に戻ることができた。しかし、健児はもともと兵力調達の困難から考え出された制度であり、期限を終えた健児に替って新たに兵力を補充することは容易ではなかった。いったん健児として辺境に配備されるや、その六年という期限は遠慮なく延長され、ついには無期限に等しくなってくる。これに対して唐政府は救済策を考え、開元十六年（神亀五年〈七二八〉）には軍鎮毎の健児を五番となし、一年交替で番上させるという政策をとった。だがこの制度も健児の補充が困難であるという現実にはいかんともしがたく、実際には健児は無制限の在鎮を強いられた。そこで出現するのが分番上下せず、かつ長期にわたって在鎮するという長征健児であった。開元二十五年（天平九年〈七三七〉）の成立であったという。(4)

これが長征健児といわれるものの概略である。軍鎮常屯を勤務とし、したがって農と兵はまったく分離しており、軍事のみにあたる「専業」の兵士であった。開元二十五年（七三七）以前の健児と比較してみるとき、年限を除けばその名称と現実のありようにはたいして変りはないけれども、たてまえとしては多分に異なった要素をもっていた。この制度が遣唐使を通じて日本に輸入される際に、こうしたたてまえの差が、唐王朝上層部にのみ接して民情をみる機会のない遣唐使に大きな差としてうつったことは想像に難くない。

1　第一次健児制

次に日本における健児制の実施状況をみよう。

その用字としての初見は「日本書紀」におけるものである。皇極天皇元年（六四三）七月乙亥条にその例がみられ、百済使人大佐平智積らに饗した際に、「命健児」じて相撲をとらせたとある。この健児には特殊な意味はないようであり、兵制としての健児という用語が唐において出現する以前の、単に力強い人というような意味と思われる。

また天智天皇二年（六六三）六月条には、白村江の戦いに連なる事件の記述として、百済の豊璋王がその臣鬼室福信の叛有るを疑って「勒健児、斬而醢首」にしたとある。この健児にしても制度上の健児とは無関係であり、「兇暴残虐過差」「専其兵権」(5)などといわれた鬼室福信に対して首を獲いて来られるような「強健勇武の士」(6)をそう称しているにすぎない。この用例は唐でも健児制以前から一般名詞として使われているもので、それを「日本書紀」編纂時に用語として使ったものである。

また同じく天智天皇二年（六六三）八月甲午条には、豊璋王が言った言葉として「今聞、大日本国之救将廬原君臣、率健児万余、正当越海而至」とあり、廬原君に率いられた兵員のことが健児として記されている。この知識は少なくとも明らかに唐兵制の一環としての健児制にもとづいたものである。しかしながらこの記事にしても、書紀編者が豊璋王の立場にたって日本救援軍に与えた美称として記述されているのであって、もとより制度としての健児ではない。

廬原君はたしかに「新撰姓氏録」や、天平十年（七三八）の「駿河国正税帳」に半布臣嶋守とともに廬原君足磯が朝集雑掌としてあらわれているように、駿河国の国造系の豪族であることにはちがいない。しかしながら率いられた兵員の数が誇張ながらも「万余」とされているようにすべて廬原君と直接関係を求めることはできないであろう。これらの三史料からして、山内邦夫氏のいわれるように「在地土豪層と密接な関係を有し、しかも武力に猛けた連中から選ばれ、外征などに動員されたものたちの総称として記入」(7)されたものとすることは、「日本書紀」にあらわれた他の二例の健児の用語からして十分には論証できないと思われる。むしろ唐兵制としての健児という用語以前の一般名詞としての強幹の人としておくのが妥当なところであろう。

日本古代において、制度としての健児が史料にあらわれる最初のものは「近江国志賀郡古市郷計帳」にみられる大友吉備麻呂の例である。いうまでもなくこの計帳は古代家族の年代記として古くから注目されている有名な史料である。吉備麻呂は神亀二年（七二五）から天平六年（七三四）以後まで、三十五歳から四十四歳以後までを健児として記録されている。計帳は戸籍とならんで国家の根本台帳であって、ここに記録されているということは制度としての健児制が何らかのかたちで存在していたということである。しかしこの健児についての詳しいことはわかっていない。吉備麻呂は大友氏であることからも理解できるように百済系渡来氏族の出身で近江国の名族であるが、三十五歳になるまでの生活についてはその前年に儲人(8)として記録されている以外のことは不明である。少なくとも健児であった期間は前後十年以上にわたっており、期限があったようには思えず、この健児は兵士の何らかの種類であったように考えられる。そしてまた唐の健児制度の知識にもとづいたものであることも確実である。山内氏もいわれるごとく、養老二年（七一八）帰国の遣唐使によってもたらされた知識によっていよう。

この段階の健児についてはその実体はわからないことが多い。これ以後の健児に関する史料は、天平五年（七三三）

十一月に兵士三百人が健児となされたという記事である。(9)これにしても兵士の中から差点されているということからも理解できるように、この健児は兵士と質的には変りなかったと思われ、山内氏の言われるように兵士何人かの中から「在地の有力家父長層」(10)をのみ選び出したということがはたしていえるかどうか。むしろ国家の側からみて、唐の健児制に範をとって兵士のうちの勇健なる者を、しかも実際の兵事にあたって軍事能力を発揮でき、なかば無期限ともいえるかなり長い期間を兵員として確保できるものとして設定したものと思える。一般農民の兵士としての徴発が困難になってきたために、兵士の中にさらに健児という職種を設けて拘束を加え、さらにこれを優遇して兵員確保を目論んだのである。このときに中男二人をもって健児一人の馬子に充てるという国例があったというのもこのことによっている。この国例にしても、おそらくはふつうにいわれているような国衙の政治の現実状況から生れてきたというものではなくて、上から国政のレベルで強制されていったものであるという感が強い。いまだ格式に位置づけられていなかったということも、健児差点が各国の兵士のありかたに密接にかかわっていたために差点そのものが徐々に行なわれていったということの証左ではなかろうか。

この健児は、天平六年(七三四)四月に至って儲士・選士とともに「田租幷雑徭之半」が免ぜられた。(11)健児に対する優遇措置の一環である。儲士・選士とともに兵士の中からとくに選び出された健児がその負担を軽くされたのである。このときにはすでに「諸道健児」とあってかなり多くの国々にまで健児制はゆきわたっていたと考えられる。そうこうして天平十年(七三八)五月に「停東海東山山陰山陽西海等道諸国健児」とあって、(12)健児制は停止される。何らかの理由で不必要になったか徴発不可能になったかである。その政治的理由についてはのちに述べる。

しかしこうした健児についての活動形態はまったくわからない。この時期多くの兵事が蝦夷「征討」を中心にして展開するにもかかわらず、その行動については杳として知れないのである。また個人の名前としても大友吉備麻呂が知りうる唯一のものである。しかも健児制が施かれてから十数年にして廃止されてしまうのであって、具体的内容を知るのを困難にしている。

天平十年(七三八)廃止の健児について、こうした史料の不足に推測を加えてみるに、まず健児が兵員としてさしたる役割を果していなかったということが断定できる。もし大きな役割を果していたとするならば史料にみえないはずがないし、わずか十数年で廃止されるということもないだろう。兵士徴発の困難という事態のなかで、実戦要員を確保するために兵士の中から勇敢なる者を選んで優遇措置を加え、唐健児のように実際の軍事に有用たることを期待されたものである。ところが一般兵士から差点されて質的にそれと異なるものでない以上、期待に応えうべくもなかった。そうなると一般兵士でありながら制度的には健児という矛盾した制度は廃止したほうが一般兵士の差点は都合よくなる。そこで無用の長物として橘諸兄政権下の天平十年(七三八)に停止されることになるのではなかろうか。したがって、ここまでの健児は、あくまで唐でいう長征健児以前の、すなわち在鎮六年という、一般の兵士よりは任期が長くかつ実戦にあたったという側面がとり入れられたものである。一般兵士制の弱体化に伴ってそれを補強するものとして天平十年(七三八)以前の健児制は設定されたのである。天平六年(七三四)に至って、単に傜役のみではなくて雑傜までその半ばが免除されたのはこうした兵員確保の一施策であったのである。

こうした第一次の健児は天平十年(七三八)に停止ということになった。古市郷計帳の吉備麻呂も天平七年(七三五)以後の計帳を欠いてはいるが天平十四年(七四二)には健児ではなくなっており、おそらくは天平十年(七三八)の法令によって解放されたものと思われる。

ついで健児の語がみえるのは天平宝字六年（七六二）の藤原仲麻呂治下のことである。

2　第二次健児制

仲麻呂は、天平の栄華をきずいた橘諸兄政権のもとで登場してくる。諸兄は藤原不比等の四子の死去を契機として廟堂で勢力を拡大していき、天平後半に皇親政治を中心軸として恭仁京・信楽宮などの都城造営を主導することによって並びなき権勢を保った。しかし天平末葉には藤原氏も豊成・仲麻呂・永手・真楯などを中心として勢力を回復しはじめた。なかんずくその中心にたったのは南家武智麻呂の子であった仲麻呂であった。恭仁・信楽遷都をめぐる政治状況のなかで、諸兄の意図とはちがって仲麻呂が進出してくる。そして藤原氏を中心とした新しい律令政治を形成しようとした。兵士徴発をも困難とするような現地の社会状況の変化のなかで、天皇を中心とする新しい強力な官僚政治を作りあげる必要があったのである。そのために律令制の先進国たる唐の制度を再認識する必要があった。それが光明皇后を周の則天武后にみたてるという配慮となり、また官号唐風改易ともなるのである。ここで遣唐使が大きな影響を果したことはもちろんである。さらに律令制支配のもっとも根本となるものとして国家版図の確立にも力を注いだ。それが新羅遠征である。実現はしなかったけれどもこの遠征体制を整えていく過程で自己に有利な組織を確立したことは疑いない。

この仲麻呂の政治は、その性俊秀なるゆえもあってきわめて急激なものであった。それだけに他の貴族たちの反撥をうけることも大きかった。そうした仲麻呂の政治の確立は天平宝字元年（七五七）頃からである。この年正月には諸兄という第一の敵対者が死没し、三月には新田部親王の子であった皇太子道祖王を廃し、ついで四月には舎人親王の子大炊王を皇太子にすることに成功した。この大炊王立太子がスムースなものではなく、他の貴族たちの反対の中で危険をはらんだものであったことは「続日本紀」に記されているごとくである。さらにこの年五月にはみずからがその組織を準備した紫微中台の内相の地位について兵権を掌どり、ついであくる月には諸兄の子奈良麻呂を謀略によって葬り去った。

この奈良麻呂の変の直前に仲麻呂は五ヵ条の命令を出した。諸氏の長が一族を召し集めることを禁じたり、京中で二十騎以上の集団をなすことを禁じたりという岸俊男氏が指摘されたように「明らかに戒厳令の布告[13]」と思われる内容であった。こうして他貴族を強権によって抑圧して軍事独裁の体制を固め、これを前提として奈良麻呂を謀叛に追いこんだのである。仲麻呂の、他貴族抑圧手段としての軍事独裁政策はこのときにはじまる。そして、天平宝字二年(七五八)八月には、さきに立太子せしめた大炊王を即位させて淳仁天皇とし、同時に官号唐風改易を行ない、自身も太保・尚舅という位置に就き、加えて鋳銭・挙稲・家印の使用という権利を獲得した。為政者としての最高の地位についたのである。しかしこうした地位は、上層部の政治のみについていえば、反対勢力を強力に抑圧することにもとづいての独裁であり、急激なものであった。

おりしも天平宝字二年(七五八)十二月に帰国した遣渤海使小野田守らが唐王朝を滅亡に追いこんだ安禄山の変を伝えた。これによって仲麻呂が危機感を抱いたことは当然であり、ますます独裁体制を強化していったであろう。そして天平宝字五年(七六一)から六年(七六二)にかけて仲麻呂の政治は最後の段階にはいった。五年(七六一)には近江保良宮を完成させて淳仁天皇の行幸を行ない、同正月には節度使を任命し、六年(七六二)二月には仲麻呂のよき爪牙であった中衛府を強化した。そして同月に仲麻呂による健児制が軍事独裁による兵備強化の一環として実施される。

こうした施策の一方で、抑圧されている人々が反仲麻呂派として結集してくるのは当然のことである。皇権が不安定で、なおかつ当時のそれが仲麻呂の淳仁擁立によっておさえられているかぎり天皇を利用しての出身は不可能である。したがってそれは反仲麻呂派という形をとる。すでに天平の皇権は天平宝字四年（七六〇）の光明皇太后死去を契機に消滅しており、同六年（七六二）には淳仁天皇と孝謙上皇の反目は公然化した。そして南家以外の藤原氏をも含めた反仲麻呂派が孝謙上皇のまわりに結集したのである。仲麻呂はさらにこれを弾圧するために軍事独裁を強化し、同八年（七六四）九月には「都督四畿内三関近江丹波播磨兵事使」という平城京を中心とした畿内・近国の兵権を一手におさめる地位につき、続いて武力弾圧を開始するがこれは結果的に反仲麻呂派の勢力に敗れて謀叛となり、近江において敗死する。

いささか仲麻呂の治績の記述が煩に失したが、要するにこの第二次の健児制は仲麻呂の軍事独裁の一環として実施されたものである。その内容をみてみよう。このときの健児制についても詳しいことはまったくわからない。わずかに一史料を残すのみである。次のごとくである。

簡点伊勢・近江・美濃・越前等四国郡司子弟及百姓、年卌已下廿已上、練習弓馬者、以為健児、其有死闕及老病者、即以与替、仍准天平六年四月廿一日　勅、除其身田租税及雑傜之半、其歴名等第、毎年附朝集使送武部省。(14)

これによると、まず健児の差点の範囲は伊勢・美濃・越前といった鈴鹿・不破・愛発という三関をひかえた関国と、仲麻呂が国守として終始深い関係を保っていた近江とである。そして郡司子弟と「百姓」の四十歳以下二十歳以上の者がこれに充てられた。この際の条件は弓馬を練習して実戦に耐えるということであった。三関国・近江という京を中心とした出入口を完全に軍事的に征圧するということが任務として与えられたわけである。これら東海・東山・北陸の各道に抜ける場所が、日本古代において軍事的にいかに重要なものであったかということは断わるまでもないことであろう。仲麻呂は一貫して国守として近江を制圧しており、また都督使として兵権を手中にした国にも三関国が含まれている。これらの国々は、いわば平城京を中心とした畿内地域と東と北の各道とを境する「辺境」なのであった。

この健児の待遇は第一次のそれと同じであったらしい。田租と雑徭の半分が免除されている。そしてこれら健児の歴名簿は毎年各国の朝集使に付して武部省（兵部省）に送られたという。第一次の健児についてはこうしたように中央が積極的にこれを把握しようと意図したところがみられない。事実としてはそうであったかも知れないけれど、先にみたように馬子を充てることが国例であって格式がなかったとしていることなどからみて、各国の兵員徴発の特質によったものであったらしい。もちろんこのことは中央政府に健児制の主導権がなかったということを示すわけではない。あくまで各国の現地の社会状況の展開の特質によっていたということである。

さて、この第二次の健児は第一次のそれと異なっており、同一制度の継承であるとはむしろみないほうがよい。第一次のそれが兵士の中から点ぜられて単に強幹の人という原義とさして異ならないのに対して、第二次のそれは兵士制とはまったく独立した一個の制度であった。しかも差点の対象も一般兵士という範疇から設定されたものではなく、「郡司子弟及百姓」というある種の限定がついている。たしかに郡司子弟とか百姓とあるように一般農民も含まれていることにはなっているが、「練習弓馬者」であるという限定が付されており、実際には有力者のみが選定されることはいうまでもない。一般農民の困窮と兵士徴発の困難性のなかで、兵士たるに耐える財力豊かな人物が新しい兵員として兵士制を補充する目的をもって設けられたわけである。これ以上兵士を無理に徴発すれば、律令国家のめざした租税収取の対象となる公民自体が存在できなくなるおそれがあり、公民は公民としたまま新しい兵員確保の手段として仲麻呂が健児制を採用したのである。仲麻呂が律令政治の再強化を目的とした政策をとろうとする以上、軍事制度において残された道は、唐の長征健児に似た手段・方法をとることであった。

このように仲麻呂のめざした健児制は唐開元二十五年（七三七）以後の長征健児によっていた。仲麻呂自身この健児制の実施から二年余りで敗死してしまうので詳しい内容はまったくわからず、制度自身も出挙利率の引下げや雑徭日数の半減などと同じく敗死と同時にか、もしくはいつのまにか廃止されてしまったと思われる。しかしながらこの制度が開元初年（七一二）成立の健児制ではなくて同二十五年（七三七）以後のそれによっていることは明らかである。まず、おのずから一定の年限のあった兵士とちがって任期がなかったことである。これは軍鎮常屯が制度化されて以降の健児すなわち長征健児と類似している。三関国・近江などの「辺境」への出入口を固めるという、常時に軍事的緊張の伴うこれらの国々で軍事力を発揮することを目的とされていた。長征健児が辺境の軍鎮で与えられた任務と同じである。ついで兵士の中から健児が選抜されたものではないということ。唐の場合募兵制であることには健児も長征健児も変りはないが、日本では第一次健児は募兵ではなく一般兵士と同じである。しかるに第二次のそれでは郡司子弟と「百姓」のうちから何人かを選んでおり、この場合の郡司子弟・百姓とは、兵役義務に就いていなかった者から選ばれたということと思われる。もちろん募兵ではなくて強制徴発であるから異なった側面ももっているが、少なくとも軍防令の兵士制とは切りはなされている。これは府兵制度の崩壊によって採用せざるをえなかった新兵制としての長征健児に似ている。兵士の徴発困難という状況のなかで、勇猛な兵士が新たに制度として必要であったという前提によって第二次健児は設定されたのである。したがって、それは兵士制と併立するものではなくて、いわば兵士制とは独立するものであった。そしてこれが延暦年間の第三次健児制にうけつがれていく。

3　健児制の導入

ではこうした健児制は、どのようにして日本にもたらされたのであろうか。それを考えてみよう。

この制度も他の諸制度と同じく、遣唐使によってもたらされたものである。第一次のものについては、山内氏も推定しておられるごとく、養老二年（七一八）末に帰国した遣唐使によって持ち帰られたものであると思う。「日本書紀」への用語の採用についても同氏の言われるように道慈らが行なったものであろう。しかし兵士制のうえにこれを重ねて制度として採用した人は道慈とは考えがたい。制度として、第一次健児制が施かれたのは古市郷計帳にみえる神亀二年（七二五）以前のことであって、養老二年（七一八）末帰国の使によってもたらされた。養老二年（七一八）といえば、いまだ藤原不比等は在世中であり、右大臣として権勢をふるっていた。不比等の耳に入ったことは疑いないし、そしてすでに壮年に達していた四人の男子――武智麻呂・房前・宇合・麻呂の耳にも唐の政治のさまはきこえていたことであろう。しかも四人の子のうち宇合（馬養）は霊亀二年（七一六）八月に遣唐副使に任命されて入唐し(15)、養老二年（七一八）十二月に帰国しているのである。兵士の徴発に困難のみえてきた養老初葉に新しい唐の兵制が不比等とその子たちに新知識として蓄積されたことは疑いないところである。

第一次健児制実施の正確な年次は不明であるが、不比等が死んで長屋王が政権を左右していた神亀二年（七二五）以前のことである。この前後は阿倍首名が兵部卿を務めており、彼によって具体的なプランはたてられたと思われる。しかしこの健児制が整備されてくるのはおそらくは天平五―六年（七三三―七三四）の頃と思われる。前にも述べたように天平五年（七三三）には兵士三百人が健児に点ぜられており、しかも馬子を充てるということが格式になかったということでこのときに格式として普遍化されたようであり、さらに同六年（七三四）には健児の負担が軽減されていて、第二次健児にまでうけつがれるというその意味では基本的な施策がなされた。

この時期に廟堂を構成していた中心勢力は、長屋王の変によってこれを駆逐した不比等の四子たちであった。聖武天皇を中心とした天平の栄華の頃である。そして天平三年（七三一）から同九年（七三七）まで兵制を握る兵部卿の地位にいたのは藤原麻呂であった。ちなみにかつて遣唐使として唐の実状を見聞していた宇合は式部卿の地位にあった。健児制がこれら四兄弟の手によって拡大強化されたものであることは確実であろう。古くからの氏族としての軍事基盤を持たない藤原氏が、健児制を実施することによってより有利な政治展開を望んだものである。その意味ですぐれて藤原氏的な制度であった。

しかるにこの第一次健児制は天平十年（七三八）五月に至って停止される。その政治史的背景は天平九年（七三七）のことに属する疫病の流行による藤四子の死去である。この年四月に房前がまず没し、ついで七月に麻呂と武智麻呂、八月に宇合とあいついでこの世を去った。聖武天皇・光明皇后とともに天平の政界をいろどった四子が一挙に亡き人となったのである。そしてこれにかわって政界の重鎮となるのは橘諸兄であった。天平十年（七三八）正月に右大臣・正二位となって四子政権とは異質な皇親政治を展開する。健児制の廃止されるのもこの政治の一環としてであった。この年五月のことである。諸兄にとってみれば藤原氏が主導権をとって制定した藤原氏的な制度としての健児制は廃止せねばならなかったのである。諸兄には皇権を背景とした皇親としての権勢と、望むならばのちに奈良麻呂によって果されたように秦氏を傭兵として使用するということも可能であった。(16)反諸兄的行動を起す起爆剤ともなる健児制は廃止するべきであったのである。

それでは第二次の健児制の原型、すなわち唐の長征健児の制はどのように日本に伝えられたか。その唐での成立が開元二十五年（天平九年〈七三七〉）のことであるから、このときから天平宝字六年（七六二）までのことにかかる。この間の遣唐使は天平勝宝六年（七五四）に帰国する第十次と、天平宝字五年（七六一）に帰国する第十一次とである。このうち第十一次の派遣は高元度を大使とする一行であった。天平宝字三年（七五九）に出発して同五年（七六一）に帰国しているから健児制の実施にもっとも近いものである。元度は高句麗系の渡来系氏族と考えられ[17]、帰国に際しては甲冑・伐刀・槍・矢などという唐の兵器の見本を持ち帰っている。しかし元度の入唐したときは唐王朝は安禄山・史思明による叛乱によって乱れていた。そうした唐の政治状況の中で詳しくその兵制まで学んで帰ったとは少し考えにくい。元度はたしかに仲麻呂によって遣唐使に任命されていて彼にも唐の状況がただちに耳に入ったであろうことは確実であるが、元度が任命をみたときの散位・外従五位下という地位から判断してそれ以前に兵部省関係の要職についたこともないだろうし、あくまで藤原清河を迎えることが主目的であって、軍事制度まで綿密に知見したとは判断しがたい。また、たとえ元度によってもたらされたとしても、帰国して入京したと思われる天平宝字五年（七五一）八月から健児制の実施される同六年（七六二）二月まででは少し期間が短かすぎよう。

さすれば、健児制を制度としてもたらしたのは誰であろうか。私はこれを第十次の遣唐使で天平勝宝六年（七五四）に帰国する吉備真備にもとめる。

このときの遣唐使は天平勝宝二年（七五〇）に任命され、同四年（七五二）に出発して六年（七五四）に帰国している。大使は北家の藤原清河であり、副使は大伴古麻呂・吉備真備らであったという。このうち清河は入唐したまま帰国することなく唐で客死することは周知のとおりである。また大伴古麻呂については、大伴氏は藤原氏とはある種の対立関係にあり、古麻呂の子継人は家持らとともにのちに反藤原氏の旗を掲げて藤原種継を暗殺するところとなる。古麻呂自身はとくに兵制関係に詳しいという経歴もなく、また仲麻呂とも敵対関係にあった。なかでもそれを示す有名なものは天平宝字元年（七五七）の道祖王廃太子をめぐる後継者のことについてである。このときには古麻呂は文室珍努とともに池田王を推すが結局は仲麻呂の推す大炊王が立太子したことは前述のとおりである。このことが深く仲麻呂をうらむ契機になったことはまちがいなく、この事件の直後に橘奈良麻呂とともに仲麻呂を除く計画を実行して敗れ、捕われて死んだ。もとよりこうした古麻呂の生き方と、職掌としての遣唐使とは別のものではあるが、少なくとも仲麻呂の健児制実施に際してのこまかい知識を提供する立場にいる人物でなかったことは確かである。しかも健児制の実施される天平宝字六年（七五四）にはすでに亡き人であった。

吉備真備、この人こそ健児制を実施するのにふさわしい人であった。第十次より以前にも霊亀二年（七一六）より十九年間にわたって唐でその諸制度を学んでおり、健児制についてはこれをつぶさに見知っていた。真備は兵制関係の職にこれ以前についたということはないけれども、霊亀・天平勝宝二度の入唐によって、兵制関係のことについてとくに留意していたであろうことは、その後の真備のありかたにてらしてみて推測に難くない。すなわち、天平勝宝六年(七五四)帰国直後に大陸との交通をあずかる太宰大弐の職につき、同八年(七五六)には大弐として大陸に備える目的で怡土城築城を専当している。天平宝字二年（七五八）の安禄山の変のニュースが入ったときには帥船王とともに事に備えるように命令されてもいる。そして同三年（七五九）には大陸と半島に備えて大宰府の防衛状況を考え、古人は「且耕且戦」を善としていると述べ、五十日を軍事教習に充てて十日を築城に役せんことを主張した。これは大宰府の他の官人の受け容れるところとならず、結局は実施されていないが、軍備に深い関心を示していたことを物語っている。さらに、同四年（七六〇）十一月には授刀舎人や中衛舎人といった中央の軍事要員が大宰府に赴き、真備について「諸葛亮八陳、孫子九地及結営向背」を学んでいる。いかに唐の軍事技術に詳しかったが理解できよう。そして、同五年（七六一）十一月には西海道節度使に任命されて、三年の田租を免除する代りに弓馬の訓練をさせ、「五行之陳」を習わせるということもしている。真備といえば文官的な、もちろん軍事行政官ではあるが兵制にもたけた人物であった。こうしたときに真備の知識を主とした健児制が実施されたのである。真備はもちろん仲麻呂乱のときには反仲麻呂派につくのであるが、どちらかといえばそれほど政治的帰属のはっきりした人物ではなかったようであり、仲麻呂が政権をとっている段階でこれを援けたとしても不自然なことではないと思う。

しかもこの第十次の遣唐使には、第二次健児制を実施した本人である仲麻呂の男子刷雄が留学生として真備と一緒に入唐しているのである。この刷雄の帰国については明らかでないので論の進行をはばかるが、天平勝宝六年（七五四）に大伴古麻呂らとともに帰国したとも考えられる。この刷雄はしかしながら仏教に興味を持った人物であって[18]、健児制などという兵制には興味はなかったことであろう。だが健児制の存在そのものについては、もし天平勝宝六年（七五四）に帰国していたとすれば父仲麻呂の耳に入ったであろうし、それをもとにして制度に詳しい真備が具体的プランをたてたものと考えられる。

4　第三次健児制

以上、唐と日本の健児制について奈良時代に限定して政治史的側面について見た。健児の存在や実体を分析しなかった制度史的考察にすぎないかも知れない。しかし少なくとも健児制というもその長い歴史の間にいくつかの段階があり、しかもそれが当時の政治や外交のあり方に密接にかかわっているものであるということだけはいえよう。次に延暦十一年（七九二）実施の健児制について一定の見通しを与えておきたい。

延暦十一年（七九二）六月実施の健児制、これは第三次のものである。

太政官符

応差健児事

大和国卅人	河内国卅人	和泉国廿人	摂津国卅人
山背国卅人	伊賀国卅人	伊勢国百人	尾張国五十人
参河国卅人	遠江国六十人	駿河国五十人	伊豆国卅人
甲斐国卅人	相模国百人	武蔵国百五人	安房国卅人
上総国一百人	下総国一百五十人	常陸国二百人	近江国二百人
美濃国一百人	信濃国一百人	上野国一百人	下野国一百人
若狭国卅人	越前国一百人	能登国五十人	越中国五十人
越後国一百人	丹波国五十人	丹後国卅人	但馬国五十人
因幡国五十人	伯耆国五十人	出雲国一百人	石見国卅人
隠岐国卅人	播磨国一百人	美作国五十人	備前国五十人
備中国五十人	備後国五十人	安芸国卅人	周防国卅人

長門国五十人　　　　紀伊国卅人　　　　淡路国卅人　　　　阿波国卅人
讃岐国五十人　　　　伊予国五十人　　　　土左国卅人
以前被右大臣宣偁、奉　勅、今諸国兵士、除辺要地之外、皆従停廃、其兵庫鈴蔵及国府等類、宜差健児以宛守衛、宜簡差郡司子弟、作番令守、
延暦十一年六月十四日

という格が出され、(19)「今諸国兵士、除辺要地之外、皆従停廃」とあるごとく、すなわち、従来の兵士制を補強するという側面が消えうせ、兵士制にまったく替る制度としての役割が与えられている。兵士徴発がますます困難になったということと、蝦夷「征討」などによって国土が統一されたという観念が生れることによって兵士制は廃止される。ここで登場してくる健児制は戦士としての性格はほとんどなく、第二次の健児制ともまったくちがっている。与えられた役割は「兵庫鈴蔵及国府等類、宜差健児以宛守衛」というまったく矮小化された機能をもたされたにすぎない。実質的に機能を果さなかった。あいついで諸国から健児の廃止と兵士の復活が申請されてくるゆえんである。

私はこの第三次健児に戦士としての、したがって軍事制度としての意味を認めることができない。たしかにこのたびの健児は長く後世に残るけれども、それは「国府等類」を守るという機能が意味をもったがゆえであって、国例の形成や国衙在庁が一般化してくるなかで残存しているにすぎない。平安時代を通じて健児所という記載がかなりみうけられるが、これは健児が兵員として意味をもっていたことを示すものではない。十世紀頃から展開する国衙機構の整備のなかで、その中の一機関としての機能を有するものであって、国家全体の末端機構としてはさして意味をもたなかったと思う。現に健児が軍事的に活躍したという例はまったくないのである。国衙機構の一部をになうものでは

健児人数一覧表

国*名	延暦格人数	延喜式人数	郡数（延喜式）	一郡あたりの人数 延暦格	一郡あたりの人数 延喜式
山城	30	30	8	3.8	5.0
大和	30	70	15	2.0	4.7
河内	30	30	14	2.1	2.1
和泉	20	20	3	6.7	6.7
摂津	30	30	13	2.3	2.3
（畿内平均）	26	38		3.4	4.2
伊賀	30	30	4	7.5	7.5
伊勢	100	100	13	7.7	7.7
志摩	—	30	2	—	15.0
尾張	50	50	8	6.3	6.3
参河	30	50	8	3.8	6.3
遠江	60	60	13	4.6	4.6
駿河	50	50	7	7.1	7.1
伊豆	30	30	3	10.0	10.0
甲斐	30	50	4	7.5	12.5
相模	100	100	8	12.5	12.5
武蔵	105	150	21	5.0	7.1

国*名	延暦格人数	延喜式人数	郡数（延喜式）	一郡あたりの人数 延暦格	一郡あたりの人数 延喜式
安房	30	30	4	7.5	7.5
上総	100	100	11	9.1	9.1
下総	150	150	11	13.6	13.6
常陸	200	200	11	18.2	18.2
（東海道平均）	76	79		8.6	9.3
近江	200	200	12	16.7	16.7
美濃	100	100	18	5.6	5.6
飛驒	—	30	3	—	10.0
信濃	100	100	10	10.0	10.0
上野	100	100	14	7.1	7.1
下野	100	100	9	11.1	11.1
陸奥	—	324	35	—	9.3
出羽	—	100	11	—	9.1
（東山道平均）	120	132		10.1	9.9
若狭	30	30	3	10.0	10.0

越前	加賀	能登	越中	越後	佐渡	(北陸道平均)	丹波	丹後	但馬	因幡	伯耆	出雲	石見	隠岐	(山陰道平均)	播磨	美作
100	｜	50	50	100	｜	66	50	30	50	50	50	100	30	30	49	100	50
100	50	50	50	100	30	59	50	30	50	50	50	100	30	30	49	100	50
6	4	4	4	7	3		6	5	8	7	6	10	6	4		12	7
16.7	｜	12.5	12.5	14.3	｜	13.2	8.3	6.0	6.3	7.1	8.3	10.0	5.0	7.5	7.3	8.3	7.1
16.7	12.5	12.5	12.5	14.3	10.0	12.6	8.3	6.0	6.3	7.1	8.3	10.0	5.0	7.5	7.3	8.3	7.1

備前	備中	備後	安芸	周防	長門	(山陽道平均)	紀伊	淡路	阿波	讃岐	伊予	土佐	(南海道平均)	総平均
50	50	50	30	30	50	51	30	30	30	50	50	30	37	61
50	50	50	40	50	50	55	60	30	30	100	50	30	50	66
8	9	14	8	6	4		7	2	9	11	14	7		
6.3	5.6	3.6	3.8	5.0	12.5	6.5	4.3	15.0	3.3	4.6	3.6	4.3	5.9	7.9
6.3	5.6	3.6	5.0	8.3	12.5	7.1	8.6	15.0	3.3	9.1	3.6	4.3	6.6	9.7

＊国名は「延喜式」による。

あっても、国家全体の機能としては第三次健児制は軍事的にさしたる展開をしなかった。国衙の中での健児所の意味についてはいまはふれないが、少なくともその国衙の軍事機能の中心ではなかった。もし軍事機能の中心であったとするならば、「兵士健児、其号各異、所掌是同也」[20]といわれて以後の国衙の「所」の展開のなかで健児所が生れてくるはずがないだろう。「諸国所差健児曾無才器、徒称爪牙之備、不異蟷蜋之衛」[21]というのがすでに九世紀中頃の健児の軍事的状況であったのである。しかも「延喜式」にみえた健児の数にしても大国から下国まで差があるといっても、これを一郡あたりの数になおすとほぼ十人前後であり（別表を参照）、各国各郡の軍事的実体にもとづかない形骸化した徴発でしかなかったのである。

健児の地位の低下はかなり早くからみられる。健児設置の太政官符には「簡差郡司子弟」とあるのみでその地位についての文言はないが、「郡司子弟」の用語はある一定の上級階層を示すものとして使用されることが多いから、兵士よりも身分の高いものとして扱われたことは疑いない。つまり支配身分がみずからの体制を守るために分担した支配者の武力であった。しかし現実には早くから兵士と同じものとしてあらわれていたことも事実であって、すでに延暦二十年（八〇一）に左右京職が京中兵士の職掌をあげて「行幸則先駈馳道、尋常則衛護宮城、巡管内而糺非違、捜□人而守囚禁」と述べ、ついで「如斯之類、差科処多、代以健児何堪済事」と記している[22]。これにより兵士制の復活が申請されるわけである。健児と兵士の同似性については早く平安時代初期からその現象があらわれており、延暦十六年（七九七）の健児の調免を決定した官符に

太政官符

応免調健児事

右得大和国解偁、依太政官去延暦十一年六月十四日符、差件人等令守衛国庫、以五人為一番、即分卅人作廿四番、一人所直六十箇日、而依延暦十四年閏七月十五日　勅書、減省雑徭、卅日為限、縁此分五人為両番、人数減少不足分衛、更簡点之加一倍者、恐徭丁欠少、不堪員具、望請、准承前兵士免調者、被大納言従三位神王宣偁、奉勅、依請、山城河内摂津和泉亦准此、

延暦十六年八月十六日

とあるように、雑徭の減省との関係で健児の人数が不足しているように健児としての勤務が雑徭と同様のものとして考えられており、要員を確保するために兵士と同じく調が免除されている。(23) そのほか馬子の支給や(24)粮料の供給(25)などの優遇措置がとられてはいるが、いずれも健児の兵員としての無能ぶりを示し、兵士と同じものとしてあつかわれたことがよく理解できよう。一国ごとの人数もごく限られたものであったし、そこへ「苟預人流、曽無才器(26)」という現実があいまって、やがて国府の下級官人化していくのであり、早く貞観四年（八六二）の記事に

太政官符

応令掃清路次雑穢并目以上祗承事

右得神祇官解偁、撿案内、奉　伊勢大神宮九月十一日神嘗祭、并二月四日祈年、六月十二月月次祭、及臨時幣帛使等出宮城之日、左右京職主典以上率坊令兵士相迎外門送於京極、近江、伊賀、伊勢等国毎至彼堺、目以上一人率郡司健児等相迎祗承、而今件等国、頃年之間、不労祗承、不掃汗穢、路頭多有人馬骸骨、既見穢悪、豈云清慎、望請、毎遣件等祭使、依例令国司一人祗承、并掃清穢悪、若有致怠、准闕祭事科上祓者、右大臣宣、依請、

貞観四年十二月五日

とあり(27)、また元慶六年（八八二）の記事にも

太政官符

応令山城国司祗承奉　伊勢大神宮幣帛使事

右得神祇官解偁、謹案格条云、奉　伊勢大神宮九月十一日神嘗祭、并二月四日祈年、六月十二月〻次祭、及臨時幣帛使等、出宮城之日左右京職主典以上率坊令兵士、相迎外門送於京極、近江、伊賀、伊勢等国毎至彼堺、目以上一人率郡司健児等相迎祗承者、而今出自京極至近江堺、無人祗承不掃汗穢、望請、令件国司祗承境内、謹請官裁者、大納言正三位兼行民部卿藤原朝臣冬緒宣、奉　勅依請、若致闕怠者、罪如貞観四年十二月五日格、

元慶六年九月廿七日

とあるように(28)近江・伊賀・伊勢国といった伊勢使の通過する路次の国々の健児はその送迎や道路の清掃といったまったく兵事と関わりのない作業に九世紀中葉にあたるようになっている(29)。平安時代の中期になると、「備前国馳駅使」として健児額田弘則の名が見え(30)、寛弘二年（一〇〇五）には「小右記」に「（前略）或云、罷下近江国云々、取国符令持健児、差加下人一両、去十日下遣」とあるように(31)国符を持ち運ぶという役割を果し、承保四年（承暦元〈一〇七七〉）の文書では国衙の「櫨（艫）梶」として健児近友の名がある(32)。いずれもこの時代には健児は国衙の下級官人となっていたことが知られ、健児所を形成していたのである。

おわりに

延暦年間桓武朝の健児制は、兵士制の廃止と対応してはいるが、制度そのものとしては仲麻呂による第二次健児の単なる模倣にすぎなかったようである。もちろんたとえそうだとしてもそれは第三次の健児制の歴史的意味を否定するわけではない。ただ国家の軍事制度としての実質をそこに認めることはできない。

桓武朝は、律令政治理念が新たなかたちで追求された時期である。そしてそれは仲麻呂による律令制再編成という政策と類似した側面が制度上においてもいくつかあることは周知のとおりである。たとえば雑徭の日数についてである。天平宝字元年（七五七）八月、奈良麻呂の変で反対勢力をほおむった直後のこの時期に民生策のひとつとして令の規定の六十日から三十日に半減された。しかし仲麻呂の滅亡後いつのまにか復していたが、延暦十四年（七九五）にはふたたび仲麻呂当時と同じ三十日に復している。そのほか出挙の利率や国司の任期についても同じことが行なわれており、健児制についてもこれと類似の経緯をもつものであると思う。反仲麻呂派の動きを制圧するために強力な軍事制度をめざした仲麻呂の制度は、光仁朝から桓武朝にかけて、長岡遷都から平安遷都にかけての政治改革のなかで反桓武勢力を駆逐することに苦慮していた桓武朝の官人たちにとって、きわめて魅力のある制度であったのである。

（1） 山内邦夫氏の「健児制をめぐる諸問題」（『日本古代史論叢』所収）はこの制度のもつ包括的な意味を考えておられる。
（2） 浜口重国氏「府兵制度より新兵制へ」（同氏著『秦漢隋唐史の研究』所収）による。
（3） 同右
（4） 同右

(5)『旧唐書』(日本古典文学大系『日本書紀』天智二年六月条頭註)
(6) 浜口氏前掲論文
(7) 山内氏前掲論文
(8) 儲人についても詳しいことはわからない。松本愛重氏(「大日本古文書の研究」『史学雑誌』十三―一、三)は健児になることを予定された人物を称したとされている。しかし「儲」の用例に「儲仕丁」などというのもあるごとく(天平十七年四月二十一日「民部省仕丁大粮申請文案」)単に予定人物というだけではなく、何らかの負担をすでに負っていたとみられる。
(9)「類聚三代格」大同五年五月十一日太政官符
(10) 山内氏前掲論文
(11)「続日本紀」天平六年四月二十三日条
(12)「続日本紀」天平十年五月三日条
(13) 岸俊男氏『藤原仲麻呂』十二「橘奈良麻呂の変」
(14)「続日本紀」天平宝字六年二月十二日条
(15)「続日本紀」霊亀二年八月二十日条
(16)「続日本紀」天平宝字元年八月四日条
(17) 岸氏前掲書
(18) 同右
(19)「類聚三代格」延暦十一年六月十四日太政官符
(20)「類聚三代格」弘仁十年十一月五日太政官符
(21)「日本三代実録」貞観八年十一月十七日条

(22)「類聚三代格」延暦二十年四月二十七日太政官符
(23)「類聚三代格」延暦十六年八月十六日太政官符
(24)「類聚三代格」大同五年五月十一日太政官符
(25)「類聚三代格」弘仁五年正月十五日太政官符
(26)「日本三代実録」貞観八年十一月十七日条
(27)「類聚三代格」貞観四年十二月五日太政官符
(28)「類聚三代格」元慶六年九月二十七日太政官符
(29) なお、京内が「坊令兵士」になっていて健児でないのは、すでに延暦二十年四月二十七日太政官符で兵士が復活している からである。
(30)「本朝世紀」天慶四年四月十九日条
(31)「小右記」寛弘二年五月十三日条
(32)「千鳥家本皇代記紙背文書」承保四年□五日近江国惣大判官代八木吉忠解(『平安遺文』四九四二号)

第二節　俘囚の兵士

はじめに

日本における異民族の歴史は古く、日本の国家形成がはじまった時点からたえずつきまとっている重大な要素でもあった。したがってその研究も古くから盛んであって、たとえば大和朝廷の形成は異民族制圧をどの程度までなしとげたかということをひとつの指標として論じられてもきた。その場合の異民族は隼人であり蝦夷であった。もちろん隼人と蝦夷は同じ異民族ではあっても、いまここで考えようとしている律令国家においてはそのもつ意味を異にしている。すなわち隼人の場合は律令国家成立時にはすでに「帰順」しており、その存在は国家に対立する重要なものではなかった。これに対して蝦夷の場合は、これを征服するかどうかということが律令国家がすなわち存在しうるかどうかということにつながっていた。つまり蝦夷に対する対策が、少なくとも蝦夷の勢力が衰えるまでは領土問題でもある以上、その接触地点での国家の政策は明確にならざるをえない。そこで国家の政策の有効性が示されなければ、支配はその場所から徐々に崩れていくことになるのは明らかである。異民族の問題が深刻であるのはそこに原因があった。隼人の場合にしても征服すればそれで隼人問題が終るというのではなくて、以後も隼人司を設けてたえず隼人という異民族を管理・監視し、貴族や人民の脳裏に刻んでおくという作業が一般公民支配の正当性を保つうえで大切なことでもあった。儀式的にしか隼人が残存しないというのはその重要性が消滅したということにはけっしてならない。性格に変化があるとはいえ、むしろその重要性のゆえにこそ儀式的に残存するのである。

いま「異民族」という用語を隼人と蝦夷に対して使用した。蝦夷は厳密な意味での異民族ではない。むしろ「異種族」というべきかも知れない。しかし蝦夷が固有の文化や支配機構を持っていたことは事実である。いかに後世には支配の対象にしかなりえなかったとしても、異民族としての社会を形成していた以上やはり律令国家と対立する国家形成にまで進む可能性をもっていたものとせざるをえない。これに対して純然たる異民族として律令国家に対立していたものは新羅であろう。この場合ははっきりした異民族であって日本に対しては対外関係としてたちあらわれてくる。半島部では厳たる社会をきずき、国家として対外的に律令国家と対峙していた。この新羅が、蝦夷のように律令国家の支配の対象としてあらわれてきたということは一度もない。また律令国家がそう試みたことも仲麻呂の不明確な例が知られるのみである。しかし、蝦夷と新羅は、現実の問題として現象的にはそれほど似ているということはない。両者とも軍事的緊張ということでは共通しているが、その質においては蝦夷の場合は「王民」として組織するべき対象であって、新羅の場合は敵対する一個の存在であった。しかし、為政者貴族の政治意識においてはかなり似たようなものであったようだ。いまここで対象とする奈良時代末期・平安時代初期にあっては少なくともそういうことがいえる。たとえば延暦十一年（七九二）に軍団制が廃止されて健児制が実施されるが、この時に例外地域として旧来の軍団制が残存するのは新羅との関係の深かった大宰管内諸国と、蝦夷との緊張関係の続いていた陸奥・出羽・佐渡等の国々であった。軍事的にはこの両方の地域は同等のものとして律令貴族によって考えられているのである。そこに共通しているのは、この両方が異民族として律令国家とちがった社会をきずいていたという意識ではなかろうか。またこれ以前の宝亀十年（七七九）四月に唐客が入京した(1)。これを京城門外に迎えたのは騎兵二百人と蝦夷二十人であった。しかもこの蝦夷は従来から帰服していたものではなくて「仰陸奥出羽、追蝦夷廿人」わしめたものであり(2)、唐人を意識したところから蝦夷というものが対照として設定されたものである。単に唐客拝朝儀衛のためというのみではない。そうした儀式の背景には蝦夷に対する考え方がかつての律令国家の経験として生きていたのである。

延喜年中にあって、律令政治の継続を願っていた三善清行においてその意識が典型的に出ている。著名な「意見封事」に次のごとく記している。検非違使は「国宰之爪牙」であって追捕断罪に堪えないといい、また縁辺の諸国に置かれた弩師について述べたのち、

臣伏見、陸奥出羽両国、動有蝦夷之乱、大宰管内九国、常有新羅之警、自余北陸山陰南海三道、浜海之国、亦皆可備隣寇者也、

と書いている。明らかに「陸奥出羽両国」と「大宰管内九国」、また「蝦夷之乱」と「新羅之警」はいずれも対句になっており、蝦夷は新羅に対応している。もちろん清行の生きた時代および封事を進めた時期はいわば律令制社会の崩壊期であって、その盛時における支配者の意識と同じに論ずることはできない。しかし崩壊期であればあるほど支配者の意識は危機的ななかに明確にあらわれていると考えてさしつかえない。やはり蝦夷の叛乱は、新羅からの侵寇と同じく律令国家権力そのものを侵す異民族の問題であったのである。

1　俘囚兵士の発生

いまここで問題にしようとしているのは、蝦夷社会に対して律令国家が国家自体の内面的必然性として所与の蝦夷問題にどうとりくんだかということである。従来の研究は、単に征服者としての律令国家との対比のもとで鎮撫さるべき対象としてのみしか描かれず、蝦夷社会と律令国家との構造的な関係は問われてはいない。先にも述べたごとく蝦夷との接触点ではたえざる律令国家の緊張状態があり、その支配がもっとも明確な形であらわれてくることは疑いない。国家が構造的にこれとどう対決するかが大きな問題となってくる。これは地域的に陸奥・出羽のみではないのであった。後にも述べるごとく蝦夷が俘囚として陸奥・出羽以外の国に遷されたとき、その地において律令国家は圧縮された形式で辺境における蝦夷問題を国家の身分問題としてもちこんだことになるのである。直接武力的に接している辺境地域と、俘囚として移貫した地域と、その両方で律令国家は大きく自己の存在を試されることになる。

たとえば、柵戸という一種の植民制度が陸奥・出羽両国を中心として展開することは周知の事実であるが、大化三年（六四七）を初見として史料上に見え、高橋富雄氏が述べられているように「大体天平宝字年間を以て、柵戸の記載が史上から消えて(3)」いく。柵戸として辺要に移貫しうるということはすなわち編戸の行なわれていることを前提にしているのであるが、いまだ蝦夷の叛乱が絶えない奈良時代の半ばに柵戸という現象が消滅する。柵戸という政策の重要性がこの時に失われたとは考えられず、むしろ律令国家の支配の一手段たる編戸が従前のように行ないがたくなってきたということにほかならない。これに対して俘囚の兵士への利用は逆にこの時期から史上にみえはじめ、平安時代初期に主としてみられる。このことは俘囚に対する編戸またはそれに類する作業が依然貫徹していたことを示しているのであって、一般公民に対する支配が弛緩してきていても蝦夷に対してだけは厳しい支配が維持されていたということが示されているのではなかろうか。

いま本節で「蝦夷」が何であり「俘囚」が何であるということを明らかにしようとは思わない。蝦夷社会から掠奪されて一般公民（むしろ身分的にはそれ以下）に位置づけられるという意図をもたれ、かつ兵士として点定されることが、律令国家にとってどういう意味をもっていたかということを明らかにすればよいのである。「俘囚」という用語は、管見のかぎり神亀二年（七二五）閏正月にはじまるようである。この時「陸奥国俘囚」を伊予・筑紫・和泉に配している。以後平安朝にかけてこの用語はたびたび用いられている。煩を避けるためここでは掲げないが、俘囚の移貫せられた地はほぼ全国にわたっているようであって、とくに中央から近いところに配せられたということはないようである。全国的に俘囚を移住せしめうるという事実および諸国における俘囚に対する支配を、ひとつの律令国家の政治的支配の指標として設定し、そのうえで体制イデオロギーの上においても支配を貫徹しようとした。そうした意味でまさに諸国における俘囚問題は石母田正氏の言われる「特定の場所に隔離された賤民的身分」(4)としての支配にもとづいた非常に高度な律令国家自身の政治問題であった。

こうした位置にある俘囚が兵士に差点される。その方法は二種である。一つは蝦夷との戦争によって得た俘囚を奴隷として兵士とする方法。これはおそらく最初から「夷を以て夷を征す」がための人身掠奪であって、律令国家における公民支配ということはそれほど予想されていない。世界史的に普遍的にみられる現象である。したがって、律令国家の性格をみる尺度にはなりえない。他の一つが律令国家の体制イデオロギー上の必要から政治的に設定された俘囚を兵士に徴発する方法。前者にあたる帰降したものを辺軍(陸奥・出羽)にあてたものを除くとそれほど多くの例はない。以下列挙する。

大同元年(八〇六)十月　防人四一一人を廃し、近江国夷俘六四〇人を大宰府に遷して防人とする。(5)

勅、夷俘之徒、慕化内属、居要害地、足備不虞、宜在近江国夷俘六百卌人、遷大宰府、置為防人、毎国掾已上一人専当其事、駈使勘当勿同平民、量情随宜、不忤野心、禄物衣服公粮口田之類、不問男女、一依前格、但防人之粮、終□永給口分田者、以前防人乗田等給之、其去年所置防人四百十一人皆宜停廃、

承和六年(八三九)四月　伊賀国名張郡の山中の「私鋳銭群盗凡十七人」を近衛とともに「俘夷」が追捕する。(6)

遣右近衛将監正六位上坂上大宿禰当宗、近衛及俘夷等於伊賀国、索捕名張郡山中私鋳銭群盗凡十七人、進鋳銭作具及銭等、

貞観九年(八六七)十一月　伊予国の海賊を追捕せんがために諸国の人兵を差発し俘囚を招し募る。(7)

下知摂津、和泉、山陽、南海道等諸国曰、如聞、近来伊予国宮崎村、海賊群居、掠奪尤切、公私海行、為之隔絶、

凡可捕件賊之状、頻繁仰下、督促慇懃、其後、播磨、備中、備後、阿波等国、相尋言上獲賊之状、而今寇盗難休、流聞如此、実是国司等欲消一境之咎、不慮天下之憂、无尽謀略、不精捜捕之所致也、夫海賊之徒、萍浮南北、唯殉其利、不恤其居、追捕則鳥散、寛縦則烏合、仍須縁海諸国勠力同謀、具記往来之舟航、勤詳去就之人物、儻聞有姧謀、則彼我相移、差発人兵、招募俘囚、捜其匡穴、尋其風声、窮討尽捕、令无遺類、

貞観十一年（八六九）十二月　新羅賊に備えるために諸国の夷俘を発しこれに充つ。粮粁は諸国の夷俘粁利稲を其用と為す。(8)

太政官符

応配置夷俘備警急事

右大宰府解偁、撿案内警固官符先後重畳、因玆簡練士馬、慎備非常、爰新羅海賊侵掠之日、差遣統領選士等、擬令追討之時、其性儒弱、皆有憚気、仍調発俘囚、御以征略、意気激怒、一以当千、今大鳥示恠異、亀筮告兵気、加以鴻臚中嶋舘幷津厨等離居別処無備禦侮、若有非常、誰以応響、彼夷俘等分居諸国、常事遊獦、徒免課役、多費官粮、望請、配置要所、以備不虞、分為二番、〻別百人、毎月相替、交令駈役、但食粁者諸国所挙夷俘粁利稲之内、毎国令運進、以給其用、謹請　官裁者、大納言正三位兼行皇太子傅藤原朝臣氏宗宣、奉　勅、俘夷之性、本異平民、制禦之方、何用恒典、若忽離旧居、新移他土、衣食無続、心事反常、則必野心易驚、遂致猜変、宜簡監典有謀略者為其勾当、幷統領選士堪能者以為其長、勉加綏誘、能練武衛、設有諸国運粮闕乏、即須府司廻撥支済、又以百人為一番、居業難給、転餉多煩、宜五十人為一番、且宛機急之備、若不慎符旨、有致後悔、必加厳責、不用寛科、

貞観十一年十二月五日

貞観十二年（八七〇）十二月　上総国司に下した太政官符の中で「折取夷種、散居中国、縦有盗賊、令其防禦」と述べている。[9]

太政官下符上総国司、令教喩夷種曰、折取夷種、散居中国、縦有盗賊、令其防禦、而今有聞、彼国夷俘等、猶挟野心、未染華風、或行火焼民室、或持兵掠人財物、凡群盗之徒、自此而起、今不禁遏、如後害何、宜勤加捉搦改其賊心、若有革面向皇化者、殊加優恤、習其性背吏教者、追入奥地、莫使麁獷之輩侵于柔良之民、

寛平七年（八九五）三月「夷俘徒在諸国、不随公役、繁息経年、其数巨多」という状況だったので、新羅賊に脅やかされていた大宰府の博多警固所に夷俘五十人を置いた。[10]

太政官符

応加置博多警固所夷俘五十人事

右得大宰府解偁、少弐従五位上清原真人令望牒偁、撿案内、太政官去貞観十一年十二月五日符偁、夷俘五十人為一番、且宛機急之備者、而今新羅凶賊屢侵辺境、赴征之兵勇士猶乏、件夷俘徒在諸国、不随公役、繁息経年、其数巨多、望請、言上加置件数、練習射戦、将備非常者、府加覆、審所陳適宜、謹請　官裁者、大納言正三位兼行左近衛大将皇太子傅陸奥出羽按察使源朝臣能有宣、奉　勅、依請、

寛平七年三月十三日

管見のかぎり右の六史料を見出しえたにすぎないが、俘囚がかく兵士またはそれに準ずるものとして登用されるのはもちろん「狼性未改」[11]とか「未忘野心」[12]というときの「狼性」「野心」のゆえによっている。元慶七年（八八三）に上

総国市原郡の俘囚三十余人が叛乱を起して官物を盗み人民を殺したが、僅かこれだけの人数の俘囚に対して「非数千兵者不得征伐」という状況であった。(13) こうしたことは何を物語っているであろうか。すなわち、俘囚三十余人の背景にはかなり大きな勢力が控えていたということであろう。単に実戦に強いというだけでなく俘囚集団（あるいは「俘囚村」とでもいえるかも知れない）全体もしくは俘囚集団間の横の連繋をも想定しうるだろう。蝦夷の族長制社会においては戦いに勝利するかどうかということが、ある村落の生存そのものにかかわっていたであろうから、実戦に耐えうるということは非常に重要なことであった。そうした背景のもとで俘囚の軍事的な強さがもたらされてくるのである。もっともその強さを利用したとはいっても、前述したように俘囚と兵士の問題はこのことだけで片付くということではない。兵士への利用というのは律令国家の俘囚対策の一側面にすぎない。陸奥・出羽地方で律令国家と対立していた蝦夷をその社会から切りはなして「内地」に移し、そこで隔離された俘囚として生活していけるだけの共同体的性格を帯びた集団を形成させて、その場所において律令制支配を行なっているという事実が重要なのである。その必然的帰結として兵士への登用が生れてくる。しかもその俘囚支配は律令国家の政治的バロメーターであって、律令制支配が単位は小さいながらももっとも典型的にあらわれてくるから、兵士の徴発という事実も遅くまで続きうる。先の例においても実に九世紀末までそれが続いている。もっともそれが九世紀中で終るという事実もより重要であるが、これは後述する。

2　俘囚兵士の統括

こうした俘囚の兵士の移動・管理組織はどうだったか。まず陸奥国から俘囚を移動させるのは「俘囚部領使」の役目であった。(14)これは兵士を移動させる際の手続きと同じである。しかも天平十年（七三八）駿河国正税帳などによると部領使の多くは軍団の軍毅であったらしい。令制兵士と同じ形式のもとで陸奥・出羽から諸国への移動がなされていたのであるが、注目しておいてよい事実であろう。とはいってもこのことは俘囚が最初から兵士と同等のものとして予定されていたということではない。いつ叛乱を起すとも知れないものを移動させるから軍毅が携わったものであって、結果的にそうなったというだけのことかも知れない。しかし少なくともその背後には俘囚に対する強い管理が行なわれていたという事実を知ることができる。移動させて定着させることが、律令国家の政策の一地域での証明であればこそこうした重要な方法がとられるのである。

その管理組織についてもそれほど多くのことはわからないが、「夷長」なるものがあった。俘囚の中に置かれた律令国家の一種の官職である。

勅、諸国夷俘等、不遵朝制、多犯法禁、雖彼野性難化、抑此教喩之未明、宜択其同類之中、心性了事、衆所推服者一人、置為之長、令加捉搦、(15)

とあって弘仁三年（八一二）にはじめて置かれている。その目的は、俘囚の中のある人物を選びそれを中心として俘囚集団の支配を行なおうとしたものである。この時の夷長は「往年国司等択勇健者、私置其長」とあるところから私的に(中央から独立してという意味で)国司が適当な者を任じていたもので、それが近江国の場合には天安二年（八五八）に「即預把笏」ということで(16)中央朝廷と密接な官職として再編成された。他の諸国でも同じであったと思う。弘仁年中よりそう遠くない天安年中になってこの夷長が把笏するのは、九世紀になって律令制支配の破綻が大きくなってくることによって、単に国司が「私置」したものでは、全体の国家支配にとっても不十分だからなのであって、そのために中央朝廷と形式的にもつながる官職である必要があった。他に夷長の例は、多く見出すことはできないが、貞観八年（八六六）には近江国にて夷長二人が把笏を許されている。[17] 員数は一郡一人ではなくて、たとえば貞観年中の近江国の言上によると、播磨国では賀古・美嚢両郡で一人であった。[18] 夷長は俘囚集団の存在形態そのものに多くの性格をよっているから、その地域において俘囚社会がどう展開していたかによってその員数は決まったものであろう。

この夷長の上にあって総括的に俘囚を管理するのは国司であった。この国司を夷俘専当と呼び、

勅、簡諸国介已上一人、為夷俘専当、遷去之代、更復選下、

とあって、介以上の国司を弘仁四年（八一三）十一月二十四日に定めている。[19] これより三日早くすでに夷俘専当に相当するものが決定されており、播磨・備前・備中・筑前・筑後・肥前・肥後・豊前の八国のうち備中・筑後が守で、あとはすべて介であった。[20] この時は山陽・西海両道のみしか知りえないが、実質的には他の国々でも行なわれていて、それが弘仁四年（八一三）に至って全国的に拡大されたものであろう。この夷俘専当国司はこの時点ではじめて必要になったものではないし、またその職掌から考えてもそれ以前の段階でも当然必要なものである。たとえば、延暦十九年（八〇〇）に俘囚政策の不正で糺弾をうけた石川清主なる者は出雲国の介であって、「撫慰俘囚」することが先例としてその時以前に定められていた。[21] 弘仁年中の夷俘専当にしてもその職務は「厚加教喩」という漠たるものであった。俘囚を正確に支配の対象として利用するためには公民支配におけるのと同じようにこうした「教喩」が必要なことはいうまでもない。むしろこの「教喩」は律令国家の現実の必要性から出発してきたというのではなくて、支配理念上の必要であり、実質的には律令制支配をより貫徹するために俘囚の在り方を把握することが目的であったろう。国司の介以上の一人に専当させるということは、それだけ俘囚問題が律令国家にとって重要な課題になってきたということ

とである。

この夷俘専当の設けられる直ぐ前、弘仁二年（八一一）に、

始令諸国進俘囚計帳、

とあって、(22) 俘囚にかかる計帳が作成されたことがわかる。短い記事であるが深い意味をもっていると言わねばならない。ひとつの事実としては、諸国に計帳を進めさせて調庸台帳を造らねばならないほどに俘囚の数が増加してきていることが知れる。諸国への移動と一般公民から離れた俘囚集団の設定が全国的になってくることによって計帳による統一的把握が必要になってきたのである。しかしそれ以上に重要なことは計帳というものが俘囚に対してもつ意味である。いうまでもなく計帳は調庸を徴するもっとも重要な記録であることは明らかであり、計帳が造られるということは原則として調庸が徴される可能性をもつということなのである。兵士役の徴集については必ずしも計帳の作成を待つ必要はないが、計帳によってその徴発がより容易になることは、十分考えられることである。計帳という、律令財政の経済的基礎たる調庸の徴発にまで至っているのは、従来のような現実の俘囚集団における俘囚把握のみではなしに、一定の全一的な法秩序にもとづいた規制が必要であるということを示している。しかも、それは行なわれた時点において単に平行的に一般公民と同じくあつかったということではない。俘囚計帳のもつ意味は、一方では班田農民の分解による一般公民の減少を経済的に補うということであると同時に、そうした律令政治の基礎となる一般公民支配の減退によって、俘囚集団が律令国家支配の理念と理想の貫徹しうる場所としてクローズアップされてきたことによる。この俘囚に国家支配を行ない、政策を遂行できるかどうかが、一般公民を律令制のもとに再編成できるかどうかということに密接につながっていたのである。俘囚問題はイデオロギー支配の面で濃縮された一般公民支配にほ

かならない。げんにこの俘囚計帳の作成された弘仁年中は、すでに計帳の全国的な作成が徐々にすたれてゆき、律令国家の基盤が崩れてゆく時期でもあった。この時期に諸国の俘囚に関しては新たに計帳が造られたのである。いろんな意味で律令国家が俘囚問題を重要視していたことが理解できる。九世紀初めの弘仁年中といえば、いわゆる「良吏」なる一部の官人が現実の社会の在り方にもとづいて律令政治を再編成しようと試みていた時期であって、それなりに現実が直視された政策が出ていた。夷俘専当の制度や俘囚計帳が作成されたのは実にこうした時期であった。律令政治が崩れかけてゆくなかで、俘囚に対してだけはそれが政策として実行しえていた。いなむしろ律令政治が崩れはじめる時期においてこそ俘囚への政策が律令貴族の政治理念のうえにおいても必要であって、俘囚政策の成功は律令政治の正当性と完全性を計る目安として意味をもっていたのである。

九世紀に至るまで、すなわち俘囚への政策が一定の法的整合性をもって行なわれうるまでは、その兵士への差点についても直接に兵事に携わる者が行なったようである。質的にも量的にも諸国を俘囚行政の単位とするに至るまではこれは当然のことであろう。延暦十九年（八〇〇）に

遣征夷大将軍近衛権中将陸奥出羽按察使従四位上兼行陸奥守鎮守将軍坂上大宿禰田村麻呂、検校諸国夷俘、

とあって[23]、坂上田村麻呂が諸国夷俘の実体を把握せんとしている。翌延暦二十年（八〇一）に行なわれる征夷のための準備である。田村麻呂は征夷大将軍として延暦二十年（八〇一）二月に節刀を賜り[24]、九月に征夷を実行し[25]、同十月に節刀を進めてその役を終えている[26]。この例は俘囚の兵士点定が一般化する九世紀以前の状況であるといえよう。

延暦の直後の大同元年（八〇六）、近江国の夷俘六四〇人が大宰府に遷されて防人となった[27]。この時「毎国掾已上一人」に事を「専当」せしめている。「専当」という語の内容が問題になってくるが、これは必ずしも兵事そのものにあた

ったということではなくて、防人として大宰諸国に配された俘囚の民生一般を掌るものであった。配された俘囚を兵士としての防人として使用しうる状態に維持しておくことが職務であり、前に述べた夷俘専当国司と同じ性格のものであろう。これが弘仁年中頃に重要視の度が高まって介以上として法制化されたものと思われる。

このように俘囚の兵士を管理・運営するものは国司である。そしてそれは九世紀における律令政治の再編成において現地の状況を把握しうる、または把握している国司の役割が再認識されたことによることは確かである。実際に俘囚の兵士を兵事において動かしたのは、やはり延暦年中の田村麻呂の例のようにその兵事を軍事的に統括する人物であった。田村麻呂の段階では差点も実戦もともに兵事担当者が行なったが、九世紀の段階になると差点などについては国司等が行ない、実戦などは兵事担当者が行なうというようにその過程が分化してきている。この分化はもちろん計帳の作成などにみられるような俘囚支配の編成によっていることは明らかであろう。そしてこれはすでに延暦十一年（七九二）に停廃された軍団の制度に似ている。すなわち、国司による俘囚の兵士の訓練と行軍における兵事担当者の引率である。例としては貞観十一年（八六九）に大宰府が俘囚をもって機急に備えた時のものがあり、これを統率したのは「宜簡監典有謀者為其勾当并統領選士堪能者以為其長」(28)とあるように大宰諸国の国司ではなくて、大宰府の官人たる監・典および健児制廃止以後の大宰府の専門兵事担当者たる統領・選士であった。各国を治める国司ではなくて、大宰府管内九国を全体的に支配する職たる大宰府の官人が中心になっている。具体的な兵事の進行において国司が主たる担当者になれないのは当然であり、しかも新羅に備えたものであればなおさらのことであろう。この場合の例では俘囚を直接統括するのは統領・選士であり、さらにその上にあって全体を総括するのが大宰府官人であるという二段の構造をもっていた。

おわりに

このように俘囚の兵士は律令国家の兵力として利用された。しかしそれは必ずしも俘囚の兵力そのものが重要視されたということではなくて、兵士に点定しうるという支配状況において重要なのであった。点定された人数はそう多いものではない。俘囚を陸奥・出羽の地から「内地」に移し、その地において律令国家は律令制支配の圧縮された支配を行なってゆく。しかも俘囚は陸奥・出羽から移動させてきたものであるから律令国家支配ははじめから強固であることを前提にしている。したがって、ここで支配が行ないうるかどうかということは律令国家が全国を支配していけるかどうかという問題につながっているのである。それが人身支配という明確に押しつめた形で出てくるのが兵士の問題である。

俘囚が兵士に利用される画期は、最初は延暦年中に求められる。延暦二十年（八〇一）の田村麻呂の大征討は蝦夷支配のひとつの重大な時期であることは疑いないが、同時にこの時期は平安遷都・健児制度にみられるように律令国家がその性格を大きく変えざるをえないときでもあった。前にも分析したように田村麻呂はこの兵士制が停止された時期に諸国の夷俘を検校して兵士にするという政策を行なっている。これ以後「内地」の俘囚が兵士として利用される例が出現してくる。健児制度という、ある種の軍防令の理念の放棄が行なわれるという事態ののちに俘囚の兵士がはじまるということの意味は小さくはない。俘囚を支配し、兵士に点ずるということは、律令国家がそれ以後存在してゆくがための一種のあかしであったのである。兵士への利用例にしても管見のかぎり九世紀に集中しているということもそれを証明している。九世紀という時期は、前述したように律令国家の破綻がかなりの程度にまで進行し、そのなかでいわゆる「良吏」などの改良が行なわれるという時期である。律令制度による支配形態そのものを放棄したのでない以上、いずれかの場所で律令制支配理念を保っておく必要があった。それが俘囚問題であったと思う。それゆえに十世紀に入ると俘囚の兵士は途絶えてしまう。十世紀になればすでに日本全土を統一して支配するということは理念としても存在しえなくなり、天皇家をも含めた各権門に権力の中心が分散したような形式の国家支配の共立が行なわれる。そうなれば俘囚を隔離された地域での律令制支配として設定しておく必要もなく、したがって、兵士に点定して律令制理念の健在を理念的に保っておくことも不必要になる。律令国家支配の身分問題としての俘囚の兵士はここで消滅する。

以後、蝦夷を「内地」に移したという例としての俘囚は史上に多く見えない。ただ儀式の中にはその位置を後にまで残していったようである。とくに新嘗祭・節会などに何分かの役割を占めていた。(29)その重要度についてはかなり後のことであるが、久安二年(一一四六)に俘囚が事故あるゆえをもって節会(豊明)参加を拒否したときに節会自体を延期すべきかどうかという諸卿の僉議までが行なわれたという記事がある。(30)儀式として俘囚の参加が必要なものであったことを物語っている。俘囚田(31)や俘囚料(32)を媒介として律令国家は俘囚農耕民化を推進するが、俘囚の側もそのことによって農耕技術を習得し、移貫された直後の状態から出発して現地蝦夷社会以後の第二次的な構造変化を遂げていったものと思われる。その時にはすでに一般公民社会は分解を終えつつあり、俘囚社会のみが班田農民的な社会として残っていったのではなかろうか。十世紀中葉以後展開する摂関政治において、律令政治の理念を継続していくためにこうした俘囚社会だけは一般公民社会＝班田農民社会的状態に維持していく必要があったのであろう。しかしその時にはすでに律令制理念は現実の政治としては実行しえなくなっており、俘囚も歴史的な意味を失っていく。

(1) 「続日本紀」宝亀十年四月三十日条
(2) 「続日本紀」宝亀九年十二月二十六日条
(3) 高橋富雄氏「東北古代史上の柵戸と鎮兵」(『日本歴史』九〇号)
(4) 石母田正氏「古代の身分秩序」(『古代史講座』七所収、のち同氏著『日本古代国家論』第一部に再収)
(5) 「類聚国史」巻一九〇、大同元年十月三日条
(6) 「続日本後紀」承和六年四月二日条
(7) 「日本三代実録」貞観九年十一月十日条
(8) 「日本三代実録」貞観十一年十二月五日条、貞観十五年十二月十七日条
(9) 「日本三代実録」貞観十二年十二月二日条
(10) 「類聚三代格」寛平七年三月十三日太政官符
(11) 「類聚国史」巻一九〇、延暦十九年五月二十二日条
(12) 「類聚国史」巻一九〇、弘仁四年十一月二十一日条
(13) 「日本三代実録」元慶七年二月九日条
(14) 「正倉院文書」天平十年駿河国正税帳
(15) 「日本後紀」弘仁三年六月二日条
(16) 「文徳天皇実録」天安二年五月十九日条
(17) 「日本三代実録」貞観八年十一月十日条
(18) 「日本三代実録」貞観八年四月十一日条
(19) 「類聚国史」巻一九〇、弘仁四年十一月二十四日条

(20)「類聚国史」巻一九〇、弘仁四年十一月二十一日条
(21)「類聚国史」巻一九〇、延暦十九年三月一日条
(22)「日本後紀」弘仁二年三月十一日条
(23)「類聚国史」巻一五九、延暦十九年十一月六日条
なお、これが掠奪した俘囚を直接に奴隷軍的に組織したものではなくて、いったんある場所に俘囚集団を設定して、それから兵士に点じたものであることは、「検校諸国夷俘」とあるところから明らかであろう。
(24)「日本紀略」延暦二十年二月十四日条
(25)「日本紀略」延暦二十年九月二十七日条
(26)「日本紀略」延暦二十年十月二十八日条
(27)「類聚国史」巻一九〇、大同元年十月三日条
(28)「類聚三代格」貞観十一年十二月五日太政官符
(29)「西宮記」・「北山抄」など。
(30)「台記」久安二年十一月十四日条
(31)「政事要略」延喜十四年八月八日太政官符
(32)「延喜式」主税寮式

第三節　律令国家の武器所有について

はじめに

軍事力、ないしは軍事制度を考えていくうえで、武器が重要な部分を占めているという主張には、大方の異論はなかろう。日本律令国家の場合においても、その官僚制にもとづいた政治支配を支えるのに軍事力は不可欠の要素であったし、またこの国家の軍制は公民の武力を奪うところから出発しているゆえに、武器の生産・流通・管理はきわめて重要な関心事でもあった。序章でも述べたように、ヨーロッパ古代社会においては、その国制上の軍事力は支配階級の手によって形成され、武装しうるかどうかということは市民権を持つかどうかということに即応していた。(1)むろんその下に奴隷の兵士がありはするが、あくまで中心は奴隷所有者＝市民が卓越した経済力を誇るとともにみずから武装してその支配を保とうとするところにある。

これに対して、日本律令国家においては、軍事力は公民の負担する武力から成っている。つまり、支配者が被支配者に武力を負担させ、その負担は国家への労働税＝徭役としての性格が濃厚である。税そのものといってもさしつかえないほどである。(2)したがって、律令国家の軍制の成立は、こうした負担を提出する公民が成立した時以降であって、その意味で律令国家の軍制の最大の要素である軍団制の成立を、持統天皇四年（六九〇）の庚寅年籍の造籍に求めることは、(3)稳当なこととといえる。

このような律令国家の軍制を考えるとき、武器の占めた役割を無視することはできない。軍団制にしても、一般公民から武器を疎外することを前提として成立したからである。かつて地方豪族たちに自立的に所有されていた軍事力を、その豪族から切りはなし、律令国家のもとに体系的に組織化する。その軍団制という軍制は、どのようなかたちで形成されてきて、その後どのように展開したのかということを、武器という要素を通じて考察しようとするのが本節の目的であり、さらにまた、武器の保有関係の変遷が、軍事制度や武力のありかたにどう変化を与えたかをも考えてみようとするものである。

1　軍団制の成立と武器

軍団制の成立時期については、いくつかの説があって固定しない。これは、山内邦夫氏も述べられるごとく「いったい何をメルクマールとして考えたらよいのかが明確にされていない」(4)からのように思える。いまこのことについて考える余裕はないが、軍団制成立過程において、武器はいったいどのように扱われていたのであろうか。

律令国家体制とおおよそ関係のない時代の記事は別にして、はじめて国家の武器に対する政策が出てくるのは、「日本書紀」孝徳紀の大化年中の記事である。

(a)大化元(六四五)・八・庚子

於閑曠之所、起造兵庫、収聚国郡刀甲弓矢、辺国近与蝦夷接境処者、可尽数集其兵、而猶仮授本主、

(b)大化元(六四五)・九・丙寅朔

遣使者於諸国、治兵成本云、従六月至于九月、遣使者於四方国、集種々兵器、

(c)大化二(六四六)・正・甲子朔

凡兵者、人身輸刀甲弓矢幡鼓、

(d)大化二(六四六)・正・是月

天皇御子代離宮、遣使者、詔郡国修営兵庫、

以上の四史料である。(5) これらについてはすでに山内氏が詳しく分析を加えられており、その論は説得的であってほとんど従いうる。いずれも当時のものとはみなしがたいし、のちの資料にもとづく作偽とするべきであろう。(a)は東国国司への詔で、(c)は改新の詔である。とくに(c)は詔文の中のいわゆる「凡条」で、もっとも後世の修飾文の可能性の高い部分であって、信じることはできない。また、(b)と(d)についても、山内氏は天武天皇十四年(六八五)十一月丙午条の「詔四方国曰、大角小角、鼓吹幡旗、及弩抛之類、不応存私家、咸収于郡家」という詔にもとづいた述作とされたが、直接的な当否はともかくとしても、後世の述作であることは疑いないところである。(a)—(d)のいずれもが、「日本書紀」の大化元年(六四五)・二年(六四六)の記載に与えられた歴史的性格、すなわち、元年(六四五)六月の入鹿・蝦夷殺害クーデタと、二年(六四六)正月の詔による律令国家の創設時の設定にあって、軍事的な律令体制の出発点をもここにもってこなければならないという作業にもとづいてつくられた記事なのである。

しかしながら、この四史料は、すべて武器に関するものであって、武力発動にかかわる組織上の政策ではない。律令軍制の成立を措定せねばならない「日本書紀」において、「軍者、軍士也、防者、防人也」といわれた(6)軍防の体制ではなくて、武器についての施策がまず出てくる。このことの論理性を追求せねばならないだろう。

それは、これ以降、「大宝令」の制定・施行による律令体制の完備に至るまでの長い過程と密接に関係しているの

である。「日本書紀」編纂時においては、すでに「軍防令」の武器関係条文にみられるように、律令国家は武器の所有という側面では圧倒的であった。この事実にのっとって武器大量独占の時期を大化に設定したのであろう。では、大化以後の軍制あるいは武器政策の動向はどのようなものであったか。以下、「大宝令」の施行に至るまでの史料を検討してみよう。

この時期について、山内氏は大化から天武朝にかけての時期は、「この種の軍事施策に関する記事がまったく見当たらない」として、天武天皇四年（六七五）紀の記事から分析をはじめられた。

この指摘はたしかにその意味では正しいが、武器ということではこの問いくつかの施策ないしはその関連記事がみられる。以下、山内氏摘出の「日本書紀」の軍制関係史料と併せて列挙する。

(e)斉明四（六五八）・七・甲申

蝦夷二百余、詣闕朝献、……別賜沙尼具那等、鮹旗廿頭・鼓二面・弓矢二具・鎧二領、……別賜馬武等、鮹旗廿頭・鼓二面・弓矢二具・鎧二領、

(f)斉明六（六六〇）・十二・庚寅

天皇幸于難波宮、天皇方随福信所乞之意、思幸筑紫、将遣救軍、而初幸斯、備諸軍器、

(g)天智元（六六二）・正・丁巳

賜百済佐平鬼室福信矢十万隻・絲五百斤・綿一千斤・布一千端・韋一千張・稲種三千斛、

(h)天智元（六六二）・是歳

為救百済、修繕兵甲、備具船舶、儲設軍粮、

(i)天智三（六六四）・二・丁亥

其大氏之氏上賜大刀、小氏之氏上賜小刀、其伴造等之氏上賜干楯・弓矢、

(j)天武元（六七二）・六・己丑

唯百足居小墾田兵庫、運兵於近江、

(k)朱鳥元（六八六）・正・乙卯

酉時、難波大蔵省失火、宮室悉焚、……唯兵庫職不焚焉、

(l)天武四（六七五）・三・庚申

諸王四位栗隈王為兵政官長、小錦上大伴連御行為大輔、

(m)天武四（六七五）・十・庚寅

詔曰、諸王以下、初位以上、毎人備兵、

(n)天武五（六七六）・九・乙亥

王卿遣京及畿内、校人別兵、

(o)天武八（六七九）・二・乙卯

詔曰、及于辛巳年、検校親王諸臣及百寮人之兵及馬、故予貯焉、

(p)天武十二（六八三）・十一・丁亥

詔諸国習陣法、

(q)天武十三(六八四)・閏四・丙戌

又詔曰、凡政要者軍事也、是以、文武官諸人、務習用兵、及乗馬、則馬兵、幷当身装束之物、務具儲足、

(r)天武十四(六八五)・九・甲寅

遣宮処王・広瀬王・難波王・竹田王・弥努王於京及畿内、各令校人夫之兵、

(s)天武十四(六八五)・十一・丙午

詔四方国曰、大角小角、鼓吹幡旗、及弩抛之類、不応存私家、咸収于郡家、

(t)持統三(六八九)・七・丙寅

詔左右京職及諸国司、築習射所、

(u)持統三(六八九)・閏八・庚申

詔諸国司曰、今冬、戸籍可造、宜限九月、糺捉浮浪、其兵士者、毎於一国、四分而点其一、令習武事、

(v)持統七(六九三)・十・丁巳

詔、自今年、始於親王、下至進位、観所儲兵、浄冠至直冠、人甲一領・大刀一口・弓一張・矢一具・鞆一枚・鞍馬、勤冠至進冠、人大刀一口・弓一張・矢一具・鞆一枚、如此預備、

(w)持統七(六九三)・十二・丙子

遣陣法博士等、教習諸国、

これらの史料をみれば、天武天皇四年(六七五)まではたしかに軍事にかかわる国制上の史料はないけれども、(e)—(k)の記事は、国家に膨大な武器が貯えられていたことを前提にしないことには理解できないものばかりである。つま

り、一挙にではなく徐々にではあるが、豪族・百姓の武器が「収公」されていた可能性が強い。(e)斉明天皇四年（六五八）の蝦夷への武器下賜[7]、なかんずく(i)天智天皇三年（六六四）の氏上への武器の下賜は、単に儀礼的・形式的なものではあるが、それ以前に何らかの方法で一定程度の民間からの武器収公と国家への集中が進行していたことを物語る。

それでは、(l)以降の史料はいかなる性格のものであるか。山内氏は(u)持統天皇三年（六八九）に軍団の「兵士を一般農民から徴発しうる体制」が完成し（造籍は翌年の庚寅年）、さらに(w)持統天皇七年（六九三）の記事は完全に軍団が成立していたことを示す、とされた。

だが、史料の文言そのものからは(l)―(w)において軍団制成立をよみとることはできない。これらの史料の言うところは、まず、(1)中央官人の武装化＝官僚軍事力の整備であって、彼らを律令体制成立のための親衛的武力的基盤として武装させることである。(l)・(m)・(o)・(q)・(t)・(v)の史料がこれに該当する。つまりは官僚制軍隊の創出であって、これは(l)天武天皇四年（六七五）の兵政官の成立と対応している。将来の兵部省であって、軍団ではない。

(2)は武器検校についてである。「収公」したり民間所在の武器を調べてリストを作ったりしたものらしい。(n)・(r)・(s)の史料である。とくに(s)天武天皇十四年（六八五）十一月の記事は重要であって、大角・小角以下の集団戦用武器・兵具を私家に置かせず、郡家に収公することを主張している。

(3)は(p)・(w)の史料で、両者とも諸国に陣法を教習させたというものである。これも軍団の成立を直接的に導き出すことは無理で

	(1)	(2)	(3)	(4)
l	｜			
m	｜			
n		｜		
o	｜			
p			｜	
q	｜			
r		｜		
s		｜		
t	｜			
u				｜
v	｜			
w			｜	

あって、「国司」が地方官僚として持っていた軍事組織への教習であるかも知れない。

これらの(1)―(w)史料は、主としてこの三点について物語っているのであって、かりに(u)を(4)軍団制成立を示す史料だとすると、図式的には前頁の図のようになる。

つまり、時間的にはまず(1)の官僚軍事力の整備・確立が第一となり、(1)で明らかなように兵政官＝令制兵部省の原型ができあがっている。以下の(m)・(o)・(q)・(t)・(v)はいずれもこのことを前提としてはじめて理解できるものばかりであって、中央官人を律令体制の武力的基盤としたので、軍団のことではない。ついで示されるのが(2)で、(n)天武天皇五年（六七六）九月、(r)天武天皇十四年（六八五）九月と、京・畿内の武器を検校している。しかもこれを行なったのは「王卿」であり、宮処王たちの諸王であって、律令国家においてまず天皇を支える官僚たる王族たちがこれを担当していることは、重要であろう。中央の親衛的軍事力の成立をまって武器の検校を行なったのである。対象になる地域についても、(n)天武五年（六七六）・(r)天武十四年（六八五）九月の京・畿内という律令国家を支える近くの場所から、(s)天武十四年（六八五）十一月の全国へと広がっている。人民の所有する武器を国家の手で検査し、その管理下におさめようとしたのであって、まだこの段階では民衆はさしたる法規制をうけないで多くの武器を保持していたことをも示している。それらを国家の手元に集中的に収納することによってはじめて軍団、すなわち律令国家の人民支配のための軍事力がそれ自体として成立するのである。そのためには、まず中央の親衛的軍事力を強化し、ついで民間の武器を「収公」して、さらには地方の軍事力を整備するという手順が必要なのであって、史料にはもちろん錯綜はあるが、(1)→(2)→(3)→(4)という順序でなければならないのである。律令国家の支配のために第一番目に必要であったのは官僚制軍事力であって、軍団はそのもとではじめて体制的に存在させることができたのである。その逆ではない。

そうすると、武器という面から考えてみたとき、軍団制の成立はいつになるのか。やはり、「大宝令」の成立をもってそれにあてておきたい。以下は、「続日本紀」にみえる記事である。

(x)文武三(六九九)・九・辛未

詔令正大弐已下無位已上者、人別備弓矢甲桙及兵馬各有差、又勅京畿、同亦儲之、

(y)文武四(七〇〇)・二・丁未

累　勅王臣京畿、令備戎具、

(z)大宝二(七〇二)・二・丙辰

諸国大租、駅起稲及義倉、并兵器数文、始送于弁官、

まず(x)・(y)であるが、両者とも王臣・京畿人に武装を命じたものであって、王臣はともかくとして、京・畿内がでてくるのは、国家の統制のもとでの人民の武装であり、京・畿内における実質的な軍団制の成立を示すものであろう。しかしそれは、京・畿内という中央政府の直接的膝下のみである。つまり、まだ制度として全国的に軍団と呼びうるようなものは成立していなかったともいえよう。この時点で王臣と京畿内のみが武装せねばならない理由はみあたらないから、一般的に軍団制成立の一過程として理解してもよい。そうすると、諸国が省かれているのは、省いたのではなくて省かざるをえなかったのであって、地方諸国における軍団制が未成立であったということになろう。「大宝令」以前に軍団における官僚体系を示す用語があらわれないというのもひとつの証左となる。

武器に関していえば、その全面的な国家の管理下への移行は、やはり「大宝令」においてであろう（むろん断わるまでもないが、存在する全武器を国家が管理したなどとはいっていない）。(z)大宝二年(七〇二)二月の記事はそれを示

している。「兵器数文」がはじめて弁官に送られ、中央律令政府の把握するところとなっている。「諸国」における武器の把握が完成したことを物語り、と同時に武器を優越的にその手元におさめた律令国家が軍団制を成立せしめたのである。[8] 霊亀元年（七一五）の「今六道諸国、営造器仗、不甚牢固、臨事何用、自今以後、毎年貢様、巡察使出日、細為校勘焉」[9] という記事も、まさにこのこと、すなわち、律令国家が諸国の軍事力の起点となる武器の管理・維持に熱意をもつに至ったことを示す。野田嶺志氏の言われるように、軍団が「いうなれば器庫」[10] であるとするならば、このことはより以上に注意しなければならない重要なことだと思われる。

2　奈良時代の武器

奈良時代・平安時代前期の武器については、「和名類聚抄」に記載がある。[11] もちろんこれが当時のあらゆる武器と一致するわけでもないし、また時代も異なるが、一応の基準になることは疑いない。これを参考として武器を分類すると、[12] 下のごとくになろう。

- 武器
  - 純粋武器
    - 個人用
      - 攻撃用——弓矢・刀剣など
      - 防禦用——甲冑・矛盾など
    - 集団用——弩・抛など
  - 準武器——鍬・鋤・刀子など
- 兵具——旗・鼓・吹など

まず、大きくは武器、つまり利器と、兵具、すなわち戦闘行動での指揮用道具が区分できる。「純粋武器」とは人間を殺傷することを目的としたもので、個人用と集団用（あるいは集団戦用）とに分けられ、また個人用は攻撃用と防禦用に分かれる。これはそれぞれ武器生産技術の面からしても分類が可能であろう。「準武器」とは人間を殺傷しうるもので、本来は他の目的に使用するもののことをいう。おそらく農民が蜂起したときは古代にあってもこれらが主たる武器であっただろうが、史料の上からはほとんど確認できない。

このうち、「武器」を中心として考えてゆく。

まず武器の製作については、「軍防令」にあっては、弓・弓絃袋・副絃・征箭・胡籙・太刀などが「毎人」に備えるべきものとして、みずから製作するかどうかはともかく、民間において製作することを予想している。もっとも、その民間での製作は厳重に国家の管理のもとに置かれていたであろうし、「其横刀槍鞍漆器之属者、各令題鑿造者姓名」(13)とか、「営造軍器、皆須依様、鐫題年月及工匠姓名」(14)とかあるように、作った人の名前や日付を刻むことを要求されたし、国家の認知した「様」にもよらねばならなかった。

中央の武器については、「職員令」にもあるごとく、造兵司が中心であった。その職掌は「掌造雑兵器」とあるとおりであって、雑工戸雑工部が具体的な造兵器に携わっていた。「令集解」古記・釈説の別記では、鍛戸二一七、甲作六二、靫作五八、弓削三二、矢作二二、鞆張二四、羽結二〇、桙刊三〇とあって、閑月に戸別に一丁ずつをとったという。これだけの人間が進んだ技術をもって武器を作れば、かなりの量になることだけはまちがいない。

地方における武器については、主として国衙がその製作にあたった。国司が責任者となってその管理のもとで国内正丁が製作し、できあがった武器は国衙が厳しく監督したのである。たとえば御野国半布里の大宝二年戸籍(「正倉院文書」)では、「胡禄作」の正丁一人、また「矢作」と注された兵士も一人いた。戸籍の段階ですでに軍需手工業技術の保持者が登録されていたのである。国内の正丁を国司が駆使し、武器を作ったという明確な規定は令の中にはないが、たとえば「軍防令」では在庫器仗は「当処長官」が監督・修理することになっているし、「延喜式」兵部省式にも「凡諸国司造官器仗之日、不得造私器仗」とあって、国司の器仗製作が義務づけられている。

天平六年（七三四）の「出雲国計会帳」（「正倉院文書」）は、これらについて種々の材料を提供してくれる。「造弩生」という国衙直属であろう武器製作者がみられるし、「造兵器別当」なる名称もある。別当は国司小野臣淑奈麻呂で、目・正八位下であった。国司の職にあるものが、別当として事にあたったのである。「官器仗帳」・「伯姓器仗帳」・「修理古兵帳」・「新造兵器帳」といった帳簿のあったこともわかるし、前二帳によって国衙はその地区の公・私の武器の現状を把握し、後二帳によって武器の新造・修理につとめ、使用に耐える状態にしておかねばならなかった。国家の存立にとってきわめて重要な要素だったのであり、当時の軍事的環境が武器をいかに重要視していたかが同時に理解できる。

実際に国々でどれだけの武器が作られていたかは明確でないが、残された正税帳からその種類と量は若干の推察が可能である。たとえば天平六年（七三四）の尾張国にみえる「営造兵器」は挂甲六領・横刀鞘一六口・弓四〇張・箭五〇具・胡籙五〇具・靫四〇巻、天平九年（七三七）但馬国の「年粁修理器仗」は短甲一三領・箭三三一具・大角一口・小角一口・弓五五張・槍七四柄・振鼓五面、天平十年（七三八）周防国の「造年料兵器」は挂甲二領・大刀五口・弓二〇張・矢二〇具・胡籙二〇具、天平十年（七三八）駿河国の「造器仗」は挂甲三領・大刀七口・弓四〇張・箭四〇具・胡籙四〇具・靫四〇巻、などがそれぞれ作られている。修理や新造などの区別を無視してもこれだけの数字をあげられるし、耐用年限を考えて毎年これだけの武器を製作すれば、貯っていく量はかなりのものになるはずである。これらが律令国家の地方支配を支える軍事力を構成する武器となったのである。

現実の武器製作を示す史料は多くある。たとえば神亀元年（七二四）には「令七道諸国、造軍器幕釜等有数」[15]とあって七道諸国に武器を作らせているし、また霊亀元年（七一五）にも「今六道諸国、営造器仗」[16]とあり、同じく各国々で武器が作られている。

こうした国司を中心とする武器製作体系は、奈良時代前半期には崩れはじめる。公民支配そのものの動揺とかかわっているわけであるが、諸国における主導的な武器生産はスムーズにいかなくなってくる。天平四年(七三二)の記事[17]によれば「諸国軍団」ではあるが、幕釜の欠を補うために入京官物を修理・新造用に出している。中央に入るべき他の財源を使用してまで武器保有を完全ならしめようとしているし、翌年にも勅を出して調布・商布を下し、「造雑器仗之料」に充てている。[18]これも西海道のことであって、中央の費用で武器を作らせたのである。少しのちの天平宝字五年(七六一)にも西海道巡察使紀牛養の言として「今西海諸国、不造年新器仗、既曰辺要、当備不虞」とあって、各国に甲・刀・弓・箭を作らせている。[19]同じ年の十一月には「調習五行之陳」せしめるとともに、その時に残った兵士を「役造兵器」することに使っている。[20]兵士として勤務している人々の一部分が武器製作に利用されているのである。西海道という、朝鮮半島と接してたえず危機的な状況と認識されていた九州諸国ですら武器が安全を保つほど作られず、また保全もされていないのであった。

かくなる事態は、武器が諸国で作られる以上、当然予想しうることである。それを管理するのは、中央の任免する任期四年の国司であるから、どうしても武器の製作などはおろそかにならざるをえない。律令国家が在地から遊離した官僚によって運営され、国司もその一員である以上、致し方のない矛盾ともいえよう。

もっとも、だからといって国家はこの事態を座視していたわけではない。その対策のひとつが節度使の任命である。武器の製作や管理に携わる中央直接の任命職として創設される。奈良時代前半に起った武器設備や製作の不十分さを補うことがそのひとつの職掌であった。明確にそのことを記した文章はないが、兵士を「使役造兵器」らしめたということや、「節度使料綿襖冑」(21)という記載(22)などからうかがうことができる。「使」という、中央の任命で、またたえず中央政府の管理下におかれていた職で、武器の地方的情況を統一的に把握しようとしたのであった。

この、奈良時代における各分野での武器製作において、みのがしてはならないものに中国大陸の技術の吸収がある。このことは、国家がとくに律令の篇目などで主張しているわけではないが、この時代の多くの手工業技術からみて、また武器の製作についてもかなり高度の技術水準を必要としたことから判断しても、その重要性が理解される。

大陸技術の導入ということに関しては、おそらくは本格的な交渉のはじまる弥生時代から存在していたことはまちがいない。しかし文献にそれを確認できるのは、推古朝くらいからである。この時期が日本の国際関係のうえで重大なエポックであることは周知のことであるが、武器製作技術の導入もその一環として試みられていたのである。記事は推古天皇二六年（六一八）にあり、「高麗遣使貢方物、因以言、隋煬帝興卅万衆攻我、返之為我所破、故貢献俘虜貞公・普通二人、及鼓・吹・弩・抛石之類十物幷土物駱駝一疋」と、高麗が唐の捕虜と武器十種を日本に貢物してきたのである。(23)直接にこれは技術輸入を物語ってはいないけれども、高句麗と日本との軍事技術の交流の存在をうかがわせるには十分な史料といえよう。同時に俘虜二人ももたらされていることにも注意されよう。推定にすぎないが、わざわざ人間二人が添えられたのは、鼓・吹などをよく使える人物であったとしか考えられない。

奈良時代には、たとえば天平七年（七三五）に第九次遣唐使に伴って入唐留学し帰朝した吉備真備の例がある。唐礼以下の書物四種と諸道具のほかに、「絃纏漆角弓一張、馬上飲水漆角弓一張、露面漆四節角弓一張、射甲箭廿隻、平射箭十隻」と、合計五種の武器が持ち帰られている。(24)それぞれがどういう機能と効果をもった武器であるか詳しくは不明であるが、唐のすぐれた軍事技術によって作られたものであることだけは確かで、日本律令国家の軍事力を補強するために輸入された先進的なものであった。また、迎藤原河清使の高元度が中国から帰ってくるときに、甲冑・伐刀・槍・矢などの「兵仗様」を付されている。加えて前にも引いた天平宝字六年（七六二）に製作された「綿襖冑各二万二百五十具」は、「其製一如唐国新様」(25)とあるように中国の技術を導入して作ったものであって、日本律令国家は軍事技術の模範を唐に求めたのである。

こうした律令国家の関心は以後にも引きつがれていった。律令国家の衰退する九世紀末までは少なくとも国家的関心として軍事技術の輸入が続いたはずである。たとえば承和七年（八四〇）の第十七次遣唐使（最後の派遣）の例がある。運悪く漂流して南海賊地に漂着して現住民と戦うが、その時の記事に「所得兵器、五尺鉾一枚、片盖鞘横佩一柄、箭一隻、賷来献之、並不似中国兵仗」(26)とあって、その地の武器が大きな関心のまととなっている。しかも遣唐使がこれに関わっており、中国技術の導入がやはり遣唐使によって行なわれ、律令国家支配者の強力な要請であることがわかる。(27)

3　平安時代の武器

平安時代になってからの武器製作については、かなりの変化がみられる。一方では造兵司や国衙における製作が行なわれているが、一方ではそうした公的なルート以外の方式で武器を作り備えるという、現実の社会の情況に則した積極的な調達方法が考え出されるようになった。

奈良時代末・平安時代初における武器製作の転換をもたらした原因は、ひとつは、平安時代を主導した新官人たちの政策にある。すでに変質しつつあった公民支配と、変更せざるをえない律令政治を現実としてみつめ、その中から新しい政治を探っていた彼ら官人たちは、現状の展開にもとづいて武器製作を行なおうとしたのである。いまひとつは、奈良時代末・平安時代初の顕著な政策が「軍事と造作」と把握されているように[28]、数次にわたってくりひろげられた蝦夷との戦いである。きわめて技術史的な視点ではあるが、現実のこの戦争が律令国家の武器製作に大きな影響を与えていることをみのがしてはならないと思う。

この段階での武器製作の変化については、とくに桓武朝政治との関係が強く、延暦年間に顕著にみられるようになってくる。

天応元年（七八一）四月十日、政府は鉄甲を停めて革甲を作るということ、すなわち革製の甲を造るという政策を採用している。桓武天皇が即位したのは四月三日であったから、八日後のことにあたり、桓武のとりくんだ最初の政治ともいうべきものである。

太政官符

停鉄甲造革甲事

右被内大臣宣偁、奉勅、如聞、諸国甲冑稍経年序、悉皆渋綻、多不中用、三年一度立例修理、随修随破、極費功役、今革之為甲、牢固経久、擐躬軽便、中箭難貫、計其功程、殊亦易成、自今以後、諸国所造年新甲冑宜皆為革、即即准前例、毎年進様、但其前造鉄甲不可徒爛、毎経三年、依旧令修、

天応元年四月十日

と記されている[29]。この転換の理由は簡単であって、「諸国甲冑稍経年序、悉皆渋綻、多不中用」ということ、つまり鉄甲が年を経るにしたがって酸化し、使用に耐えなくなったということである。いま、その官符にみえた廃止理由を

整理してみると、①鉄甲が保存に耐えないこと、②修理が困難で「極費功役」ということ、③革甲の採用理由は軽くて扱うに便利であること、④造りやすいこと、の四点である。むろん、現実の戦争において効果の高かったのは堅牢な鉄甲のほうであるが、それが上記のような技術面・経済面からして作れなくなってしまう。

このことの示す歴史的意味はいくつかある。まず国家の武器が十分な質を保ちながら維持していけなくなったということ。また丈夫な鉄甲を作るような手工業技術が民間に流れていっているということ。そういう手工業技術が一般農民の日用品や王臣家などを対象とする流通商品の作成に吸収されていく。技術の保有者にとってはそのほうが利益が多く、国家の武器を作るための徭役として働くことは彼らの利益につながってこなかったのである。これらの点については門脇禎二氏のすぐれた研究(30)があり、ここではふれない。

天応元年(七八一)という年は、いわゆる蝦夷との戦いが広く展開していた時期である。蝦夷社会はもちろん農耕も行なわれているが、狩猟が社会生活のかなりの部分を占めており、したがって軍事とも共通する弓矢の技術に長じていることはまちがいない。こうした蝦夷民族に軍事的に対抗するには、重くて扱うに不便な鉄甲では重装すぎ、革甲という軽便な武具による軽装が必要になってくるのである。革甲の採用という軍事技術の変化は、民間における手工業生産の社会的ありかたのみではなくて、現実の蝦夷との戦いから導き出された結果でもあったのである。

兵士の側面からいうと、この革甲の採用は兵士の悪質化ということからも考えることができる。つまり兵士の質の低下によって、「今北陸之道、亦供蕃客、所有軍兵、未曾教習、属事徴発、全無堪用」などとあるように(31)、軍事訓練すら行なわれないという情況とあいまって、扱うのに体力と技術を必要とする鉄甲はとても使いこなせなくなってしまっている。使いやすくまた作りやすい革甲使用にふみきらざるをえない情況であったのである。

この時期に、蝦夷との戦いを遂行するために国衙による武器製作が行なわれていたことはいうまでもない。律令国家が崩壊したのでない以上当然のことだし、史料についても枚挙にいとまがない。たとえば、すでに蝦夷との戦いの展開していた宝亀八年（七七七）に律令国家は戦争用の武具(襖)を「東海・東山諸国」に命じて作らせ、陸奥・出羽に送らせている。(32) 延暦九年（七九〇）には東海道は駿河以東・東山道は信濃以東の国々に蝦夷との戦いのための革甲を作らせている。(33) 延暦十年（七九一）には鉄甲三千領が各国に命じられて「新様」によって修理されている。(34) 同じ延暦十年（七九一）、東海・東山諸国に征箭三万四五〇〇具を作らせている。(35) これらはすべて国衙において公民を集めて作らせたものであろう。依然として律令国家の地方行政機関たる国々が武器製作の中心であった。

こうした各国での武器生産において、やはり蝦夷との戦いとの関係によって生産技術も進歩したことを注目しておかねばならない。これは蝦夷民族の側にとっても同じことであったと思われる。本来蝦夷民族の知らなかった集団戦法も学んだであろうし、また集団戦用武器も知ったであろう。また、陸奥・出羽の現地においては蝦夷民族とのあいだに大いなる交流のあったことはすでに確かめられているし、政府の原則としては、蝦夷と接触することは禁止されるが、現地ではまさに生活の問題として、当然のこととして交流がもたれていたのである。延暦十八年（七九九）に日向国に流罪になった陸奥新田郡百姓弓削部虎麻呂・妻丈部小広刀自女は「久住賊地、能習夷語、屢以謾語騒動夷俘心也」(36)といわれており、言葉のちがいを越えて蝦夷との接触があったことがわかるし、また妻は丈部氏で、蝦夷民族の出身とも考えられる。さすれば、律令国家の政治・政策とは別に、民間では通婚をも含めて人間的な交流のあったことが推定できるわけで、国家の意図とは別に現地社会は展開していたのである。

その点、武器に限定して蝦夷民族との相関関係を注目してみると、延暦六年（七八七）の太政官符(37)が注目されてよいと思う。

太政官符

応陸奥按察使禁断王臣百姓与夷俘交関事

右被右大臣宣偁、奉　勅、如聞、王臣及国司等争買狄馬及俘奴婢、所以弘羊之徒苟貪利潤略良竊馬、相賊日深、加以無知百姓不畏憲章、売此国家之貨買彼夷俘之物、綿既着賊襖冑、鉄亦造敵農器、於理商量、為害極深、自今以後、宜厳禁断、如有王臣及国司違犯此制者、物即没官、仍注名申上、其百姓者一依故按察使従三位大野朝臣東人制法随事推決、

延暦六年正月廿一日

と記されているように「王臣百姓」が「夷俘」と「交関」することを禁止したものであるが、この官符によると「無知百姓不畏憲章、売此国家之貨、買彼夷俘之物、綿既着賊襖冑、鉄亦造敵農器」とあり(38)、「百姓」による交易が盛んに行なわれていたことが知られる。律令国家が禁止せねばならないほどに広範であったわけで、綿や鉄といった物資が蝦夷民族にもたらされ、彼らの生活に役立っていた。「襖冑」=武具とも「農器」=農具ともなっていた。しかもこうした交易に対してはすでにこれより早く「故按察使従三位大野朝臣東人制法」が定められており、厳しく禁止されていた。すでに奈良時代前期から律令国家の禁止の対象となっていたのである。

それはともかく、律令国家の軍事技術の進展は、先にも引用した天応元年（七八一）における鉄甲の廃止と革甲の採用、また延暦十年（七九一）における「新様」による修理などにそれをみることができる。

公的な武器製作とは別に、この時代の顕著な傾向として、個人もしくは在地豪族による武器の生産があげられる。

もちろんそうした有力者を国家の枠内にとりこんで製作させるわけであるが、したがってそれはいまだ自立的でない有力者の武器生産の性格を示すものではあるが、いま一方でそうした有力者の生産がかなり広範なものとなっており、無視できないほど強大なものになっていることを示すものである。

たとえば、延暦九年(七九〇)、桓武天皇とその側近政治家たちは「征夷」事業に必死となっていたが、甲を調達するために以下のような太政官奏を出した。(39) 坂東諸国が蝦夷との戦いによって人物ともに疲弊し、「富饒之輩」のみがこれをのがれていることを指摘したのち、

請仰左右京、五畿内、七道諸国司等、不論土人浪人及王臣佃使、撿録財堪造甲者、副其所蓄物数及郷里姓名、限今年之内、令以申訖、

と、坂東の国々や貧窮の人々にかたよっていた負担を均一化するための方針をうち出した。もっとも便利であった東国での軍需物資の調達が不可能になるほどこれらの国々は疲弊していたのであって、その対策として全国にそれを負担させる地域を拡大せざるをえなかったのである。また、本来は武器を作るということとは何の関係もない階層概念である土人・浪人・王臣佃使といった人々にも甲を作らせようとしたのであり、しかもその際「財」が基準になっており、その人の身分がどんなものであろうとも、とにかく財産を持っている者を把握しようとした。律令国家は、従来の武器製作とはまったくちがった方法をとらざるをえなくなってきているのであって、新たな方式をうちたてようとしている。これが広範に展開してきた富豪層を軍事のうえでも、把握しようとしたものであることはいうまでもない。「公民」支配の概念では律することのできない富豪層を、こうした公民支配方式とはまったくちがった方式によって、律令国家の支配下におさめようとしたのである。延暦十年(七九一)にみえる「仰京畿七道国郡司造甲其数各有

差」という記事[40]にしても、国司と郡司に命じて甲を作らせており、郡司という在地により密着した人物が新たな武器生産者となっている。延暦九年（七九〇）の土人・浪人・王臣佃使への負担と同じ線上にあるものということができよう。

さらに延暦十年（七九一）には、

勅、令右大臣已下、五位已上造甲、其数各有差、其五位殷富者、特増其数、以廿領為限、其次十領、

と記されており[41]、中央の武器生産について、叙上の地方での延暦九年（七九〇）の布令と同じものが出されている。この時のものは中央政府の武器調達の方式であって、造兵司を中心とした律令国家の武器製作機構とはまったく別に、またそれとは関わりなく新しい現実に則した方法が考え出されたのであり、五位以上の貴族に私的に甲を作らせて国家に出させたのである。五位以上といえば、一応の貴族であるから家産経済の範囲で製作できたはずであって、そのような貴族家産経済のある程度の発展をみこしてこうした政策がはじめて出せる。前述の土人・浪人・王臣佃使といい、この五位以上の貴族といい、公民支配の減退によって危うくなっていた律令国家とは異なり、そうした公民をみずからの経営の中にとりこんで拡大していったのであって、それゆえに造甲を課すことが現実において可能であったのである。また、手工業技術についても優秀なそれがこれら有力者階層に移っており、かえってこうした階層への軍事負担の賦課は有効なものであったと思われる。少しのちの史料になるが、承和年中に謀叛のかどで逮捕された文室宮田麻呂は、京内廷宅に弓一三枝・胡籙三具・箭一六〇隻・釵六口、難波廷宅には冑二枚・零落した甲二領・釵八口・弓一二張・胡籙一〇具・梓三柄が残されていたという[42]。宮田麻呂は従五位上であったが、とにかくも貴族と呼べる階層であったし、やはりその家産経済の枠によって作り出したものと考えるのがもっとも妥当であろう。

こうした新たな武器調達ルートの開拓は、蝦夷戦争の遂行などを考えてみるとき、かなりの成功をおさめているらしい。もちろんすべての武器をこの方式にたよっていたわけではなく、併行して、またより重要なものとして国家・国衙による武器生産は九世紀に至っても続けられる。中央では、依然として造兵司を中心とした製作が行なわれていたことはいうまでもない。たとえば貞観八年（八六六）には造兵司雑工戸の徭が十日にされているが、(43)雑工部が製作に携わっていた。しかも「在諸国造兵司雑工戸」とあるから、各国々にこうした工人を確保し続けていたのである。地方の国々で武器が作られていたという史料は、やはり多くある。弘仁十三年（八二二）の官符によると、国々に一人ずつ「造年料器仗長」があって、体制・制度として武器製作が行なわれていたことを示している。(44)実例では、少しのちのものではあるが、元慶二年（八七八）における記事にそれをみることができる。(45)元慶の蝦夷との戦いに関係するものであるが、五月の記事では相模・安房・信濃・但馬・備中・備後に命じて槻弓・梓弓・檀弓・柘弓を調達させており、国で製作の行なわれていたことを物語っている。

しかし、こうした公的な方式によって製作された武器が、質的にそれほど高いものでなかったことは、容易に想像できる。良質な技術が民間に流れていけば、残るのは低質な技術のみであり、作られる武器も低級なものにならざるをえない。弘仁六年（八一五）に「応造年料甲」という官符が出されるが、そこでは諸国が毎年作っている武器について「頃年諸国所造進年料甲冑、徒有作労之費、无有当用之便」と述べている。(46)つまり、武器はたしかに国々において作ってはいるが、完全に技術の質的な低下をきたしており、「作労之費」ばかりで「当用之便」がないような状況であった。

また、元慶五年（八八一）の記事は興味ある材料を提供している。加賀国が中央に言上したもので、(47)

加賀国言、太政官去六月廿九日下当道符偁、比日兵庫有鳴、蓍亀告云、北境東垂、可有兵火、自秋至冬、宜慎守禦者、謹撿、去弘仁十四年、分越前国置加賀国、其後五十八年、未備非常、伏望請、被給官庫甲冑、以備非常、自余兵器、国宰将作者、　勅、甲冑宜令国宰作焉、

とある。加賀国が越前から分立して以降、いまだ非常に備えたことがない。だからすぐに非常に備える用意をしろといっても武器がそろわないから、甲冑については中央からまわしてほしい。ほかの武器は国で作る、といった。これに対して中央の律令政府は、甲冑も国で作れ、と命じたのである。要するに加賀は国を建てて以来五十八年間、まったく軍事的情況に備えていなかった。建国の弘仁十四年（八二三）という年はすでに国衙の支配力はかつてほど有効ではなかったし、完全に武器生産の体制をつくりあげることができなかったものと考えられる。一般的に当時は地方国衙の手工業生産能力は落ちていたし、まして建国直後であったからよけいにその体制は調わなかった。そこで「官甲冑」の下付と甲冑以外の武器の自作を申請したのであった。

これに対して中央の律令国家は、この申請を了承しなかった。「甲冑」も「兵器」もともに国衙で製作させようとした。地方国衙、この場合加賀国にその生産能力がないことがわかっていながら、中央も自分で甲冑を地方にまで送る能力と余裕がないからこうした方策しかとれない。これでは律令国家の軍事力が総体的に衰退していくのは当然のことであろう。

この平安時代前期において、武器製作ということでもっとも注目しなければならないのは、律令国家の支配範囲の中にとらわれない人々もしくは集団によるものである。

これについては、律令国家の支配の範疇で捉えられないというのが最大の特徴である。八世紀においてはこうした

集団などは律令国家の範囲に捉えられていた。前述した民間有力者の検財や、中央の五位以上などがそれである。ところが、それが九世紀になってくるとくみこむことのできないものがでてくる。

たとえば、律令国家はこれを「無頼」として捉えた。弘仁元年（八一〇）の史料では「又毛皮之類、不聴犯用、鞍具之要、唯須皺文、是以无頼之徒、竊斃牛馬」とあって、直接の武器ではないが、鞍具という武具が「无頼之徒」によって作られていたことがわかる。[48]律令国家がこうした言葉でしか捉えられないような在地の有力者が、国家の枠を脱して活動していたのである。

こうした存在は、貞観十二年（八七〇）の参議・大宰大弐藤原冬緒の起請にもみられる。[49]大宰府の軍事的設備の不十分であることを述べたのち、

比年之間、公私雑人、或陸或海、来集深入遠尋、営求善馬、及其帰向、多者二三十、少者八九疋、惣計過所、年々出関之数、凡千余疋、夫機急之備、馬尤為用、而无頼之輩、毎年捜取、若有罄乏、如非常何、今将施禁制、翻致謗讟、望請、下知豊前長門両国、四ヶ年間、禁止出馬、

と、危急の備には馬がもっとも重要であることを述べ、その馬が「无頼之輩」によって九州から持ち出されて不足しているので、これを改善するよう提言している。ここでいう「无頼之輩」が弘仁元年（八一〇）のものとほぼ同じ範疇に属するものであることは確かで、こういうかたちで良馬がこれらの階層に集中し、官馬として軍事用に使う馬は悪馬しか残らないのである。

武具についていうと、延暦二十三年（八〇四）の史料を適切なものとしてあげることができる。綱目は「応禁断犢皮韉事」であって、

右被右大臣宣偁、奉　勅、牛之為用在国切要、負重致遠、其功実多、今聞、無頼之流争事驕侈、殺剝班犢、競用
　鞍韉及胡籙等之具、為弊尤甚、事須禁絶、若有違犯、科違勅罪、主司阿容亦与同罪、

と記している。(50)

この記事に述べているのは鞍韉・胡籙であって、純粋武器ではないが、それに準じる重要なものであるし、とくに胡籙は純然たる武器としてとり扱ってもよいと思う。それらの武器が「無頼」の人々によって作られていたのである。鞍韉や胡籙を作れるというすぐれた製造技術をもち、ほかの手工業生産も当然行なっていた。こうした在地の富豪層という階層によって武器は作られていたのである。

こうした階層の武器製作については、貞観八年(八六六)の記事でも確かめられる。(51)大宰府が馳駅して奏言したもので、肥前国基肆郡の人川辺豊穂の申状を記録している。この郡の擬大領であった山春永が豊穂に語っていうには、新羅人の珎賓長と一緒に新羅に渡り、「造兵弩器械之術」を教えて、帰ってきて対馬を切りとろうとして豊穂を誘った。この試みは藤津郡領葛津貞津・高来郡擬大領大刀主・彼杵郡人永岡藤津らが「同謀者」であったという。そして豊穂はこの主張を裏づけるために四十五人の射手の名簿を進めたというものである。ここでは郡司層が軍事のにない手となっており、しかも朝鮮半島と交流をもって四十五人もの射手をかかえていた。弩にはかなりの修練がいるのにこの有様で、軍事技術や軍事力の中心が富豪層・郡司クラス、「無頼」の輩とよばれた層に移行していたことを物語っている。

「無頼」の輩として集団的概念で把握された存在が、具体的にどんなものであったかを知るのは困難であるが、「頼ル無キ」とは国家の側からみた状態であることをさえ知っておけば十分であろう。「無頼之徒規避課役、容止他郷巧

作方便」として無頼の徒＝浮人・浪人であることを示すこともあるし、[52]「富家之輩不顧憲式、無頼之民尚暗法令」というように「富家之輩」に対する「無頼之民」と零落した貧窮階層を指す場合もある。[53]しかし、より一般的なのは、やはり律令国家の支配秩序をうち破るような政治的・経済的な存在をこう称していることであって、たとえば弘仁三年（八一二）の官符では「身在京争第」って郡司に任じられようとする在地豪族を「無頼之徒」といい、[54]また元慶三年（八七九）の官符でも「循良之宰有施政術、郡司既非其人」といわれた不正な任用手続きの郡司のことを「無頼之輩」と称している。[55]とりわけ重要なのは、在地社会におけるこれらの階層の活動である。貞観二年（八六〇）に諸国の禁野での狩猟を禁止したとき、「無頼之輩寄事守野、奪取百姓鎌斧、以妨樵蘇之類」とあり、[56]彼らが狩猟を生業の一部としていたことは歴然である。貞観五年（八六三）の官符でも、「軽狡無頼之輩私自入狩、以擅場、鳥窮民苦更倍昔日」とあり、[57]元慶八年（八八四）の官符にも賀茂神山において「無頼之輩偸射猪鹿」とあって、[58]いずれも無頼の輩と狩猟とが結びついているのである。とすれば、彼らが武器を生産するのは、狩猟における道具とも相通じるから当然のことである。律令国家の禁じた集団戦用武器は公然とは作りえなかったが、自備を「軍防令」において義務づけられていた武器はかなり自由に製作することができた。しかも、馬具を作って乗馬することがひとつの特色でもあったが、これも狩猟とは深くかかわっている。これらが九世紀末に問題となる「僦馬之党」につながっていくことはまちがいないところであって、やがて来る武士の時代の序章ともなる。

この点、戸田芳実氏の言われた「良馬と伝統的な狩猟の騎射技術を有する『富饒』の住民が、国家の要求する騎兵の供給源となり、やがて登場する武士の特殊な源流をなす」という主張が想起されねばならない。[59]氏の論は主として十世紀以降を対象とされており、いま本節の対象とする時代とは若干異なるが、「狩猟民集団」[60]の中に武士の起源のひとつを求められたことは、前述した武器のありかたとてらしても確かめられ、賛成できるところである。日本古代の戦闘が原則として歩兵・集団戦であることは「軍防令」でも確認できるが、中世武士の主たる戦闘が名乗りを前提とした一騎打ちであることも、あるいはここに原因の一部を求めることができるのかも知れない。

おわりに

このような、武器生産のうえでの九世紀の特質は、民間での生産を大きく一般的なものにした。むろん、従来のごとく中央・国衙における生産が維持され、中央・地方軍制にとって主要な意味を占めていたことはいうまでもないが、律令国家権力の崩壊という側面から武器の問題を考えるとき、やはり「無頼」の輩による私的生産は注目しておかねばならないものであろう。「僦馬之党」と呼ばれる存在が律令国家を打倒したわけではないが、「無頼奸猾之類猶称王臣家之人、放縦暴猛不従国郡、侮慢牧宰騒擾所部」といわれるように[61]、彼らが中央の王臣家＝荘園領主と「主従」関係を結んで、国司・郡司の下知に従わず、所部を「騒擾」するという不法行為は、その量的な拡大によって、九世紀末・十世紀初の社会を混乱に陥れ、律令国家の変質をせまった。

十世紀以降の武士の成立・発展にとって、こうした全体的動向は少なからず影響をもったと思われ、また武士たちの使用した武器のかなりの部分は上述のような体制によって供給されたものと思われる。

(1) この点については、本書序章を参照されたい。

(2) いうまでもなくこのことを示す史料文言は多くある。たとえば「雑徭之中、兵士尤苦」(『類聚三代格』大同四年六月十一日太政官符所引の右京職解文)とか、「兵士名備防禦、実是役夫」(『類聚三代格』天長三年十一月三日太政官符)とかである。

(3) たとえば、山内邦夫氏「律令制軍団の成立について」(『軍事史学』一一号、のち『論集日本歴史律令国家』所収)。ただ、氏の言われる造籍後ということは、軍団制成立の必要条件ではあっても十分条件ではない。したがって、軍団制そのものの成立はそれ自体独自の史料によって証明されねばならない。

(4) 山内邦夫氏「律令制軍団の成立について」(『軍事史学』一一号、のち『論集日本歴史律令国家』所収)

(5) いずれも日本古典文学大系本『日本書紀』による。以下の「日本書紀」の引用もすべてこれによる。

(6) 「軍防令」義解

(7) 日本古典文学大系本『日本書紀』の注はこの記事を「政府記録による記事」としている。

(8) すでに笹山晴生氏は「日本古代の軍事組織」(『古代史講座』五)の中で「大宝令の施行の前後に、軍備に関する政策の転換があったことが考えられ、軍団制が本格的に整備されるに至るのは、ほぼこの時点であったことが推測される」と述べられ、軍事制度のうえからもこのことが妥当であることが確かめられる。

(9) 「続日本紀」霊亀元年五月十四日条

(10) 野田嶺志氏「日本律令軍制の特質」(『日本史研究』七六号)

(11) 「和名類聚抄」二〇巻本巻十三

(12) 古墳時代について、西川宏氏の分類がある(『日本の考古学』第五巻「古墳時代」下所収)。

(13) 「関市令」出売条

(14) 「営繕令」営造軍器条

(15) 「続日本紀」神亀元年四月一日条

(16) 「続日本紀」霊亀元年五月十四日条

(17)「続日本紀」天平四年八月二十二日条
(18)「続日本紀」天平五年閏三月二十五日条
(19)「続日本紀」天平宝字五年七月二日条
(20)「続日本紀」天平宝字五年十一月十七日条
(21)「続日本紀」天平宝字五年十一月十七日条
(22)「続日本紀」天平宝字六年正月二十八日条
(23)「日本書紀」推古二十六年八月癸酉朔日条
(24)「続日本紀」天平七年四月二十六日条
(25)「続日本紀」天平宝字六年正月二十八日条
(26)「続日本後紀」承和七年六月五日条
(27) こうした軍事技術・武器の輸入は、ただ一方的に日本が受身であったわけではない。日本から唐に輸出された場合もある。天平宝字五年(七六一)に高元度が唐から帰朝するときに、玄宗皇帝は弓を作るために牛角を要求し、七千八百隻を東海・東山・北陸・山陰・山陽・南海道に貢させて唐に送っている。これはもちろん安禄山の乱という動乱に直面しての緊急のものであって、平時と同じように考えることはできないが、少なくともこの時には日本の軍事技術が大陸に渡っているのである。
(28)「日本後紀」延暦二十四年十二月七日条。周知の天下徳政相論である。
(29)「類聚三代格」天応元年四月十日太政官符
(30) 門脇禎二氏「調庸収取形態の変化とその背景」(大阪歴史学会編『律令国家の基礎構造』所収)、および同氏著『日本古代共同体の研究』第六章「共同体と社会的分業」

(31)「類聚三代格」宝亀十一年七月二十六日勅
(32)「続日本紀」宝亀十一年七月二十二条
(33)「続日本紀」延暦九年閏三月四日条
(34)「続日本紀」延暦十年六月十日条
(35)「続日本紀」延暦十年十月二十五日条
(36)「日本後紀」延暦十八年二月二十一日条
(37)「類聚三代格」延暦六年正月二十一日太政官符
(38)なお、この箇所は「国史大系」本では「此ノ国家ノ貨ヲ売リ、彼ノ夷俘ノ物ヲ買フ。綿ハ既ニ賊襖ニ着キ、冑鉄（ヨロヒノカネ）ハ亦タ敵ノ農器ヲ造ル。」と読んでいるが、前後の文調から判断して「綿ハ既ニ賊ノ襖冑ニ着キ、鉄ハ亦タ敵ノ農器ヲ造ル。」とするべきである。この点は過ぐる昭和三十九年（一九六四）の筆者の卒業論文試問の際、副査であった東洋史学宮崎市定博士の御教示によっている。
(39)「続日本紀」延暦九年十月二十一日条
(40)「続日本紀」延暦十年三月二十六日条
(41)「続日本紀」延暦十年三月十七日条
(42)「続日本後紀」承和十年十二月二十二日条
(43)「日本三代実録」貞観八年二月十日条
(44)「類聚三代格」弘仁十三年閏九月二十日太政官符
(45)「日本三代実録」元慶二年五月九日条
(46)「類聚三代格」弘仁六年二月十六日太政官符

(47)「日本三代実録」元慶五年八月十四日条
(48)「日本後紀」弘仁元年九月二十八日条
(49)「日本三代実録」貞観十二年二月二十三日条
(50)「類聚三代格」延暦二十三年十二月二十一日太政官符
(51)「日本三代実録」貞観八年七月十五日条
(52)「類聚三代格」延暦四年六月二十四日太政官符
(53)「類聚三代格」大同三年七月十三日騰勅符（弘仁十年六月二日太政官符所引）
(54)「類聚三代格」弘仁三年八月五日太政官符
(55)「類聚三代格」元慶三年九月四日太政官符
(56)「類聚三代格」貞観二年十月二十一日太政官符
(57)「類聚三代格」貞観五年三月十五日太政官符
(58)「類聚三代格」元慶八年七月二十九日太政官符
(59)戸田芳実氏「国衙軍制の形成過程」（日本史研究会中世史部会史料部会編『中世の権力と民衆』所収）
(60)同右
(61)「類聚三代格」寛平六年十一月三十日太政官符

第二章　軍事制度の研究

第一節　検非違使の成立

はじめに

律令国家を維持していくための重要な機関として軍事制度があることはいうまでもない。本節ではそのうちのひとつである検非違使についてふれてみる。

本来、国家における中心的・根本的な経済制度は、いうまでもなく租税制度であろう。そしてその租税制度を実効のあるものとして支えているのは、一方での律令法の体系と、他方での現実においての強制力となる軍事力・武力である。しかし日本の「軍防令」に規定された軍事制度は軍事的には出発の最初からして蝦夷と新羅という「異民族」(1)に対する以外はほとんど使用される機会はなかったのであって、しかも蝦夷と新羅にしても大陸における政権交代期の国家の命運をかけての戦争というような事態は想定しえず、その意味で国家の全存在を賭してあたるという場所は存在しなかった。律令国家がひとつの体制として自己を守り、保ち続けていくという試練の場所は、かろうじて律令制権力と対立的な関係にあった蝦夷との戦いの中においてのみ存在しえた。たとえば、石母田正氏が言われるように、(2)

蝦夷を「皇化」によって「王民」に組織するということや、陸奥・出羽両国という蝦夷と接触のある場所における「柵戸」設定の問題などがそのことをよく示している。そうした意味で蝦夷に関する問題は律令国家にとってたえざる脅威であり、克服されなければならない最大の問題として存在していたし、その場所でのみ律令国家は自己の権力体系を阻害するものとのきびしい接触をもち、存在としての国家の様相をきわめてあらわにせざるをえなかったのである。律令国家が「軍防令」の中に措定した軍事制度はこのような場合に発揮されるのであるが、しかしそれはあくまで律令国家が「安定」していた場合にのみそうなのであって、「異民族」との直面のみがすべての軍事問題でないことは明らかであり、時代の経過に伴ってさまざまな新しい軍事問題が発生し、それに対応して新しい軍事制度が創出されてくる。

こうした情況の中で、変容しつつあった律令国家が、その体制の再編成を試みていた平安時代の初期、弘仁年間（八一〇—八二四）に検非違使が軍事・警察制度として成立してくる。この再編成の政治的な過程と実体については佐藤宗諄・森田悌氏などの諸論考(3)をはじめとしていくつかのすぐれた業績が最近あげられており、それらに明らかである。検非違使がとくにこの時期に発生するのは、こうした時代的変化と密接に関係していることを示すことはいうまでもない。そうした点において、検非違使を分析するということは、平安時代前期における政治過程を明らかにすることにもつながるであろう。

1　検非違使の発生

検非違使に関する研究は、先駆的な谷森饒男氏の業績(4)をはじめとしてけっして少なくはなく、その存在は複雑であるが平安時代においてきわめて重要な意味をもっている。その成立年代については詳らかでない。いま、ここでも史料的に成立年代を明らかにすることはできないが、検非違使が長く衛門府官人の兼帯であったことを考えれば弘仁二年（八一一）十一月二十八日に衛士府が衛門府と改称されたときがもっとも可能性が強い[5]し、いま少し余裕をもって時期を考えればこの弘仁二年（八一一）から弘仁七年（八一六）二月に興世書主が検非違使を兼行したときまで[6]のあいだに成立したということになろう。もちろんこれは検非違使という名称・職掌が誕生したということだけであって、一個の機関として成立したということはできない。機関として検非違使が成立し、独自に行動するようになるのは、やはり承和元年（八三四）の検非違使庁の成立以降である[7]。もっとも、たとえば承和四年（八三七）の記事においては東西両京に賑給を加えた官人として

左右京亮、左右衛門検非違使佐幷四人、

という文言が見えている[8]。単に「検非違使」とのみ書かれずに「左右衛門検非違使」として衛門府から検非違使が分離していないことを示している。「幷四人」は京職の亮と衛門府の佐の合計人数であり、ということは、衛門府の佐二人がいずれも検非違使の佐を兼任しているということである。すでに別当は成立しているが多くの官職は衛門府の兼帯であって、いまだ独立して検非違使が行動する基礎はできていない。使庁を統括する検非違使別当は、承和元年（八三四）に補任したとみえ、「弘仁式」にみえていない佐は天長元年（八二四）に「是歳、始補廷尉佐左笠仲守右藤永雄」とありはじめて補されている。この天長元年（八二四）には検非違使別当はまだ成立してはいないが、検非違使庁の原型になるような体制的組織はおそらくこの時を契機として整っていったものと考えられる。

このようにして検非違使は弘仁・天長という九世紀初頭の時期にその姿を歴史のうえにあらわしてくる。この頃に

検非違使が体制的に成立したことは大きな意味をもっており、ただ検非違使のみではなくて蔵人所にしても、この期に重要な職官が設置されていることは、国家権力の構成のうえに変化があったことの反映である。まさにそれは「律令」において公的な変更がなされたということなのであって、それまでの社会的な矛盾が法制のうえに結果するところとなったのである。

史料的に検非違使の成立時における職務内容は明らかにならないとはいえ、きわめて実利的・実益的な側面をもつものであったことはいうまでもない。「使等所掌、非啻准弾正之事」とあり(9)、また「弾正台及検非違使、雖配置各異、而糺断違犯、彼此一同」ともあるように(10)、検非違使が職掌のうえでは弾正台ともっとも密接な関係をもって成立したことは疑いない。ところが後述するように弾正台は非違の弾奏・巡察・糺弾にはあたっても(「職員令」)、職掌のうえからは追捕にはあたりえず、この追捕の分野を衛門府官人が検非違使として担当するようになったのである。もっとも、こうした検非違使の職についてもそれ以上に明確な規定は当初にはなされなかったらしく、貞観十二年(八七〇)には検非違使別当在原行平の別当宣が出されて、

聴訴之官、各有其職、独為惣強奸等行、事多壅滞、自今以後、自非強竊二盗及殺害闘乱博戯強奸等外、一切不可執行、

と述べており(11)、「強竊二盗及殺害闘乱博戯強奸」が検非違使の職掌として定められている。これからみてもわかるごとく、当初の目的は弾正台や衛府の果すべき職が十分でなくなった段階で登場してくるのである。

方今嫌悪之輩、為報私怨、偽誣他犯、告使所、随即追禁犯人推鞫之間、久苦禁獄、遂不承伏之日、僅反問告人、于時所告之事、是既虚也、須依法反坐、而偏称准弾正事、直放免、无更反坐(12)、

という社会の流動的な現象、つまり「誣告」という法制上の一行為によって「犯人」とされた人の地位が容易に崩れるということ、換言すれば政治的な身分構成が在地における社会の展開によって変動しつつあったという情況のなかで、検非違使の職能が対象となる事態に応じて定められていく。検非違使はまさにそのような律令体制というひとつの体制の崩壊への、制度上の側面における新しい対応の仕方なのである。

検非違使は、いわゆる「令外官」ではあるが、律令国家権力を守るための職掌として創設されたものであることはいうまでもない。守らねばならない対象というのは、「律令」の不備を補うものとして出発した以上、「律令」を基礎とした国家支配以外に考えられない。そしてそれは統一的な、唯一の権力として中央貴族たちに考えられていた。だからそこで問題になってくるのは律令国家と対立するような、「律令」に基礎を置いた権力を破壊するような秩序を排除・打破することであった。その面では兵士や衛府の官人が期待された職掌と何ら変るところはなかった。ただ兵士や衛府の官人のように律令に職掌範囲の規定を持たないのであって、このことの意味が案外重要ではなかろうか。やや後の史料になるが

日者陣中不閑、濫吹之徒恣心出入、又有不善之輩云々、尤有驚御、仰諸衛差加舎人於吉上、令宿直諸陣、又仰検非違使令伺不善徒、

と言われるごとく(13)、諸衛については「宿直諸陣」させるということしかできず、「不善徒」という存在に対しては、つまりは「律令」の規定の予想できない存在に対しては検非違使が発動されたのである。検非違使が「令外」の官であるということは、少なくとも「律令」なみの成文のうえに明確な規定をもたないということであって、その官を自己の麾下におさめた権力のありかたによって多様な行動の側面が保証されるということになる。もちろん「令外」と

いうことのみからそのような側面を指摘することは不可能であるが、この弘仁・天長期という時期の中で考えてみた場合他の時期の成立のものとは意味を異にする。そしてまた当然のことながらその上部にくる権力の存在の仕方に検非違使は深く関わってくる。

たとえば、蔵人所についてはその成立の当初よりして弘仁・天長期の官人たちによっても弥永貞三氏が指摘されたように「天皇の家政機関」(14)として規定されていたであろう。しかし、検非違使に至っては、谷森氏も述べられるように「理想ノ実現ノ為ニ設ケラレタル職ニアラズシテ、実際ノ必要ニ応ジテ設ケラレタル職」(15)なのであり、律令国家という以外に直接上部にくる権力は明確に定められてはいない。このことについては後述するが、のちに藤原家のための機関として活躍しうるようになるのはこの条件が大きく作用しているものといわねばならない。

また検非違使はその設置の年次が確定しないが、諸国の検非違使の設置についても「掌糺境内之姧濫、禁民間之凶邪」(16)どることを職掌として、斉衡二年(八五五)に

制、大和国検非違使正六位上伊勢朝臣諸継預把笏、諸国検非違使把笏、始於此人、

とあってはじめて置かれ(17)、その後天安元年(八五七)摂津国(18)、貞観九年(八六七)上総国(19)、貞観十一年(八六九)下総国(20)、等々と期を定めずに、「唯職非永例随時廃置」(21)するということで置かれていっている。また貞観三年(八六一)には

武蔵国毎郡置検非違使一人、以凶猾成党、群盗満山也、

とあって(22)郡検非違使が置かれている。この国・郡検非違使の両者の関係は不明であるが、その後郡検非違使は管見のかぎりであるが平安時代の史料には見えずおそらく武蔵国という辺境東国にのみ例外的に設けられたものであろうし、国衙の検非違使が派遣されたものであって、「郡検非違使庁(所)」のような官庁が設置されたということではない。

それは中央の警察権が当地にまで及んでいなかったことを示すものであってその状況を改善せんがためのものであった。また国の検非違使が「勅」や「詔」によって設けられていることは注目されよう。つまり中央の検非違使・国衙の検非違使という序列・支配関係はなかったと考えられる。それだけ諸国の検非違使は当初においては中央からの直接指令のもとに動いていることが予想され、中央政府にあっての支配者が任意に利用しうる可能性が十分にあった。このように検非違使の設置は非常に不統一なものであったことが推定しうる。いずれもこうしたものになったのは実利的な発想でもって創設され、実用的にことにあたることを予想したことに原因している。

その意味を探るために検非違使創設時から十世紀にかけてのその行動の重要と思われる例を以下概観してみよう。

弘仁十三年（八二二）には「去弘仁九年宣旨偁、犯盗之人、不論軽重皆配役所者、使等偏執此旨未定年限」という状況だったので「罪人配役年限」を定めることにあずかっている。(23)

天長十年（八三三）には山城愛宕郡賀茂社以東一里ばかりの岡本堂なる「神戸百姓奉為賀茂大神所建立」の道場を「検非違使尽従毀廃」っている。(24)その毀廃の理由は詳らかでないが、検非違使は百姓の作った道場（岡本堂とある以上、仏教的な性格をもあわせもつ堂舎であったと考えられる）のもつ共同体的側面、律令国家の守護神であり城州一の宮たる賀茂社に対立する異質な精神というものをそこに見たから「毀廃」することになったものであろう。

承和四年（八三七）には「東西両京飢病百姓」(25)を勘録し「特加賑給」えんがために左右京亮、左右衛門、検非違使佐等に命令している。この時の記事は「喚左右京亮、左右衛門検非違使佐等幷四人」とあって、「左右衛門佐」と記せばよいものを検非違使であることを特記しているから、検非違使の職掌として賑給が固定しつつあることが看取される。本来的には「職員令」に「字養百姓」とあるようにいうまでもなく賑給的行為は京職の役目である。

承和六年（八三九）には服装に関する規定を実行するべしとの勅が検非違使に対して出されている。[26]
嘉祥元年（八四八）には「巡察京中被水害者」せしめんがための左大臣・検非違使・看督・近衛等を遣している。[27] これは承和四年（八三七）の記事と同じく検非違使と賑給（「稟給」）との関係をよく示している。ただしこの場合の検非違使は「巡察京中被水害者」したのみで、「斉米塩賑恤之」したのは衛門府の佐であった。
仁寿元年（八五一）にはやはり「京師被水害者稟給」のために左右検非違使廉実のものを遣しており、検非違使が賑給にあたっている。[28]
もちろん追捕行動などもあることはあり、ことに元慶末年以降は多くなってくるし[29]実績をもあげている。

勅、弾正台及検非違使、雖配置各異、而糺断違犯、彼此一同、但至犯人逃走、姦盗隠遁、弾正之職、不堪追捕、自今以後、縁糺違犯、有可追捕者、台使相通、遣検非違長等、随事追捕、立為永例、

といった場合[30]の追捕が多くなってくる。前述したように弾正台は弾奏・巡察・糺断を事とはするが追捕はその範囲外であり、また衛府も「職員令」の中に追捕は規定されておらず、検非違使が発生することになる。この場合も、「台使相通」といっても追捕にあたるのは法制的には検非違使のみであった。
そしてそういう事実は九世紀末から本格的になってくるものであり、制度的な出発は寛平六、七年（八九四、五）の頃に求められよう。すなわち寛平六年（八九四）には十月五日に左右検非違使庁を定めて政を行なわしめ、[31] 同七年（八九五）二月にさらに左右検非違使庁に勅を下してその政の弛緩を責め、実行することを命じている。たとえば

近者囚徒満獄、科決猶遅、或所犯是軽、禁固日久、或本罪既重、待断終身、獄官之道、理不可然、……行其政不可隔日、又須所行事条目録毎日申之者、

という囚徒が獄舎に充満し、科決に多くの時間を要するという事実[32]は、国家の側で検非違使を積極的に警察制度として利用しようとしていることの原因にほかならない。寛平から延喜に至る九世紀末から十世紀にかけての一連の政治改革の中でこのことも行なわれたものであり、その前後における検非違使への施策を考えてみるとより明らかになる。寛平六年（八九四）九月には諸国の検非違使の秩限が定められ[33]、十二月には検非違使七人が任命され[34]、同七年（八九五）十二月には検非違使の職掌が考察せられ誣告反座の制が定められている[35]。律令国家はこの時期に検非違使を制度的に確立しようとするのであり、律令国家の理想を実現するべきものとしてその組織が完備されようとするのである。

九世紀の末に至るまでの諸史料から見るとき、検非違使が必ずしも後に重要な側面になる追捕のことに携わっていないのがわかる。国家の全体的な武力の存在からこれを見るとき、その糺断追捕などの機能の果されるのは九世紀末・十世紀以降であり、このことの示す意味はけっして小さくはない。それまでは神社のこととか、水害に関する賑給のこととか、いわばイデオロギー的側面における活動が主となっている。

こうした事実は原則的には承平・天慶期以降にまで続くと思われる。十世紀にはいってからはたしかに検非違使における追捕活動が盛んになってくる時期なのであるが、一方では延喜の政治にみられるごとく律令国家というものを律令官人の努力でもって再編成しようとする動きがでてくる時期でもある。そうした政策の中でやはり検非違使も追捕という作業に併行してそれなりの職掌を果すことになるのは前述したごとくである。水害被災者の救済や賑給のことなど、明らかに儒教的徳治主義に裏づけられた統一国家の理念の発現である。

たとえこのような水害というものに伴う行動ではなくても、さきに天長年中の例でみたような明らかに民衆の間での新しい精神的中心の形成と、それによって惹起されるかも知れない民衆運動を破壊し、律令国家の、あるいは天皇の徳治者としての役割を守るような作業が検非違使によってなされる。たとえば雨が降らず旱魃に悩んでいるということの原因として穢があるからだととらえられ、それを検非違使が検ずること、(36)また皇室の奉賀に関係して検非違使が米千二百石を施行し分ち与えていること、(37)また地震によって囚人を恩赦していること、(38)などがある。これらにしてもいずれも犯罪人の追捕・断罪とはほとんど無関係であり、律令国家という国家理念を保存するためのものにほかならず、すぐれて律令制的なものであった。そしてその統一国家としての律令国家理念というものが延喜以降の権門化の過程のなかで崩れてゆくと、次には藤原氏を中心とする貴族階級がこの律令国家の国家理念をうけつぎ、それを基礎として執政する貴族政治が展開する。律令国家に代って彼らがイデオロギー支配を国家全体として位置づけてゆくことになる。たとえば検非違使が深くかかわった賑給のことを考えてみても、天慶二年（九三九）には、

差遣家人於東西京、令見窮困者、取有賑給、

と藤原忠平の日記にあるように、(39)藤原忠平家の家人という私的な存在が東西京に派遣され、かつて国家みずからが行なってきた賑給を藤原家が行なっているのである。

また、すでにこの時期までに「台使相通」じて追捕のことにあたるといったような原則はうち出されているのだが、行動そのものはそこまで達していない。そのひとつの理由は検非違使の行動規範がいまだ整っていなかったことであろうが、他の理由は検非違使を有効に活用するべき機関が明確に成立していなかったということであろう。より端的にいえば、検非違使という機関を自己の利用価値として最大限に活用したのは、後に摂政・関白を世襲的に継承し、摂関政治を生み出すことになった藤原氏なのであり、その体制的成立の問題がそこにある。貴族階級が律令国家の束縛からある程度脱した時期、つまり十世紀になって以降将門・純友の乱の時期になってくると検非違使の追捕活動が

激しくなってくることが示すように、検非違使における軍事力・武力の発動を有用としていたのは貴族政治・摂関体制であった。

2　検非違使の活動

摂関政治は、武力の面においてとくに独自のそれを持つことなしに受領の任免、荘園の領有、諸官の独占によって自己の地位を保持していかんとするところにその特質がある。しかし他方では当然のことながら自己の維持のみではなくて、自己に対立する権力編成というものを摘みとるための機関が必要になってくる。あるひとつの体制が成立し、維持されていくためには当然のことながら排他性を備えねばならない。中央における諸貴族を権謀術数によって操作することは可能であっても、その秩序の範囲外で表現される諸事象を禦することはできない。やはりそこには独自の武力とその編成が必要になってくるのであり、藤原家が摂関家として生存し続けていくためには藤原家自身のための武力的基盤が必要なのである。それは諸貴族個人のかかえた自己の「郎従」のようなもの(40)の集合体を摂関家を支える軍事的な背景として解決されるような性質のものではなかった。後に武士階級の発展を国制の中に位置づけて利用するまでの時期にそれを果したものがほかならぬ検非違使であった。少なくとも検非違使に関してはそれは官職であり、摂関家が他の官職をそのようにしたように、その任免権を実質的に握ることによって自己のものとして奉仕させることが可能なのである。「給検非違使、令勘糺部内濫悪倫事(41)」というようなかたちで検非違使武力の下付が中央にまで申請されてくるのであって、その申請を左右する地位を獲得したものが任免権の大半を握るのであり、ひいては検非違使の持つ武力を自己の手中のものとすることが可能になるのである。

このことは検非違使を統括する職である検非違使別当についても確認できよう。別当は承和元年（八三四）に文室秋津がこれに任ぜられたのをその最初とし、(42)もって検非違使庁の成立＝検非違使機関の成立とする。それまで衛門府の兼帯であって衛門府の官人が特定の職掌を果す場合にのみ検非違使を兼ねたものが、この時点で独立した官庁となったのである。

そして別表のごとく寛平四年（八九二）に藤原時平が使別当に就いて以降、途中の源光、同貞恒、平惟範などのような皇子やそれに準ずるものが降下したものを除けば忠平、恒佐、実頼、師輔等々のように、大部分が藤原北家の家系で占められている。天長十一年（＝承和元年〈八三四〉）の検非違使庁の成立以降、使別当が検非違使を統べる職として重要視されていたことが推定できよう。藤原北家以外では明らかに伝統的・血統的権威の面でのみすぐれたと帰納できる人々が任ぜられているのである。そしてそうした皇親層が検非違使別当に任ぜられるのは十世紀初めまでであって、それ以後追捕などの実際行動にあたらねばならないようになってくると、単なる権威の象徴としての場所でのみ大きな意味をもった人物は消滅してゆくことになる。具体的にこの当時の検非違使別当の職掌と勤務がどのようなものであったかは不明であるが、かなりのちの史料ではあるが、永久二年（一一一四）に検非違使別当であった藤原宗忠の日記「中右記」によれば、別当は検非違使庁の最高官であるにもかかわらずきわめて微細な処置にまで指示を与え、下位の官人と頻繁に接触している。

検非違使別当となった人物について「続日本後紀」以下の六国史を見るとき、その行状については検非違使としての行動が特別に顕れているということがない。検非違使別当という名称自体が任官以外にはほとんど見あたらない。これは検非違使自身が兼帯の職として出発してきたものであるということが原因であって、九世紀中においては使別

検非違使別当表(平安時代末まで。主として「公卿補任」による)

氏名	就任年月日	兼任武官	官位	
文室秋津	承和 1 (834). 1. 27	左近衛中将	参議	従四位上
(秋津	承和 9 (842). 7 辞職, この間不明)			
伴善男	嘉祥 2 (849). 6. 14	右衛門督	参議	従四位下
藤原氏宗	仁寿 2 (852). 5. 15	右近衛中将	参議	従四位下
藤原良縄	貞観 5 (863). 3.	右衛門督	参議	正四位下
(良縄	貞観 10 (868). 2 没, この間不明)			
在原行平	貞観 12 (870). 1. 26	左兵衛督	参議	正四位下
大江音人	貞観 16 (874). 3. 7	左衛門督	参議	従三位
(音人	元慶 1 (877). 11 没, この間不明)			
源能有	元慶 3 (879). 4. 5	左衛門督	参議	従三位
源是忠	寛平 3 (891). 7. 23	左衛門督	中納言	従三位
藤原時平	寛平 4 (892). 5. 4	右衛門督	参議	従三位
源光	寛平 5 (893). 3. 6	左衛門督	中納言	従三位
源貞恒	寛平 9 (897). 5. 25	右衛門督	参議	正四位下
平惟範	延喜 8 (908). 3. 5	左兵衛督	中納言	従三位
藤原忠平	延喜 8 (908). 9. 1	左兵衛督	参議	従三位
源当時	延喜 11 (911). 12. 28	右兵衛督	参議	従四位上
藤原恒佐	延喜 21 (921). 2. 14	右衛門督	参議	従四位上
藤原実頼	承平 3 (933). 5. 27	右衛門督	参議	従四位上
藤原師輔	天慶 1 (938). 9. 3	左衛門督	権中納言	従三位
藤原顕忠	天慶 5 (942). 3. 29	左衛門督	中納言	従三位
源高明	天暦 2 (948). 2. 17	左衛門督	中納言	従三位
藤原師尹	天暦 7 (953). 9. 25	左衛門督	中納言	従三位
藤原朝忠	天徳 1 (957). 12. 25	右衛門督	参議	正四位下
藤原斉敏	安和 3 (970). 1. 28	右衛門督	参議	正四位下
源延光	天禄 4 (973). 2. 25	左衛門督	中納言	従三位
源重光	天延 2 (974). 2. 17	右衛門督	参議	従三位
藤原顕光	正暦 2 (991). 9. 21	左衛門督	中納言	従二位
藤原実資	長徳 1 (995). 4. 25	左兵衛督	参議	従三位
藤原公任	長徳 2 (996). 9. 19	右衛門督	参議	正四位下
藤原斉信	長保 3 (1001). 12. 10	右衛門督	権中納言	正三位
藤原懐平	寛弘 3 (1006). 6. 26	左兵衛督	参議	正三位
藤原教通	長和 2 (1013). 12. 19	左衛門督	権中納言	従二位
藤原実成	長和 3 (1014). 11. 7	左兵衛督	参議	正三位
藤原頼宗	長和 5 (1016). 7. 17	右衛門督	権中納言	従二位
藤原頼定	寛仁 4 (1020). 4. 22	左兵衛督	参議	正三位
藤原公信	寛仁 4 (1020). 9. 4	右兵衛督	参議	正三位
藤原経通	治安 4 (1024). 2. 13	右兵衛督	参議	正三位
藤原朝任	長元 2 (1029). 12. 27	右兵衛督	参議	従三位
藤原公成	長元 7 (1034). 9. 27	左兵衛督	参議	従三位
源隆国	長久 4 (1043). 6. 19	右兵衛督	権中納言	従二位
藤原経任	長久 5 (1044). 7. 19	左兵衛督	参議	従三位
藤原経成	永承 5 (1050). 9. 25	右兵衛督	参議	従三位

氏　名	就任年月日	兼任武官	官　位
藤原俊家	康平 7 (1064). 12. 20	右衛門督	権中納言　正二位
藤原能長	康平 8 (1065). 7. 7	右衛門督	権中納言　正二位
源　俊房	治暦 3 (1067). 5. 12	右衛門督	権中納言　正二位
藤原資仲	延久 1 (1069). 5. 17	右兵衛督	参　議　正四位下
藤原実季	延久 5 (1073). 3. 9	右兵衛督	参　議　正四位下
源　俊明	承暦 3 (1079). 3. 14	右衛門督	参　議　従三位
源　師忠	応徳 3 (1086). 2. 3	左衛門督	権中納言　正二位
源　俊実	応徳 3 (1086). 11. 20	右兵衛督	参　議　従三位
藤原公実	嘉保 3 (1096). 11. 27	左衛門督	権中納言　正二位
藤原宗通	康和 2 (1100). 7.	右衛門督	権中納言　正三位
藤原能実	長治 1 (1104). 12.	右兵衛督	権中納言　正二位
源　能俊	天仁 1 (1108). 10. 14	左兵衛督	参　議　正三位
藤原宗忠	天永 4 (1113). 3. 30	左兵衛督	権中納言　正二位
藤原忠教	永久 4 (1116). 5. 5	右兵衛督	権中納言　正三位
藤原実行	保安 3 (1122). 12. 21	右衛門督	権中納言　従三位
源　雅定	天承 1 (1131). 5. 19	右衛門督	権中納言　正三位
藤原顕頼	長承 2 (1133). 12. 26	右兵衛督	参　議　正四位下
藤原実能	長承 4 (1135). 3. 13	右衛門督	権中納言　正三位
藤原伊通	保延 2 (1136). 12. 27	右衛門督	中納言　正三位
藤原宗能	保延 3 (1137). 12. 16	右衛門督	権中納言　従三位
藤原公教	保延 6 (1140). 12. 7	左兵衛督	権中納言　従三位
藤原重通	久安 3 (1147). 12. 22	左兵衛督	権中納言　従二位
藤原公能	仁平 2 (1152). 2. 13	右衛門督	中納言　正二位
藤原忠雅	久寿 2 (1155). 2. 25	左兵衛督	権中納言　正三位
藤原経宗	保元 2 (1157). 4. 2	右衛門督	権中納言　正三位
源　雅通	保元 3 (1158). 2. 21	右衛門督	権中納言　正三位
藤原信頼	保元 3 (1158). 11. 8	左兵衛督	権中納言　正三位
藤原光頼	保元 4 (1159). 3. 27	左衛門督	権中納言　正三位
藤原惟方	平治 1 (1159). 10. 10	左兵衛督	参　議　正四位下
藤原実定	永暦 1 (1160). 2. 28	右衛門督	権中納言　正三位
藤原公光	永暦 1 (1160). 7. 25	右兵衛督	権中納言　従三位
平　清盛	永暦 2 (1161). 1. 23	右衛門督	参　議　正三位
藤原顕長	応保 2 (1162). 9. 23	右兵衛督	参　議　従三位
藤原公保	長寛 3 (1165). 4. 1	右衛門督	権中納言　正三位
藤原隆季	永万 1 (1165). 8. 17	左兵衛督	参　議　正三位
平　時忠	仁安 3 (1168). 7. 3	右衛門督	参　議　正四位下
藤原成親	嘉応 2 (1170). 1. 5	右兵衛督	権中納言　正三位
平　時忠	安元 1 (1175). 12. 12	右衛門督	権中納言　従二位
藤原忠親	安元 3 (1177). 1. 24	右衛門督	権中納言　従二位
平　時忠	治承 3 (1179). 1. 19	左衛門督	権中納言　従二位
藤原実家	養和 1 (1181). 9. 25	右衛門督	権中納言　正三位
藤原家通	元暦 1 (1184). 9. 18	右衛門督	権中納言　従二位

当が衛門督の立場を離れて自立した追捕行動をとるといったような現実的な動きがいまだ存在していなかったという事実があろう。

たとえば、元慶三年（八七九）に別当であった源能有は次のごとくである。

太上天皇駕牛車、幸大和国、勅遣参議従三位行左衛門督兼美濃守源朝臣能有、率六府将曹志府生府別各一人、近衛兵衛門部各十人、奉衛太上天皇、

とあって[43]、もちろんこれは検非違使別当としての行動ではないが、ここで能有の分担した軍事的機能は明らかに天皇という権威を輔佐するという、衛門督の職掌である側面であって、検非違使別当でありながらもそうは記されていない。また、寛平六年（八九四）にも

右大臣宣、奉勅、検非違使毎旬巡察大井与度山崎大津等非違者、

とあって[44]検非違使が近京の要地に派遣されているが、ここにも当時の検非違使別当源光の事への介入は知ることができない。要するに能有にしろ光にしろ、実際にその職務を効果的に遂行できるかどうかではなくて、文徳天皇の皇子であり仁明天皇の皇子であるという伝統性・血統性が着目されて任命されるところとなったのである。大井・与度などの京都周辺の物資集散地という具体的な経済活動の場に関する政策をまで彼らに委ねることはできず、太政官機構のうちで決定され、実行されたのである。

検非違使別当の具体的な権限の展開、つまり別当の発揮しうる権力は、九世紀末から十世紀頃にかけて大きなものとなってくる。天慶五年（九四二）には使庁官人の勤務怠慢を正したり[45]、また検非違使庁の機構の整備をはかったりすること[46]が別当の手によってなされており、その権限の発揮と定着がみられる。このような段階から検非違使別当は現

実的な権限と権力をもってくるのであって、それゆえにこそ藤原北家という後の摂関家の家門によって占められることに意味が生じてくるのである。そこでは別当を無視して検非違使機関への政策が行なわれるということはなく、

右大将藤原朝臣奏云、近日、人々曰平将門男入京事、勅右衛門督朝忠朝臣、仰検非違使令捜求、

というように(47)使別当たる藤原北家の人物を確実に経由して具体的な発動が行なわれる。逆に言えば北家が占めているとはいえ検非違使別当の持つ武力編成・組織を無視しては検非違使が現実性をもちえないという事態を示しているのである。

このことは長徳二年(九九六)から長保三年(一〇〇一)にかけて検非違使別当として事にあたっていた藤原公任の行動からもうかがえる。彼公任がその裁下を別当宣として表したもののみを見ても殺害人の勘問(48)、召禁者の請暇(49)、犯人の追捕(50)、などきわめて多岐にわたっている。それらはいずれも具体的・現実的な組織、権力の発動の場に密接につながるものであった。そうした具体性というものがあってこそ、後に摂関政治を展開する藤原北家が使別当の地位を独占しようとしていくのである。

十世紀以降になって、使別当の地位がこのように藤原北家によって占められていくということの意味は大きいのであって、藤原北家が他の貴族的職掌につらなるのと同じように考えることはできないのではなかろうか。使別当という職は前にも述べたごとく、明らかに検非違使庁というひとつの軍事力・警察力組織にまで達するのであり、その地位につくということは検非違使が背後にもっている権力というものを自己のものとすることなのである。そしてそのことは単なる権謀術数のみではなくて武力による権力の維持を可能にすることなのであり、より安全な政権担当者として藤原北家が存在し続けられるということなのである。

摂関政治体制が確立していく十世紀以降について、検非違使が存在を顕わにしていく一方、やはりそれまで活動していた衛府についてもその活動はまったく停止したわけではない(51)。検非違使と併行して活動しているのであり、それに伍するほどのものが記されている。衛府の史料については当然平安時代の史料は京都中心のものであるにしても、十世紀における在地諸状勢にこれをてらしてみるとき、京師というものを大部分の活動範囲とする衛府と、京師はもちろんのこと諸国における追捕をも行なう検非違使は国制のうえにおいて大いにそのもつ意味を異にする。換言すれば京都を主たる政治対象とするか、諸国をもそれにふくめるかという問題にまで至るものなのであって、諸国をも好むと好まざるとにかかわらず範囲とせざるをえなくなった時点である十世紀には、検非違使のもつ意味のほうがはるかに大きかったのである。長徳年中に検非違使別当になる藤原実資も述べているごとく「不善徒(52)」などという律令の概念では処理することのできない範疇に対して、検非違使の果さねばならない役割は少なくなかった。

藤原氏による摂関政治の開始、その準備という側面で検非違使と衛府を比すときこの機能における差は決定的とも思われる。つまり検非違使においては本来京内外に対してより大きな効果をおさめえたのであって、藤原氏が中央における権謀術数と同時に地方への受領派遣にその基礎を置いて存在しようとする以上、現実の現地の状勢に対処する必要が当然あった。しかもその現地の状勢というのは単なる追捕警察行動にあらわれるようなもののみではなくて、国家そのものの存在を支える租税収取体系の変化なのである。国家存在全体をかけた行動を現地において行なっているのであり、行動は警察的行動であっても単なる警察的内容にのみたずさわっていたとすることはできない。追捕警察行動と租税収取体系の確保ということは密接にからまりあっていたのである。

事実、十世紀中葉近い延長五年（九二七）には

差遣検非違使、令勘諸国調物、宿□所□、

とあって検非違使が「調物」を勘べており、天慶五年（九四二）には「奪取駿河国進官調物」った駿河掾橘近保が追捕され、天暦元年（九四七）には官宣旨が出されて検非違使に「奸遁五畿内・近江・丹波等国調庸租税輩」が追捕されている。天暦元年（九四七）の例は「奸遁之輩、一人所負五六千束、惣計其積、已以巨万、国之凋残、吏之負累、莫不因斯」とまで述べられていながらも、実際に講じた対策である検非違使は畿内・近国に派遣されたのみであって、全国を対象としたものではない。また天暦二年（九四八）には

右大臣云、奉仰云、欲行賑給・施米事、只今諸司無米、如聞備中・伊予等国米多隠納也、伊与山埼宅、備中西寺、是公輔等所申也、須遣検非違使令検封申上者、令給了、

とあって、備中・伊予の「隠納米」が検封されるなど、犯罪人追捕などの警察的行動とは異なる側面をこの時代にみせはじめる。とりもなおさず「進官調物」・「調庸」などは国家経済そのものの存立に直接かかわることであり、こうした新しい事態に具体的に対応することが検非違使の役割であった。

検非違使の職掌についてはこのように律令に規定をもっていた諸衛府などとは異なった性格をもっている。盗人のように直接的に社会秩序を破壊するといったようなもののみではなくて、それより以上に中央政府の存立の基盤にせまるような行動に対して検非違使の活動がなされているのである。

また加えて想起されることは、十世紀中葉に兵杖を帯びることを禁ずる令がいくつか出ていることに対する施策である。もちろん律令制の規定からして私的に兵杖を帯びることは当然禁止される。しかし、なおそれを越えて兵器を自己のものとして武装化していく在地のありかたに対して検非違使が介入し阻止している。たとえば永観元年（九八三）

に検非違使が宣旨を被って「京中畿内帯弓箭兵杖之輩」を追捕していることなどは[57]、検非違使の行動が警察行動を越えたより高次の、中央権力に迫るものを目的にしていることを示す。天暦八年（九五四）には、私的兵杖を帯びることが禁止され[58]、将門の乱を経た時の中央国家の関心のありどころがうかがえるがそれで事が円滑にはこんだわけではなく、永観元年（九八三）には上の状態でしかなかった。翌永観二年（九八四）には「非職帯兵杖之輩」には杖八十という実刑まで定められ[59]、それでも数年後の永延元年（九八七）には重ねて兵杖が禁じられ、これらからのみでもいかにその「私の兵杖を禁じる」という策が効果をもたなかったかを示していよう。

もちろんこうした禁止がすべて検非違使の行動であったかどうかは疑問があるが、その対策が効を収めなかったにもかかわらず摂関政治は以後続いてゆくのであって、必ずしも摂関政治を堵さねばならないような動きではなかったことが推察される。主として検非違使によってその武力および租税収取を支えられている摂関政治は、民間の武装を禁じることができないと知ったとき、今度はそれを利用して新たな自己の保証の機関として「武士」を内部に組みこむことによって自己の政権を再編成していくことになる。

かくのごとく検非違使がそれ自体として全盛であったのは十世紀末葉までと思われる。

天慶期の将門の乱も過ぎ、天暦期に検非違使庁が左・右を統一されるが、部分的には十世紀中葉である天徳年間にすでに検非違使庁の官人と併行して律令制的官司制の外の人物が利用されている。たとえば、天徳四年（九六〇）には

右大将藤原朝臣奏云、人々曰故平将門男入京事、勅右衛門督朝忠朝臣、仰検非違使令捜求、又令延光仰満仲・義忠・春実等、同令伺求者、

とあり[60]、右衛門督・検非違使別当であった藤原朝忠が別当としての職務遂行の一部としてまず検非違使に命令を下し

ているが、同時に検非違使だけでなく当時右兵衛督であった源延光を通じて源満仲たちといった検非違使以外の者をも登用している。「武士」に検非違使と同じ職務内容が命令されているのである。満仲らがどのような武士であったかには疑問のあるところであるが、[61]いずれにせよ「伺求」、つまり追捕にあたるという職務上・法制上の権限はないのであって、そうした存在はまだこの当時では国制上に位置づけられているとはいいがたいが、とにかくも検非違使という官人と並んで同じ行動にあたっている。また天延元年（九七三）には

今夜、前越前守源満仲宅、強盗繞囲放火、于時越後守宮道弘氏相闘之間、中盗人矢卒去、余煙及三百余家、今夜、殊有宣旨、堪武芸之輩可召候陣頭者、

とあり、[62]満仲の家が焼かれるというような事件に対して「堪武芸之輩」という律令制的官司制の枠を越えた外側でしか捉ええないような存在を頼り、かつ使用しないことには対処できなくなってきているのである。この「堪武芸之輩」の内容は武芸を職務とする衛府の官人が中心であったことはいうまでもないが、それだけならば衛府の名称を列挙したはずであり、そう記されていないということは「武士」のような官制上に位置をもたない存在をも含んでいたと理解されよう。さらに貞元元年（九七六）には

諸衛佐以下舎人已上、帯弓箭令候本陣、堪武勇五位已下随身弓箭令候局辺、

とあり、[63]検非違使ではないがいままでの軍事的・警察的行動をうけもってきた衛府のみではなくて、「堪武芸之輩」と同義の「堪武勇者」が登用されている。

また正暦五年（九九四）には

京中並国々盗人捜例文進者（中略）別召武者源満正朝臣、平維将朝臣、源頼親朝臣、同頼信等差遣出、又六衛府馬

寮各分遣左右京、

とあり(64)、明らかに武士につながるような人々が利用されて警察行動にあたっている。一方では天慶年中の将門・純友の乱もおさまった天暦元年（九四七）の六月に左右検非違使庁をとどめて左政舎をもって「為使庁」して統一し、その機能を「令無擁滞」めているのであって(65)、検非違使の機能をより整備されたものとしようとする努力がなされているのである。こうした事態は、検非違使のような官制上の職掌ばかりでなく、いわば官制上の位置のない部外者の軍事力・武力組織を借りることなしには、国家支配が実行しえなくなっているということを示している。彼ら「堪武勇之輩」たちの背後にはその各々のもっている武力組織が必ず存在したのであって、それを家産制武力といいかえることも可能であろう。たとえば、「堪武勇之輩」とは少し階層が異なるが、内大臣藤原伊周左遷事件のときの

内大臣家司董定、並同家人右兵衛尉致元宅養置兵、仰廷尉令追捕之、則捕得参内、

とあるような(66)「養置兵」がそれであって、董定・致元といった伊周の家産制を支えた従者たちは、独自に「兵」——おそらくは傭兵的存在であろうと思われるが——を所有していたのである。他の箇所には

右府消息云、花山□尉致光及兄弟等宅、有隠居精兵之聴、遣廷尉可也被検、雖云五位以上宅、不奉事由、直以可被検、又自余疑所々被検者、件事似有事□董定朝臣者、内大臣家司也、致光又在彼宅□也、内府多養兵云々、（中略）但捜検董定宅、有八人者弓箭二腰、則捕得者、参内可令奏聞之由仰了、

とあって(67)、伊周とその家産制は「隠居精兵」・「多養兵」といわれるように兵員をかかえ、実際に武器とともに八人の兵士が捕えられている。一方ではこうした組織を利用しはするが、一方でそれが反国家権力的な存在に転化したときには徹底的に抑圧するのである。

このような経過のなかで「堪武勇之輩」といったいわば抽象的で不特定多数をあらわす概念が「源某」・「平某」という個人に変っていき、武士は政治的公権力の獲得の度合を深めていく。貴族の武士に対する対応の仕方は、たしかに武士団権力の主体性によってはじめて結果するものではあるが、同時にそこには政治の主体の側からの、つまり上からの強い作用が存在しているのである。「堪武芸之輩」として利用されるということは、利用される彼らの側からみれば、本来の制度のうえでは公権力を発揮する立場になかったものが、それを得る糸口ともなっていくということであった。

おわりに

以上、検非違使について平安時代前期・中期の社会のなかでいかなる役割をにない、いかに推移していくかという過程を不十分ながらあとづけてみた。もとより検非違使についての一部分の一時期についての問題を考えてみたにすぎない。

検非違使は延暦期においての桓武朝政治のあとに続く政策のひとつとして出現してくる。桓武朝に律令に規定をもつ兵士制が一応廃止され健児制が施行されるが、その健児制は明らかに当時の国家の軍事的な基礎を支えきれなかった。その失敗を考慮して弘仁期に検非違使が登場してくる。したがって、それは後世のごとき単なる警察的な行動にのみとどまるものではなくて、国家の租税収取体系の保守に至るまでをも支えることを期待されているものである。九世紀中の検非違使の行動からその職務内容をみるとき、成立期の検非違使に期待されたことは、律令国家を守るという抽象的な役割であった。抽象的といってもそれはのちの検非違使の行動と比してそうであるというだけであって、当時の政治的情況下ではきわめて切実な問題ではあった。そしてその後の検非違使の活動を追ってみると、十世紀初頭から承平・天慶期にかけての時期にひとつの画期を認めることができる。現実の社会的事件に応じて行動するようになり、追捕活動などが盛んになってくる。承平・天慶の乱を過ぎて天暦元年（九四七）の検非違使庁の統一がなされて以降、さらにその傾向は強くなる。

このことは摂関政治体制の成立ということと大きな関係がある。成立期とはちがって摂関政治体制を守らねばならない対象とし、それゆえに律令国家というものを抽象的に支えるという前代の側面が消え、かわって犯罪人の追捕などの実際的・現実的な軍事・警察的行動が目立ってくる。加えて藤原北家を中心とする貴族政治の基礎となる租税収取の体系をも支え、その意味で、すでに谷森氏も指摘されたように検非違使は「藤原氏ノ施政方針ニ適シタル制度」(68)なのであった。

鎌倉幕府の成立以後、検非違使は衰退していく。それは幕府のもった軍事・警察的権限と関係する複雑な問題であるが、少なくとも幕府が守護・地頭の設置などをはじめとして従来検非違使のもっていた権限を縮小する方向で動いたことは疑いないところである。それが結果的に京師・諸国でかなりの権力をもって行動していた検非違使の衰退につながるのは当然のことである。もちろん中世武家政権の成立以後も、検非違使庁・検非違使は名前としてのみではなく実質としてもさまざまな経済的機能と結びついて残存するが(69)、国制上において軍事的・警察的分野をになうものとしては意味を失っていく。やはり検非違使は出発の歴史的事情からしても、律令を基本原則とした律令国家とそれに続く貴族政治の守護者として大きな意味をもっているのであって、鎌倉時代から室町時代にかけての幕府権力がそうした国家の基盤になるものを破壊していく過程で、検非違使も最終的に消滅する。

（1） 新羅はともかくとして、蝦夷が「異民族」であったかどうかということについては問題が多い。しかし貴族たちが両者を同一のものとしてとらえ、蝦夷問題を外国問題としていたことは、すでに引用したが三善清行が「意見十二箇条」（「本朝文粋」巻二）の中で

臣伏見、陸奥出羽両国、動有蝦夷之乱、大宰管内九国、常有新羅之警、

と記しているところからもうかがうことができる。

（2） 石母田正氏「古代法」（『岩波講座日本歴史』古代四所収、のち同氏著『日本古代国家論』第一部に「古代法小史」として所収）

（3） 佐藤宗諄氏『平安前期政治史序説』、森田悌氏『平安時代政治史研究』。もちろん両者の諸見解が一致しているわけではないし、とくに「良吏」の評価については決定的な対立がみられる。しかし、佐藤氏が、

九世紀初頭の中央貴族の政治が、依然として律令的・儒教的な政治であったことは疑う余地のないところであるが、そのなかに儒教の合理的側面を前面にかかげざるをえなかったことは注目しなければならない。律令政治の形式ではなく、その前提にまで立ち返り、動揺してきた現実の生産関係まで認識を及ぼすと同時に、官吏の統制を強化するといった両者あいまった政策、それこそが当時の政治にあっては「簡要」であり「易行」であったと考えられるのである。

と述べられてこれを「相対的には前進した政治」と捉えられているし（佐藤氏著第一部第一章「平安初期の官人と律令政治の変質」）、また森田氏は

土地を通じての支配方式が、弘仁後半冬嗣が太政官指導を行うようになって以来明瞭となってくるが、かかる傾向は天長期以降においても一貫した政策路線として採られており、冬嗣が天長三年に薨去したあと太政官の首班となった緒嗣の下で、良岑安世ないし清原夏野が政治指導を行なっている。

と述べられ（森田氏著第二部第一章「平安初期政治の考察」）、この「土地を通じての支配方式」は「大土地所有の容認と土

地支配の比重の増大」を示しておられるから、相異点はありながらも弘仁年間に政治的変化、それも体制・制度の変化・再編を設定されることについては変りはない。

（4）『検非違使ヲ中心トシタル平安時代の警察状態』。谷森饒男氏の死後の大正十年（一九二一）に遺族によって公刊されている。

（5）「続日本後紀」弘仁二年十一月二十八日条

（6）「文徳天皇実録」嘉祥三年十一月六日条

（7）「弘仁式」（弘仁十一年〈八二〇〉成立）には官人二・府生二・火長一〇とあり、「貞観式」（貞観十三年〈八七一〉成立）には佐二・尉二・志二・火長一〇とある。

（8）「続日本後紀」承和四年十月一日条。ただしこの史料については新訂増補国史大系『続日本後紀』は「是日、喚左右京亮、左右衛門、検非違使佐幷四人」として左右衛門と検非違使を別のものとして読んでいる。

（9）「政事要略」延長七年九月十九日太政官符

（10）「続日本後紀」承和六年六月六日条

（11）「政事要略」貞観十二年七月二十日検非違使別当宣

（12）「政事要略」延長七年九月十九日太政官符

（13）「小右記」天元五年六月二十七日条

（14）弥永貞三氏「律令政治」（『体系日本史叢書』政治史Ⅰ所収）

（15）谷森饒男氏『検非違使ヲ中心トシタル平安時代の警察状態』第一編第一章「検非違使の創設」

（16）三善清行「意見十二箇条」（『本朝文粋』巻二）

（17）「文徳天皇実録」斉衡二年三月二十六日条

(18)「文徳天皇実録」天安元年八月七日条
(19)「日本三代実録」貞観九年十二月四日条
(20)「日本三代実録」貞観十一年三月二十二日条
(21)「類聚三代格」寛平六年九月十八日太政官符
(22)「日本三代実録」貞観三年十一月十六日条
(23)「類聚三代格」弘仁十三年二月七日太政官符
(24)「続日本後紀」天長十年十二月一日条。現在、北区上賀茂岡本町の地名が残存している。
(25)「続日本後紀」承和四年十月一日条
(26)「続日本後紀」承和六年七月十日条
(27)「続日本後紀」嘉祥元年八月六日条
(28)「文徳天皇実録」仁寿元年八月十五日条
(29)「文徳天皇実録」天安元年三月十六日条、「日本三代実録」元慶五年五月十三日条、同八年六月二十三日条、同仁和三年二月一日条など。
(30)「続日本後紀」承和六年六月六日条
(31)「政事要略」寛平七年二月十一日太政官符
(32)同右
(33)「類聚三代格」寛平六年九月十八日太政官符
(34)「日本紀略」寛平六年十二月五日条
(35)「政事要略」延長七年九月十九日太政官符

(36)「扶桑略記」延喜十九年六月二十四日条、「貞信公記」承平元年閏五月七日条
(37)「扶桑略記」延長四年十二月十九日条
(38)「貞信公記」天慶元年四月二十四日条
(39)「貞信公記」天慶二年十二月九日条
(40) たとえば、尾張国郡司百姓等解に記されているような「子弟郎等」や「郎従」などの存在。
(41)「貞信公記」天慶九年十二月十日条
(42)「公卿補任」によれば秋津の別当就任は天長十一年（承和元年〈八三四〉）正月七日のことになっている。
(43)「日本三代実録」元慶三年十月二十四日条
(44)「政事要略」寛平六年十一月三十日宣旨
(45)「政事要略」天慶五年閏三月二十八日別当宣
(46)「政事要略」天暦元年六月二十九日別当宣
(47)「扶桑略記」天徳四年十月二日条
(48)「三条家本北山抄裏文書」長保元年三月二十九日検非違使別当宣（『平安遺文』三七九号）
(49)「三条家本北山抄裏文書」長保元年四月五日検非違使別当宣（『平安遺文』三八一号）
(50)「三条家本北山抄裏文書」長保元年七月十五日検非違使別当宣（『平安遺文』三八四号）、同長保二年□検非違使別当宣（『平安遺文』四〇六号）
(51) 検非違使が成立した弘仁年間以後の衛府について、強盗・私鋳銭・逃亡犯罪人などの追捕行動に関して検非違使と比較して考察してみると、検非違使が衛府をしのいで警察的行動に携わるようになるのは、承平・天慶期ころをすぎてからのことである。

(52) 「小右記」天元五年六月二十六日条
(53) 「貞信公記」延長五年十二月十□条（大日本古記録『貞信公記』による）
(54) 「本朝世紀」天慶五年六月三十日条
(55) 「政事要略」天暦元年閏七月十六日官宣旨
(56) 「貞信公記」天暦二年六月四日条
(57) 「日本紀略」永観元年二月二十一日条
(58) 「法曹至要抄」中、禁制事、天暦八年十一月三日宣旨
(59) 「日本紀略」永観二年五月二十六日条
(60) 「扶桑略記」天徳四年十月二日条
(61) この点については、安田元久氏『日本初期封建制の基礎研究』Ⅱ、第一章「源満仲の『武士団』とその説話」を参照されたい。
(62) 「日本紀略」天延元年四月二十四日条
(63) 「日本紀略」貞元元年三月二十七日条
(64) 「本朝世紀」正暦五年三月六日条
(65) 「政事要略」天慶元年六月二十九日別当宣
(66) 「百練抄」長徳二年二月五日条
(67) 「小右記」長徳二年正月十六日条
(68) 谷森饒男氏『検非違使ヲ中心トシタル平安時代ノ警察状態』「結論」
(69) この点に関しては佐藤進一氏「室町幕府論」（岩波講座『日本歴史』中世三所収）を参照されたい。

第二節　押領使の研究

はじめに

押領使を学問的考察の対象として扱った論考の最初は、和田英松氏「押領使考」であり[1]、律令制社会における軍事的職掌として注目されている。これについては星野恒氏の「守護地頭考」[2]や、同じ和田氏の『官職要解』[3]などがある。これらの業績をはじめとして最近に至るまで、いずれも押領使は律令制にもとづいた軍事制度の崩壊したあとに軍事的に国家を守るものとして発生するものであり、律令制的軍制の最終的に崩れる十世紀中葉の天慶年間（九三八―九四七）頃以降に常置の職として兵事を掌ったとされている[4]。こうしたとらえかたは次節で述べる追捕使についても同じような情況であり、国家権力を守る軍事制度としての盛衰をしか論じることができないという共通した限界をもっているといわねばならない。たしかに、これらの諸説においても押領使に登用される対象が在地土豪であるということは注目されている。たとえば和田英松氏は「国司、郡司の、武芸に長して居る者を任じたのであるが、大かた、土地の豪族を撰むだのである」と述べられ[5]、石井良助氏も「延暦十一年（中略）に兵士の制が停廃されるに及んで、軍団の制も、亦廃されたものと云はねばならぬが、この以後は郡の大少領等が押領使に任ぜられて、所部内の兵事を掌つた」[6]と論じられている。しかしこの両者ともあくまで国家の軍事機関として在地土豪がどれだけの職掌・活動を行なったのかという視点にとどまっており、在地土豪が在地土豪として押領使という官職に就くことによって行ないえた現地の領域支配の内容については留意がなされていない。のちに分析を加えるが十世紀中葉以降に至って武力的側面で政府の手足となるはずの官人たちが頼りにならなくなっており、その理由のゆえに何らかの形式で土豪を利用せねばならなくなってくる。その場合に国家はその在地土豪の個人的資質のみではなくて、それに加えて有力な武力を編成しうる強力な支配を彼らが行なっていることを前提にしているはずである。そうした在地土豪の存在を存在たらしめる在地の秩序から考えていってはじめて押領使のもつ意味——延暦年間に発生し、武家政権にまで受けつがれる意味が明らかになると信じる。

まず押領使の語義であるが、「押」には「とりしまる」「たすける(輔)」「とらへる(檻)」、「領」には「すべる」「とりしまる」「おさめる」などの意味があり、[7]「衛士向京、防人至津之間、皆令国司親自部領」[8]の「部領」という場合の「領」である。

実際の用語例としては周知のごとく天平宝字三年(七五九)における征夷の際のものがある。これは陸奥国が戦闘に利あらずして中央に援軍を求めたのに対して、坂東八国の兵士国別二千人已下を差発し、「択国司精幹者一人、押領速相救援」[9]せしめたというものである。またそれよりかなり後のことであるが、元慶二年(八七八)の征夷のときにやはり陸奥国の援軍要請に応えて上野・下野の兵士千人を発する際に「遣国司目已上一人、史生若品官一人、押領其事」[10]ともある。いずれも兵事に関係したことに使われている。押領使の「押領」はこうしたときの押領であり、「統率する」という程度のものが最初の意味であろう。こうした意味がのちにどのように変化するかは別にして、出発当初の「押領」の言葉にはけっして「戦闘する」「実戦する」という意味はなかったと考えておくのが至当である。[11]このことは次に論証を加えるが、少なくとも字義のうえからはそのような意味はでてこず、したがって押領使が最初に設定されたときに律令官人はけっしてそれに戦闘行為を託してはいなかった。むしろ官人たちの関心の中心にあったのは実戦行為をいかに自己に有利に展開させるかということの触媒となすことにすぎなかった。

1　押領使の成立

諸国に軍団が置かれ、三丁ごとに一丁をとるという養老令の軍制は延暦十一年（七九二）六月に廃止される。代って健児が諸国に置かれ俗にいう「健児制」が成立し、国家の軍事機能は変化する。「夫兵士之設備於非常、而国司軍毅非理役使、徒致公家之費」[12]という理由で停廃されるのである。健児の数および質からみて実際の軍事機能を行なうるものではなく、「（前略）其兵庫鈴蔵及国府等類、宜差健児以宛守衛（後略）」[13]ともあるように国衙の機能のごく一部分を守りえたにすぎない。したがって、国家はその持つ軍事機能を放棄したかにみえる。もちろん表面的にはそうかも知れないが、実際には軍事機能の実現していたものが他の手段でもってより有効に実現しえたのだということであろう[14]。すなわちそれは軍事機能が国家を全体的に支えるもの、租税収取を実現するものであるという側面である。本節の直接の分析の対象ではないのでたちいらないが、軍事機能としての兵士制が消滅しても国家は継続するのであり、兵士制を単なる武力と考えたのではこのことは解明できない。健児制以前の段階では兵士役を負担せしめることができるということは、その他の租調庸という税を出ださしめうるということであり、またそのための強制手段に転化しうるという二面性をもっていたのである。健児制の成立により廃されたのはその後者、つまり強制手段の特定の形式なのであってけっして租調庸の負担を出ださせることを放棄したのではない。

この健児制の施行に際して二箇所の例外地域として兵士制の継続した場所がある。一つは半島部に接して絶えず新羅の侵寇に直面していた大宰管内諸国であり、他は蝦夷との絶えざる接触がもたれていた陸奥・出羽・佐渡であった。いずれも「異民族」、したがって律令国家とは敵対する異なった権力に接している場所であって、支配領域の存亡を賭した真剣な武力が望まれるところであった。(15) そこではいまだ武力的側面での兵士制が必要であり、それがないことには支配領域の維持もおぼつかなかったのである。そして発生時から十世紀に至るまでの押領使はこの両地域にのみあらわれる。

その史料上の初見は兵士制が廃された三年後の延暦十四年（七九五）である。

太政官謹奏

応廃防人以兵士宛辺戍事

右謹検案内、太政官去延暦二年五月廿二日謄　勅符偁、縁蝦夷騒動、停相替辺戍、□人懐土、況久羈旅、宜就彼防簡願留徒幷括旧防逃留以配常戍、其所欠者差当土兵士補之者、今聞、防人相替一周為期、久倦戍場、自廃家業、加以防人為費触事尤多、臣等望請、専廃防人、各差当土兵士、彼此量便配其常戍、唯壱岐対馬等二戍、隔海懸遠、有煩往還、一依旧例以為防人、夫旧防人□編附以点兵士、如不願留、及欲随父者、差押領使依例進上、其防人之官同従停廃、臣等商量具件如前、伏聴天裁、謹以申聞、謹奏、

延暦十四年十一月廿二日

というものがそれである。(16) 欠文があって全部の意味は詳かにしがたいがその言うところは次のごとくである。「延暦二年（七八三）五月の勅符によると、征夷の戦が激しいので辺境を守る人は交替することが停められており、その事によって辺境守備の人々は故郷から遠くはなれた勤務に苦しんでいるから辺境にとどまることを願うもの

と逃亡の罪を犯したもののみを選んで配し、それで足りなければ当国の兵士を補え、とある。今これを考えてみるに、防人は一周（＝三年）[17]を期間としており、戦いに倦み家業を滅し、そのうえ何かと費用が多い。だからこれより以後は防人を廃し、当国の兵士を宛てて辺境を守らせるべきである。ただ壱岐・対馬は九州から遠く海を隔てていて往還に手間がかかるから旧例のように防人を置いておく。またそれまで防人として勤めていた者が当国にとどまることを欲すれば戸籍に編み計帳に附し、それから当国の兵士として点定せよ。もしとどまることを願わない者、および父にしたがって本国に帰ることを願うもの[18]は、防人の勤めていた国が押領使を差して中央に進上せよ。すべからく防人を停廃して当国の兵士を勤務させるべきである。」

従来この史料は押領使の初見として扱われておらず、また扱われた場合も「部領使」と職掌が同じであるということ[19]で考察の対象にはとり上げられていない。しかし、この史料は押領使に関して非常に興味のある事実を提示している。

まず第一に押領使が防人の移動にあたっていることであり、この移動は戦闘行為とは何ら関係のない防人出身国への送還である。しかも内容はよくわからぬが「依例進上」と記されているように「例」なる先例が存在していた。それが必ずしも押領使に関わるものかどうかもわからないが、論理的にはそれ以前の「例」において押領使が兵士の移動に携わっていた可能性は十分に推測できよう。してみると押領使はこの延暦十四年（七九五）の史料上の初見の段階より以前に成立していたとみねばならない。防人の移動に関しては「軍防令」によると、まず自国から摂津に至るまでは「皆令国司親自部領」め、摂津より大宰府までは「専使」が部領して行く。そして大宰府で役を終えて「旧防人替証、即給程粮発遣」されることになる。しかし、この軍防令の規定には当然のことながら定期の防人の移動しか記されておらず、延暦十四年（七九五）のごとき臨時に防人を移動させねばならない時にはじめて「令外」官としての押領使が大きな意味をもってくる。防人のすべてが自国に帰るということではなくて一部は大宰府に土着するのであるからますますその手続きと宰領は面倒なものとなるし、専門の担当者が必要になってくる。

第二に注目される点は、その担当者に必ずしも国司が選ばれているとはいえないことである。押領使となった人物は「依例進上」とあるから防人に付いて京に向かうのであり、実際上は国衙の官人であったかも知れない。また、もし国司の兼行であるならば「国司目已上」とかの明記があって然るべきであり、この太政官謹奏にはそれがないから国司でなかったことを思わせる。これは大宰府の特殊性によるかも知れぬがこの史料からのみでは何とも言えない。ともあれ押領使は現地の人間を登用したものであり、中央からの遣使ではない。朝集使などとその意味では軌を一にする。

第三に押領使に率いられたこれらの防人たちは直接自国に帰るのではなくて、「進上」せよとあるところからいったん中央（平安京）に上ったものと考えられる。押領使の役割は大宰府からこの平安京までの防人の移動であったのであろう。

これからして延暦十四年（七九五）にみえる押領使は戦闘行為そのものとは何ら関係のない職掌であり、また問民苦使、按察使などの「使」と同じく中央朝廷との直接の関係ではじめて成立するものであった(20)。

この延暦年間から約八十年後の元慶二年（八七八）に蝦夷が叛乱を起す。この叛乱の研究については佐藤宗諄氏の論考(21)に詳しく、またその内容についての分析は主題ではないのでふれない。しかし平安時代初期にあって崩壊の過程の中にあった律令国家にとってはきわめて大きな事件であり、それゆえにこそ藤原保則の登用などにみられるような律令政府支配者層の全力をかけた対応がなされる。現地出羽での戦いはおもわしくなく官軍が敗退を重ねている元慶二年(八七八)、押領使藤原梶長、および押領使南淵秋郷なる人物が兵を率いて戦いに参加する。この叛乱の展開過程に則して考察していこう。[22]

乱は元慶二年(八七八)三月廿九日に出羽国守藤原興世が「焼損秋田城幷郡院屋舎辺民家」[23]という夷俘叛乱を飛駅して上奏するところから中央政庁全体の問題となってくる。ただちに勅符が発せられて当国の精兵をもって事にあたることが命令される。そしてもし兵が足らない時は「早告陸奥、令救援」めよということであった。ここで兵を率いて事にあたる押領使の成立する余地ができたわけであった。もちろん当国の兵のみで叛乱を鎮めるのに足ろうはずがなく、陸奥をはじめとして上野・下野などの兵が救援に差し向かわされる。この救援兵のうち陸奥国兵二千人を率いて現地に向かったのが「陸奥押領使大掾藤原梶長」であった。この兵たちは四月二十八日に「隣境之危急」[24]であるからと陸奥国に下された勅符によって「守要害之処」らんがために五月以前に差遣される。[25]この兵は六月七日にはすでに秋田城に到着しており「与本国兵卒合五千余人」の軍勢が城中にあった。[26]ところがその六月七日に「賊出不意、四方攻囲」という事態[27]が起った時には「只事逃散、陸奥軍士二千人、押領使大掾藤原梶長等、竄求山道、皆悉逃亡」[28]するという情けない有様であった。ここから想像できる押領使のすがたはとうてい戦闘要員とは考えられず、単に兵二千人を出羽にまでとどけるという役目をもった文官的国司であるとするほうがイメージに相応しい。出羽国守の上奏であるというから多少の誇張はあるにしても、おそらく一戦をも主体的に交えることなく先頭になって山道を求めて逃亡した軍事的には不慣れな官僚的人物の行動がよく示されているといえよう。[29]

こうしたなかで藤原保則が元慶二年(八七八)七月に出羽国守として着任して征夷を実行する。その術策の一つは兵六百人をもって賊を阻止するという方法であった。保則は「遣権掾文室真人有房、左衛門権少尉兼権掾清原令望、上野押領使権大掾南淵秋郷等、率上野国見到兵六百余、屯秋田河南」[30]ということで出羽の征圧を試みる。この時の押領使南淵秋郷はいうまでもなく上野の国司であって、その国の兵六百を率いて事にあたったものである。秋郷の場合も梶長と同じく国司が自己の国の兵をもって救援に向かったということであって、戦いに参加して実戦を行なうということは当初には予定されていなかったのではなかろうか。こののち秋郷が登場するのは戦いが終り諸国軍士の解却が報告される元慶三年（八七九）六月であって、そこには「押領国兵、来従軍旅、今還向訖」と記されており[31]、もはや「押領使」として国家からはとらえられてはいない。このことの理由については明らかでないが、おそらくは自己の国（秋郷の場合上野）から戦闘のある国（出羽）に救援に向かってそこに至るまで兵を統率して赴くのが「押領使」の職掌なのであって、そこから自己の任国に帰還することは上野国司としての行動ではあっても「上野押領使」としての任務には含まれていなかったといえるのではなかろうか。その後秋郷の名は杳として知れないのでこれ以上のことはいえないが、彼の場合も藤原梶長と同じく実際の戦闘行為に携わったという記録はみえない。さりとて梶長の場合は出羽秋田城から逃亡したにもかかわらず解任されたという記事もなく、陸奥の掾として在ったと思われる。このことも押領使のもった非戦闘員的な性格を物語っているものといえよう。

これを他の戦闘員との関係で考えてみよう。藤原梶長が秋田城に陸奥の兵二千を率いて入城した時に一緒に戦った人物として出羽権介藤原統行・権掾小野春泉・権掾文室有房があげられる[32]。

権介藤原統行は元慶二年（八七八）二月に国司に任ぜられ[33]、同年三月の蝦夷の叛乱に直面する。そして官軍が賊と秋田城に戦った時には「権介統行等戦而帰」とあり明らかに実戦にあたっている。また同年六月には「出羽国団司[34]」としてあらわれていることも彼の職掌が実戦的なものであったことを示している。

権掾小野春泉は元慶二年（八七八）四月に秋田城において賊と交戦しており、[35]また同年六月七日の飛駅使の伝えるところによると秋田営にあって戦闘の指揮をとって征夷にあたっている。

権掾文室有房は春泉と行動をともにし、とくに秋田城にあっては「死而戦」っているほどである。[36]そして同じ六月八日には「力戦之功」によって正六位上から従五位下に昇進しており、「有房死戦、不顧生存、時流矢傷其左踵、矢尽而帰」[37]とあって位階の上昇が実戦の功によるものであることが記されている。また同年十月十二日の飛駅奏言にも「単騎直到賊所」って「雖不被明詔」ども帰降を乞うた賊を処理している。[38]

押領使南淵秋郷とともに戦いにあった人々についてはどうか。上野の兵を率いて秋田河南に戦陣を構えた時の同僚は文室有房と左衛門権少尉兼掾清原令望であった。

文室有房は前のごとくであるからここでは清原令望についてみよう。令望は元慶二年（八七八）五月に藤原保則とともに出羽国司（権掾）を拝して現地に発遣されている。[39]そして七月の飛駅奏言[40]によると「乞降之賊二百人」の措置について陸奥鎮守府将軍であった小野春風と論争を交えていることがわかる。その後元慶三年（八七九）六月には秋田城城司としてあらわれており、[41]仁和二年（八八六）正月には従五位下に叙されていて出羽権掾からはそれ以前に退いている。[42]また寛平六年（八九四）には大宰少弐従五位上として新羅の来寇に対処する討賊使として「留府兵五十人、権宛援兵備其不虞」えている。[43]

いささか消極的な論証にしかならなかったが、これらからみて押領使は実戦行為に携わるものではなかったことが理解されよう。実際に戦ったのは藤原保則をはじめとして現地出羽の国司たちであった。もちろん権官ではあるが、現地支配における行政的側面が主たる任務になる正任国司に比して権官のほうがより自由な行動ができたのは当然のことである。平安時代の権任国司は、吉村茂樹氏も指摘されているように「殆どすべてが遙授であったと称しても敢えて過言でない程の事態」(44)であったことは確かであろうが、出羽における戦時状態が展開していた元慶年間の権任国司はこれとはちがった意味をもっていた。この出羽の場合は保則以下最初から行政官としてではなくて、明らかに戦闘行為とそれに付随した行政を目的として派遣されたのであるから右のことは当然であるかも知れぬ。しかしそうであればあるほど押領使に課された職務が戦闘行為そのものであるという可能性はうすれてくるのではなかろうか。蝦夷＝「異民族」とたえず接する出羽という辺境の特殊性も作用していることは疑いないが、征夷という事業は国司の職掌範囲として取り扱われているのであって戦闘即行政であるところに律令政府の蝦夷問題の本質がある。正任であれ権任であれ国司こそが蝦夷を、「王民」として律令政府の身分秩序の中にくみこみ、新しい支配版図を確立しうる主体として国家によって考えられていたと思う。遠くはなれた陸奥や上野から兵を率いて来た押領使がこれを実現しうるものではなかったのである。

ついで史上に押領使のみえるのは寛平六年(八九四)九月、対馬に新羅が寇したときである。(45)

対馬島司言新羅賊徒船四十五艘到着之由、大宰府同九日進上飛駅使、同十七日記曰、同日卯時、守文室善友召集郡司士卒等、仰云、汝等若箭立背者、以軍法将科罪、立額者、可被賞之由言上者、仰訖、即率列郡司士卒、以前守田村高良令反問、即嶋分寺上座僧面均、上県郡副大領下今主為押領使、百人軍各結廿番、遣絶賊移要害道、豊円春竹率弱軍四十人、度賊前、凶賊見之、各鋭兵而来向守善友前、善友立楯令調弩、亦令乱声、時凶賊随亦乱声、即射戦、其箭如雨、見賊等被射并迯帰、将軍追射、賊人迷惑、或入海中、或登山上、合計射殺三百二人、

ここに登場する押領使は対馬島分寺上座面均と同上県郡大領下今主である。この新羅の侵寇は寛平五年（八九三）から続いている一連の事件のうちのものである。この年の閏五月に大宰府飛駅使が肥後飽田郡の人家を焼亡し、肥前松浦郡に逃亡した由を伝え、勅によって追討されている。(46)おそらくこの侵寇の継続であろうが寛平六年（八九四）に入って来寇が激しくなり、(47)二月には飛駅使の上申、四月には管内諸神への奉幣と権帥藤原国経の派遣、北陸・山陰・山陽道への武具・精兵の徴発、などが行なわれている。(48)そしてこの年の五月、飛駅使は賊の来寇を伝え、それに対して勅符が下されている。(49)この一連の新羅の侵寇は中央政府にも大きな打撃を与えたとみえ、寛平六年（八九四）八月にはすでにそれ以前貞観十八年（八七六）に停廃されていた対馬国の防人が「新羅寇賊屢窺彼嶋、焼亡官舎、殺傷人民、加以弊亡有漸、民俣衰耗、況便弓矢者、百分一二」(50)という状況にかんがみて旧のごとく復活される。(51)中央国家にしてみれば国家の存在に対して十分な自信をもって停止した防人がふたたび必要になってくるような大きな事件、危機としてこの事態を考えていたのである。のち半世紀を経ずして勃発する将門・純友の乱の時にはただ驚くだけで神社への奉幣のごときもの以外に積極的な対策をなしえなかった貴族たちも、この時にはいまだ律令国家の維持に対して情熱をもっていたのである。(52)同じ年九月に出された出雲・隠岐に「依旧置烽燧」(53)くというのも積極的な政策の一つであろう。

ともあれこうして展開した対新羅政策は、九月に入って飛駅使が新羅賊二百余人の粉粋による軍士警固の解除と賊船の退去を奏上して一応の終幕をむかえる。

この新羅入寇に関して登場する押領使二人の行動も明らかにならないが、島分寺上座面均についていえば、はたして実戦にあたったかどうかは疑問である。この段階で「僧兵」の興起を考えるのは無理であろうし、(54)壱岐の場合のごとく在地土豪たる壱岐直の氏寺が国分寺（島分寺）になったというような場合ならともかく、(55)対馬島の場合には上座にまで在地土豪が起用されたことはなかったと考える。もしこの推量が正しければ面均は戦闘に堪えうる人物ではなく、僧侶としてのみ意味をもつ者であった。もっともその僧侶として対馬島の島民を宗教（国分寺）を通じて支配しているという現実を注目されて島守より兵を率いるものとして設定されたということも考ええよう。しかし、その観点からしても面均になしえたことはせいぜいその持つ宗教的権威性でもって兵を統率し移動するということであって、実戦にあって指揮をとってそれを兵士に強制しえたと考えることは難しいと思う。(56)

この時の押領使のもう一人下今主については面均とは少し意味が異なる。すなわち郡司として現実の在地に経済的な基盤を持ち、かつ在地の共同体的結合の上にあって人的結合をも持ちうる立場にある人物であった。国司の苛政などのごときその地方の住民（上層農民）の全体の利益に背くような対象が出現したときは自己が武力を組織して対抗するという例もたびたび知られている。(57)そうした武力蜂起の頂点たりうる可能性を十分に備えていたわけである。今主の場合の押領使は実戦に携わっていないという論証はできない。(58)

この外敵に対して、主として戦ったのは寛平六年（八九四）四月十四日に大宰府飛駅使の上申をうけて決定された大宰権帥藤原国経であったろう。彼が元慶年間（八七七―八八五）の征夷の際における藤原保則のような総括的な職掌であったことはほぼ疑いない。そしてそのもとにあって対馬で実戦にあたったのが対馬島守文室善友であった。

前の史料からもわかるように押領使面均、下今主の二人は「百人軍各結廿番」んで統率して現場に赴いたことは記されていても、郡司・士卒を召集・引率して「立楯令調弩」め、「射戦」したのは善友であった。彼のこれ以前の経歴については詳しくは明らかでないが、元慶七年（八八三）に上総国市原郡の俘囚四十余人が叛し「盗取官物、数殺略人民」という状況だったので介藤原正範とともにその追討にあたっている。(59)諸郡人兵や人夫をもって追捕を行なうときに「大掾」として記されており、これらの兵を率いて実戦にあたったからこそ「差遣将吏」などとともにその勇略をたたえられているのであって、[60]こうした実戦に耐えうる武力的経験をふまえて、対馬という辺境の地に国守として赴任してきたのであろう。こうしたことからして、寛平来寇のときも主として兵事の実戦的側面は守文室善友があったであろうと考えてほぼまちがいない。この時の「押領使」についても、兵を統率して現地に赴くことが主たる職掌であり、少なくとも法的側面にあっては、実戦にあたるという役割は中央政府の観念のなかにおいては期待されていなかったと考えられる。

2　将門の乱と押領使

これよりのち押領使の史料上にみえるのは承平・天慶年間における将門の乱に際してである。この時の押領使に関しては乱の経過とともにいくつかの行動の明らかな内容が認めうる。

まず必要なかぎりで、この将門の内乱の概略をみよう。[61]

下総国に土着していた平将門は、承平五年（九三五）に伯父平国香、常陸国司であった源護一族と闘い、これを敗死せしめる。この護らの敗北によって伯父平良正が将門に対立するがこれも常陸国新治郡川曲村の戦で敗走する。ここに至って良正は兄、すなわち下総介平良兼に援助を請い、承平六年（九三六）六月に良兼、良正、それに国香の子貞盛の連合軍と将門軍が常陸・下野の国境で戦いを交えることになる。これ以後双方が京都の朝廷に自己の正当性を認めさせんがためにいくつかの対策がなされ、京都の「権威」が健在であったことが推定される。検非違使庁（当時の検非違使別当は将門と私的な関係があったといわれる藤原忠平の長子実頼）の勘問をうけた結果将門は正当性を認められ、広く中央に兵名を振るい面目を施す。承平七年(九三七)、この恥を雪ぐべく良兼は兵を発し、以後常陸・下総の境の真壁・筑波・豊田・辛島などの郡で幾多の戦いが起る。この間貞盛は中央政府から将門追捕の官符を得て帰国するがなすところなく時をむなしくするのみであったという。

このあたりまでが石母田正氏の言われるいわゆる将門の叛乱の第一段階たる「土豪同士の私闘の時期」[62]である。本節の問題に限っていえばこれらの戦いで活躍した兵力は「私兵」であるということになる。事実将門、貞盛らのもった兵力は私兵であると思われ、土着国司の子孫であることを利用しての私営田経営を中核として結集してきた農奴主たちから成る「従類・伴類」を基本とした浮動的な初期的武士団兵力と考えられよう。ここではこれ以上たち入らない。国家権力と直接の結合をもっているものではなかったということを確認しておけばよいだろうと思う。

天慶二年(九三九)になって将門は、常陸国において対立していた国守藤原維幾と「住人」藤原玄明の争いに介入し、玄明に味方して常陸の国府に向かい、国の軍三千人を敗走せしめる。加えて上野・下野等を掠領し、下総国の亭南に王城を建て、国司除目を行なって東国独立王国を企図する。そしてこれに対して中央国家から東海・東山道に将門追捕が命ぜられ、平貞盛、押領使藤原秀郷らの将門戦への参加をみて将門王国は崩壊し、天慶三年(九四〇)二月に将門は誅せられて乱は終熄する。これがいわゆる将門の乱の第二段階「国家にたいする叛乱[63]」である。動員された兵力の関係でいうならば国衙および中央政府の兵が中心になって乱が展開したということである。もちろん将門の場合も貞盛・秀郷の場合も自己の土豪としての支配にもとづいた兵力が中心になっていることは否定できないが、それに加えて将門なら彼の掠領した常陸・下野・上野等の国衙の機能を利用しての兵力の動員、貞盛に関してもそれらの国々に対する中央から与えられた兵力動員の権限が付け加わっている。中央国家の末端機関たる国衙を利用することが一つの課題となり、また自己の支配の正当性と安全性を保つ拠点になるのである。そしてその争奪を決するものはやはり各々が組織していた私兵であった。その私兵の組織にもとづいて国衙の兵が組織されるのであって、おそらく乱に利用された国衙の兵は大部分が私兵の官兵化したものであったろう。また兵力の組織という観点からのみ問題を論ずれば、この段階の将門らによる私兵の組織が丈部子春丸の例にみられるごとく弱いものであればあるほど国衙の持った支配機構や徴兵能力を奪取することが重要な課題になるのであった。

またこの段階に国衙の兵力と並んで問題になってくるのが、中央政府からの直接の命令のもとに動く兵力である。一つは「征東大将軍」であり、他の一つは「押領使」である。前者で問題となった兵員は国々から徴発された兵士と諸司に勤務していた者の中の兵たるに堪える人々であった。(64) 後者で問題となる「押領使」およびその兵力はいかなるものであっただろうか。

天慶二年（九三九）六月、それ以前には主として諸社への奉幣などによって乱の鎮圧を試みていた中央国家はようやく具体的な政策を出しはじめる。推問使の補任である。これと前後して押領使が決定され行動を起す。

その最初にみえるものは小野諸興と橘是茂である。この二人の経歴その他については明らかにならないが、小野諸興は承平年中（九三一—九三八）に武蔵国小野牧の別当であり、(65) 東国の地とはかなり深い関係を有していた在地性を帯びた人物と思われる。その在地性が牧別当として中央との関係の上に位置づけられ、さらにその関係のうえにたって押領使として官職の上に設定されたものであろう。天慶二年（九三九）六月九日に「諸興是茂等可為押領使」(66) とあって、職に補されている。またその直後に「相模権介橘是茂、武蔵権介小野諸興、上野権介藤条朝臣等可追捕件国々群盗官符」(67) とあって、両者が各国の「権介」という国司の職にある人物であったことがわかる。彼らが押領使に任ぜられ、群盗を追捕することが職掌として課されていたわけである。この押領使と権任国司との関係についてもよくわからないが、将門の乱によって東国各国の国衙機能が実質的に働かなくなってきたので、当面課題になっていた軍事的征圧にあたる人物として権任国司はあったと考えられる。行政的側面より、軍事的側面が正面に据えられていたことは疑いなく、前述した元慶の征夷事業における出羽権守藤原保則以下の権任国司とその性格を一にしている。つまり「権介」としての是茂・諸興は戦闘行為を最初から期待されているのであり、またその側面においてこそ大なる機能を果したのである。ゆえに押領使としての彼らも、当然この「権介」としての職掌と密着しているはずであり、戦闘行為と押領使としての行為は同一のものであったと思う。もちろん「兵を率いる」という本来の押領使の職掌も同時に果すことは一つの側面であっただろうが、他方で自己を戦闘行為の中に位置づけることを要求されていたわけであった。明らかにそれまでとは異なり、戦闘行為を行なって追捕をも行なうのであって、他国に兵を率いていくのみではなかった。相模権介であり押領使である橘是茂は相模国で、武蔵権介であり押領使である小野諸興は武蔵国で、というふうに追捕行動（将門の乱のこの場合はいうまでもなく戦闘行為）にあたり、自己の任国を当該地として行動するのであった。そうした意味から従来の押領使とは明確に異なった側面をもっているのである。従来のそれが「令」に記された軍事的行動の十分ならんことを補佐するものであったのに対し、諸興・是茂はこうした「令」の規定とは関係なしに新しく設定された軍事官としての押領使であると考えてよい。「令」の規定を果すための「令外官」というのではなしに、まったく異なった職掌としてこの将門の乱という内乱期にふたたび登場してくるのである。

将門の乱において登場する押領使として著名な人物は次にみてゆく藤原秀郷である。「田原藤太」と俗に称され、彼が武士の典型として古くから扱われていることは周知のごとくである。

家系は藤原北家に属し、藤原房前の五男魚名の子孫であって、下野大掾、河内守などを経た藤原村雄の子である。この村雄の祖父藤成の時代頃から秀郷の流刑地たる下野との関係が生れたとみられ、村雄の父豊沢の母は下野史生鳥取業俊の女であり、豊沢自身も下野権守、下野押領使(68)としてこの国との関係が深かったという。さらに村雄の母は同じく鳥取豊後の女であり、村雄は下野大掾を経ている。また当の秀郷の母も下野掾鹿嶋の女であるといい、秀郷の代には下野との関係はかなり深く、館支配(69)にもとづく私営田経営を中核としたであろうこの地方の大豪族たるに相応しい環境を具えていた。

将門の乱に至るまでの秀郷の行動については明らかではないが、中央朝廷においてもたいした地位にあったとは考えられない。十世紀はじめの延喜十六年（九一六）には「下野国言、罪人藤原秀郷、同兼有、高郷、興貞等十八人、重仰国宰、随其罪科、各令配流之由、重下知之(70)」とあって先祖の因縁深い下野国にあって自己を再生産していたことがわかる。この配流の原因になった行為が具体的にいかなるものかは詳らかにはならないが、高郷は秀郷の弟であり(71)、この同類十八人というのは明らかに在地土豪として形成してきた族的結合である。その族的結合が下野国衙の行なう支配を脱却してそれと対立するものとなってきたものであって、個々の「領主」がこの東国の地において原初的に形成しつつあった村落支配を守らんがために国衙に対立し、独自の支配領域を形成しようとしたものであろう。のちに秀郷の支配を中核としてこれらの原初的領主層が結集し、一個の東国的な、広い範囲での安田元久氏の言われる「原初的武士団(72)」として下野国衙と対抗関係に入ったのである。換言すれば、いかに「原初的」であるとはいえ、村落で一定の政治的地位を確立していればこそ国衙の支配と対抗して自己を位置づけえたわけだし、また中央政府も押領使に任ずることによって秀郷のもとに結集しうる兵力を利用する価値があったのである。

こうした秀郷の行動に対して国司が配流をもって望むにもかかわらず、秀郷が現実に国衙の支配に屈して配流されたということはなかったようである。もちろんこのことの背景には、延喜十六年（九一六）に上野介藤原厚載が殺害されたとき、糺断するべき上野大掾が賊首である「百姓上毛野貞並」と「耳語」するというような国司と秀郷の連繋があったことは否定しえないだろう。秀郷の行為は単なる強竊盗のごとき在地に根を持たない行動ではなくて、明らかに形成期の東国における村落支配を背景にもっていると考えねばならない。そうした家産制的支配を中核とする村落支配こそが秀郷の支配の中心であったし、また中央政府がのち注目するところともなったのである。秀郷自身も中央政府の支配下に入ることによって敵対している層を排除して自己の支配を確立しようとした。それは将門側の主たる勢力であった藤原玄明が常陸国の「住人」であったということからもうかがえる。国衙に対抗して、代って在地にその現実の支配を行なっていたことこそが、国衙の官人を頼る以上に中央政府が秀郷を頼りにするという志向の出発点なのである。(73)(74)(75)

こうしたことを前提にして秀郷は将門の乱鎮圧のために登用される。その時期については明らかでないが、乱が最終的に展開し中央政府も積極的な対応をする天慶三年（九四〇）に至って秀郷の活躍も盛んになってくる。この年二月一日、いまだ中央からの征東大将軍藤原忠文の一行が現地に到着する以前に、常陸掾平貞盛とともに乱に活躍する。下野掾として「下野押領使」になった秀郷は、自己の任国下野国において貞盛とともに「率四千余人兵一云万九千人兵」いて事にあたり、同十三日には将門の本拠を焼き廻り、同十四日には将門を斬っている。またこのことは秀郷の飛駅使によって三月五日に京都に伝えられており、この戦いにおける主たる責任者は「掾」としての秀郷と貞盛ではなくて「下野押領使」としての秀郷であることが理解できる。中央政府が期待したものは、東国にあって「貴種」として(76)(77)(78)

存在していたであろう、また中央の貴族でもあった貞盛ではなくて、現実に東国の地において徒党を組んで前記のような「乱行」を起しうる可能性をもった地域権力の主体たる秀郷なのであった。さればこそ将門を誅するという軍功によって三月九日にはただちに従四位下という公卿なみの高い位階に叙され、「兼賜功田、永伝子孫、更追兼任下野武蔵両国守」(79)ということによって在地した国司として存在していくことを許される。これについても貞盛は従五位上と同じ掾から出発しながら秀郷より位が下であり、官についても右馬助であって中央官である。(80)論証は不足しているかも知れないがこのあたりからも秀郷と貞盛の指向した目的の差がうかがえるし、また中央政府の両者への対処の仕方が想像できないだろうか。秀郷にとって下野掾、なかんずく「下野押領使」という前代の押領使とはちがった軍事指揮官・兵員徴発者としてのそれにつくということは、自己の支配領域たる下野における権力をさらに強化するということであり、また封建国家への道につながる国家支配者への道を切り拓くものであった。そうした意味を十分に果すためには「罪人」では旧来の古代国家権力に対して権力的に異質なものとして対立するのみであって、いまだ大将軍、押領使などの派遣にみられるように体制として中央集権的政治理念を行使しえていた古代国家の権力機構を奪取することは不可能であった。その点で秀郷のとった方法は、「新皇」という古代国家とまったく異なった権力機構を独自にうち立てようとしていた将門の方法とはちがったものであった。元来の出発点としては封建国家に接続するように古代国家権力とちがったものを建設するということなのであったが、到達点において秀郷は古代国家という枠の中で自己の権力の公的な出発点を形成し、将門はその枠からはずれたところで独立した公権を形成しようとした。この、当時の国家権力に対する評価の差は、秀郷が国司として存在して東国地方に根を張るということと、将門が古代国家権力のもとに崩れ去るということの原因に深くつながっているのである。「乱行」として警察的追捕行動の対象になるという、古代権力からの排除を防止することに成功して自己の新しい権力の定着に努力しようとするのであるが、反面このことは崩壊期の古代国家にとってその破綻をとり繕うという客観的な役目をも果す。秀郷のような在地支配者を国家権力の側にくみこむことによって古代国家は自己の再編成を目指していたのであって、そうした意味では古代国家はそのことによって自己を補強しうるという可能性をまだ残していた。もちろんこの時に主たる中央政府の着目の中心になるのは秀郷個人ではなくて、秀郷のもっていた兵員動員能力なのであって、秀郷の経営・支配を守る武力として組織しえていた「私兵」を国家秩序の中に「官兵」として位置づけることであった。独自に国家の兵員を徴発する能力・機構を欠いていたこの当時の中央政府にとって、それを必須の武力装置に設定せねばならないのであって、そのためにいずれも五位以上という位に叙し、また右馬助、国守という「貴族」的職につける必要があった。そのことによって単に組織のうえだけでなく、「意識」の面にまで至って国家内的存在と化せしむることが可能であった。そしてそのことが、中央政府の手によってある程度成功したからこそ領主層が政権をとる典型的な封建国家はこれよりかなり遅れてしか出現しえなかった。

将門の乱という国家権力への未曾有の叛乱を通じて、国家は自己を組織的に再編成しようとする。押領使という、元来は律令軍制を補強する立場から出発した官職もこの内乱にあたって従来の性格が変化してくる。兵員を移動するという消極的な職掌から脱し、「僦馬之党」[81]などを中心とするアナーキーな状況の展開していた東国にあってはいやおうなしに国司にかわって現実の実戦行為による国家権力の積極的保護が要求されてくる。それゆえにこそこの段階の危機的な政治状況のもとでは、秀郷・貞盛のごとき国司という行政的側面の行使のみでは政治主体とはなりえず、戦闘行為を伴った現実の行動のみが現実の支配を保証したのである。中央政府はそうした現実の在地支配を行なっている主体を登用し、その家産制的支配様態をふたたびまるごと国家の中にくみこもうとするわけである。もちろんこの段階にあってはいまだ押領使は国家支配の道具である国司であることが擬制的に必要であり、秀郷にしてもまず「下野押領使」として決定されるのである。いわば軍事官としての押領使と、行政官としての当該国の国司であるという両側面がこの時期の押領使に要請されていた。

3　将門の乱後の押領使

将門・純友の乱の承平天慶期における押領使の性格は、それ以後の押領使の性格に大きな影響を及ぼすことになる。この国家的内乱によって中央政府の側は、乱に表現された在地における新しい社会関係をふたたび自己のものとして確固たる支配下に編成する必要があった。上部の政治権力のみについていえばそれは「摂関政治」体制の成立であり、延喜以来徐々に展開していた古代国家の改革の制度的帰結点が将門・純友の叛乱によってもたらされたのである。「摂関政治」を展開させようとしていた藤原北家はこの乱を十分に利用し、みずからの支配体制を建設しようとする。それは現地一般民衆にとっては表面的には警察・軍事制度の再編・強化であり、同時に全体的には中央政府、またはその保護を受けた在地支配者層による支配の強化を物語っているはずである。押領使の中央政府にとっての表面的活動は軍事・警察的なそれにほかならないが、それのみでとどまるはずがなく、国家支配を支える直接的な存在たる租税収取に密接にかかわりあってくる。(82) 結論が先にたつようであるが、そうした軍事的職掌を通じて中央政府は租税収取をも含めた在地支配全体を確保しようとするのであり、押領使が追捕使のように東海道・東山道などというように広い範囲にわたるのではなくて各国単位に出現しているのもそのことを示している。(83)

さて具体的にこの時期の押領使について考察を加えてみよう。

「朝野群載」の巻二十二諸国雑事の項にいくつかの解文、官符の類が記載されており、諸国に任命された国押領使のことがその中に明らかにされている。それによると下総国では天慶九年(九四六)八月に国司菅原名明が押領使を申請して官符によってそれに任ぜられており、また名明の次の国司である従五位下藤原有行が天慶五年(九四二)五月に押領使に任ぜられている。(84)その時の申請の理由は

凡坂東諸国、不善之輩、横行所部、道路之間、取物害人、如此物忩、日夜不絶、非施公威、何粛国土、望請 天恩、囚准先例、不費官物、国廻方略、漸以宛行、然則若有凶党之輩、且以追捕、且以言上、(後略)

ということであって、将門の乱前後の東国の地に典型的にあらわれた荒れた状況を国家の下にふたたび編成せんがためにこの職掌が必要であるということであった。「不善之輩」が所部を横行して官物を奪取し、調庸の民を害するという反国家的な行動を行なうからという、きわめて古代国家的な儒教的徳治主義の発想でもって職が請われている。元来国司は自己の職掌として「糺察所部」(「職員令」)という警察的な職掌を持っているわけだから、押領使を必要とする契機は他に求められねばならない。おそらくその中核となるのは「給随兵卅人」ということであったろう。もちろん僅か三十人の随兵で部内が静謐になったとは考えられず、国司の「受領」としての部内収奪のための私的武力が強力になったか、もしくはその随兵三十人を有効に利用することによって国内を鎮めたかのどちらかである。この時期のような、しかも東国の地におけるものであるから後者の可能性を多く認めねばならない。在地において新しく村落秩序を形成しつつあった彼ら「不善之輩」(85)を国司という権力の下に随兵として権力秩序の中にくみこむことによって国内を一律に支配していこうとするのである。そのことは天暦六年(九五二)に越前の国司が追捕使・押領使の停止を

求めた際に「押領使や追捕使の随兵士卒がその威を使の勢に借りて人民を脅略し、かえって愁いをなす源になっている」と述べていることからも明らかになってくる。(86)逆に言うならば、威を使の勢に借りなくても「人民」を「脅略」できるような存在でないかぎり、国内における支配を確保していくのに随兵として役立ちえないのである。在地における何らかの支配を前提にしていればこそそうした「随兵士卒」独自の活動が意味をもってくる。いうまでもなく押領使の「随兵士卒」という国家公権につながる立場を利用して、「不善之輩」たちは自己の経済的・政治的基盤の内部に他の「人民」を「脅略」してくみこむことにより勢力を拡大してゆく。

こうした押領使はいずれも前代の系譜——元慶征夷時のごとき——を引くものであって、本来は国司として国内の行政全体にわたる職掌を帯びるものが、戦乱処理もしくは戦後処理的な性格をもつ官職として設定されたものである。そこでは以上からも明らかなように国司としての行政的側面と押領使としての軍事的側面は、任ぜられる階層からしても果した役割からしてもいまだ分離していない。やはり国家から設定され、国家のために働くという性格のなかにあるのである。

国司と押領使との関係、なかんずく東国でのその関係には、興味のある事実がある。将門の乱において活動した押領使はすでにみたように下野掾藤原秀郷、相模権介橘是茂、武蔵権介小野諸興の三人であり、いずれも東国の国司である。乱そのものが東国において展開した以上これは当然のことであるが、このことが後の時代の押領使のありかたに大きな影響を与えた。それは、東国国司が押領使を併任するという例が成立したという点である。寛弘二年（一〇〇五）の上野国司の申請状には「上野介橘朝臣忠範申請、被裁許雑事三箇条事」として、

一請囚准傍例、賜押領使官符於下野・武蔵・上総・下総・常陸等国、捕糺凶賊、兼賜随兵廿人事

同前諸卿定申云、当国押領使及随兵等、任前例可被裁許歟、

とあり[87]、先例通りに下野・武蔵・上総・下総・常陸などの東国に押領使任命の官符を下して随兵をも付することが要求されている。この例は文中にもあるように「前例」であった。この史料文言には東国国司が押領使を兼ねるという語句はないが、大治五年(一一三〇)の記事に

(前略)此外四ヶ条、任続文可被裁許、遠江国司申七ヶ条、右兵衛督申云、任続文可裁許、下官申云、於押令(ママ)使条、可補当国者、右兵衛督云、当国裁許申也、見続文、不可異云々、下官愚案、本解与続文有相違時、尚分事所定申也、就中坂東吏欲兼任押令(ママ)使申時、可被免当国之由定申、是恒例也、非新儀歟、武衛書定文時、如下官申、

とあるように[88]、「坂東吏」は「兼任押令〔領〕使」するのが慣例であったことが知られる。鎌倉時代になってからの寛喜元年(一二二九)にも

太政官符　出羽国司

雑事三箇条

(中略)

一、応令守従五位下平朝臣知広補押領使事

右得知広去月十三日奏状偁、謹撿案内、坂東宰吏赴任之日兼補押領使承前之例也、攴定準不遑毛挙、望請天恩、囚准先例、将被兼補件職者、内大臣宣、奉　勅任例依請者、

とあり[89]、「坂東宰吏」が押領使を兼任するのは「承前之例」で「毛挙」にいとまがないほどであるとしている。遠く中世にまで、たとえ名目的な形式上のものではあっても、東国国司の押領使兼任の例は続いたのである。すでに平安

時代でも承安四年(一一七四)の文書に常陸の例として「右衛門権佐兼押領使介高階朝臣」なる文言が国司庁宣にみえており、(90)「高階朝臣」は高階経仲で、泰経の子である。この常陸介が遥任であること、したがって押領使も「遥任」であり、実質的な軍事上の意味をもたなかったことはいうまでもない。東国国司の押領使兼任という慣例は、すでに平安時代末期には実質的な軍事的機能を伴わないというのが一般的なありかたとなっていたのである。またさらにこの東国国司の押領使兼任は、国司の押領使兼任ということで東国以外の国々にも拡大適用される可能性が強く、時代はかなり遅れるがたとえば、肥前国には「肥前国押領使大監藤原宗家」の名がみえていて国司ではないが大宰府の官人が肥前国押領使を兼ねている。(91)またさらにのちの文明十三年(一四八一)・明応十年(一五〇一)の史料には「請任先例兼補押領使事」という文言が国司の申請状の中にみえており、(92)これは摂津国の場合であるが摂津では押領使兼任が「先例」として成立していた。

少し横道にそれたが、将門の乱前後において国司でない押領使が本格的に登場してくる。天暦六年(九五二)の出雲国、(93)長保二年(一〇〇〇)参河国、(94)寛弘三年(一〇〇六)の陸奥国、(95)淡路国、(96)などの例は、いずれも坂東国ではないが、国司が押領使になったという徴候はない。史料に即して補任方法、任ぜられた者の地位、在地での存在形態、などを考えてみる。

出雲国の押領使に任ぜられたのは清滝静平なる人物である。彼の補任順序は、出雲国司から解状が中央に出され、官符によって補任されるという順序である。現実はいかなる存在であれ、形式的にはあくまで中央政府が直接に干渉しうる職掌であった。寛弘三年(一〇〇六)の陸奥・淡路の押領使も同じである。押領使になるものが国司から在地有力者に移っていったにもかかわらず、中央政府はその押領使に中央の地方官吏としての国司的な軍事的・行政的役割を期待しているのであって、もはや押領使のみに関していえばその職掌内容における自由さは在地の国司もしくは地方豪族の手によって形成されていた。その点同じ「使」でありながらも検非違使が中央の検非違使庁もしくは、中央政府と比較的密接な関係を保ちながらその行動を展開していたのとは若干異なったものであると断ぜざるをえない。寛弘三年(一〇〇六)の陸奥国の例では、

太政官符陸奥国司外

応以正六位上平朝臣八生補任押領使職事

右得彼国去長保五年三月十日解状偁、謹撿案内、此国北接蛮夷、南承中国、姧犯之者、動以劫盗、仍試以件八生、為国押領使令行追捕事、凶賊漸以刊跡、部内自以粛清、見其勤公、最足採用、抑八生、故武蔵守従五位上平朝臣公雅弟、同公基男也、門風所扇、雄武抜群、望請官裁、以件八生、被補任押領使、将励翹勇之心、弥領狼戻之俗者、従二位行権中納言兼中宮大夫右衛門督藤原朝臣斉信宣、依請者、国宜承知依宣行之、符到奉行、

右少弁　　　　　　　　　　　左少史

寛弘三年三月九日

とあって(97)、国の解状が出され、それに応じて官符が発せられて任命が完了している。解状は、陸奥国が「北接蛮夷、南承中国、姧犯之者、動以劫盗」であるという情況を述べて、平八生を「為国押領使令行追捕事」とあるごとく国押領使に補任するのであるが、申請から任命までまる一年が経過していることが気になるけれども、陸奥国の現地支配にあたっていた国司の要請によって設置されたことに疑いはない。武蔵守平公雅の弟で「門風所扇、雄武抜群」という八生の軍事的な基盤があってはじめて国司たちが危機と感じた現地の事態を解決しえたのであるし、また任命され

た八生にしてもそれによってみずからの現地の領域支配権を安定させ、拡大させえたのである。淡路国の場合にしてもまったく同じで、

淡路国司解　申請　官裁事

請被囚准傍例、給官符、以正六位上高安宿禰為正補押領使状

右謹撿案内、此国四方帯海、姧猾易通、况乎世及澆季、俗亦狼戻也、警衛之備、無人勤行、望請官裁、以件為正補押領使職者、将令就不虞之勤、仍勒亊状、謹解、

寛弘三年四月十一日

とあるように(98)、補任が申請された高安為正は、淡路国が「四方帯海、姧猾易通、况乎世及澆季、俗亦狼戻也」という情況であるのに国司や官人たちは「警衛之備、無人勤行」という事態を解決しえず、これを改善するがために新しく国押領使に任命されて事態の収拾にあたったのである。

では、国司のほうから押領使を設置してほしいという解を出す場合の、その設置の理由はいかなるものであっただろうか。出雲国の例(99)と越前国の例(100)をあげてみよう。

太政官符　出雲国司

応以清滝静平為押領使、令追捕部内姧盗輩事

右得彼国去正月廿六日解状偁、謹撿案内、美作伯耆等国、申請官符、押領使勤行警固事、而此国在二境之中、暴悪之輩、任心横行、自非官符之使、何糺執悪之徒、加以年来之間、賦税之民、愁集党類、動奪人物、謹案事情、糺捕凶類之道、尤在此使、方今静平、才幹兼備、亦堪武芸、清廉之性、勤公在心、望請官裁、准件等国例、以静

平被裁給押領使、且令断凶悪之輩、且令在平善之風者、右大臣〔師輔〕宣、依請者、国宜承知依宣行之、符到奉行、

従四位下行左中弁橘朝臣好古　左大史出雲宿禰蔭時

天暦六年十一月九日

越前国司解　申請　官裁事

請被停止追捕使押領使等状

右左京雑掌申云々、今件随兵士卒、非必其人、或借威使勢、横行所部、或寄事有犯、脅略人民、所部不静、還致愁歎、望請官裁、被停止件使、若猶郡司之力不及、国宰之勤難堪、須随事状申請件使、仍録事状、謹解、

天暦六年三月三日

同年十一月八日右大臣宣、奉　勅、依請、

いずれも将門の乱の余燼もしずまった天暦六年（九五二）に申請されてくる押領使に関するものである。出雲国からのものは設置の申請であって、その理由は、一は出雲国という行政範囲をこえて横行する「暴悪之輩」の行動であり、一はほしいままに「集党類」めて人物を奪取する「賦税之民」の行動である。

また越前国司から出された解は出雲とは逆に停止を要求したものであり、その理由は押領使の「随兵士卒」が押領使の行動に威を借りて国内を横行し「脅略人民」するので還って所部がしずまらないためである。この場合の押領使は国司であったか在地豪族であったかということが疑問であるが、国司から押領使の随兵の非法を訴えていることもあるので一応ここに述べている押領使は国司でない在地豪族としておく。

ともあれ、この両方の国司解文に明らかなことは「随兵士卒」、「暴悪之輩」などという在地豪族的人物が押領使にかかわって登場してくるということである。こうした人物の行動が出雲では押領使に任ぜられる対象であり、越前では押領使を停止する対象になっている。出雲国解にいう「暴悪之輩」、「賦税之民」は、越前国解にいう「随兵士卒」と同じであり、まさに形成されつつあった村落の中核に政治的に自己を位置づけようとしていた在地豪族たちが、国司または中央政府によって捉えられた範疇なのである。そうした存在が国家公権(この場合その末端組織たる国衙)の中に官僚的にくみこまれた時に「押領使」「随兵士卒」になるのであり、依然として在地で公権とははなれたところで自己を形成しようとしている時に「不善之輩」「暴悪之輩」と称せられるのであって、本来は国家によって「公民」として一様に把握さるべき存在ではあった。在地にあって一個の経営体(農奴主経営)として、没落した班田農民を経営の中にくみ入れて自立しつつあり、またこの時期の国家の課税対象になっていた賦税の民が「恣集党類」めて地域的・血縁的に結合するのを否定しようとするわけであるが、国家の側は当然従来のように共同体の中にまで立ち至って、この場合でいえば「賦税之民」が在地できずきつつある所有・隷属関係を阻害するところにまでは達しない。すでに農民の中における階層分化が、均一な「公民」を再生産することを不可能にしていたのである。こうしたことを背景にして、芽を出しつつある「住人」(101)層を各国というような範囲での横の結合を阻止しようとする以上、当然のことながらもっとも利用する価値のあるものはその「住人」そのものであり、また「住人」を組織してヒエラルヒーをきずきつつあってその頂点に立つ在地豪族層である。それゆえにこそ越前国では郡司の力がそうした結集を阻止しえず、また国司の力さえも堪え難かったという時に、郡司・国司と同格の存在として、また同格の職掌として「件使」＝押領使を置くということになるのである。出雲国の国押領使となる清滝静平が「才幹兼備、亦堪武芸、清廉之性、勤公在心」であったということも、「堪武芸」ということが少し気にかかるとしても郡司とさして変るものではない。郡司クラスの者を任用し、公権の中にくみこむことによって、はじめて押領使は大きな役割を果しうるものであった。このことは越前国で押領使と同種のものとして問題にされている追捕使についても同じことがいえよう。たとえば、天暦九年(九五五)に近江国から出された解によると、[102]佐々貴山興恒、大友兼平、また天暦十年(九五六)以降には甲可是茂が、また天暦十年(九五六)には同じ近江国で依知秦君広範が、[103]それぞれ追捕使としてあらわれている。いずれも近江国の名族であり、郡司クラスの豪族である。[104]

この時期、原則的には将門・純友の乱をすぎた天暦年間以降、在地の有力者――「不善之輩」、「暴悪之輩」というような「住人」――が押領使として中央政府から任命される。彼らが行なう経済活動を通じて形成していた支配関係があればこそ、中央もしくは国衙(国司)が注目するところとなったのである。そこには中央のみが設定し決定する国司では在地において果しえない役割があったからこそ、形式的には中央政府の裁下をうけるというものの実質的には国司の解によって決定される。前掲の天暦六年(九五二)の官符からもそれが知れるし、長保五年(一〇〇三)四月には、「(前略)奉越後守為文申停押領使惟風著任後追捕平維良文」とあり、[105]また寛弘二年(一〇〇五)四月には上野国司から解状が出され押領使と随兵が請われていることなどからもそれが推測される。[106]

将門の乱において中央から派遣される押領使は中央政府にとって意味があったが、それ以後の押領使にあっては自身がなるかどうかは別にして国司にとって大きなる意味があった。十世紀初頭の延喜年間に至る一連の改革によって国衙機構の役割が大きくなって、中央政府が逆に国衙によってその存在を支えられるという現象が出現してくる。その状況のなかで在地に新しい支配の拠点をきずきつつあった農奴主階層は、国衙のなかに自己を投企することによって政治的に自己を高めようとする。十世紀中葉以降押領使もそうした国衙の一つの公権として意味をもち、しかも公的に武装することや兵を随えることが許可されるわけである。村落を形成していくなかで自己を「住人」として位置づけようとする以上、当然のことながら利害の接する他の村落の「住人」を排除する必要があり、そのために公的な権限を必要とした。「住人」として展開しつつあった層を抑止する面と、逆にそれを利用して自己を強化しようとする面との二面性を押領使はもっていた。

この「住人」と押領使が角逐する様については、かなり後の史料になるがこれをよく示すものとして次のものがある。(107)

散位宣基来語云、相模国脚力上洛申云、彼国住人権大夫為季与押領使景平、今月十日此合戦、為季已斬景平首了云々、因茲景平一族発数千軍兵、更攻為季云々、

相模国において「住人」権大夫為季と「押領使」景平が争い、景平がうちとられたのであるが、おそらくこの争いの原因は景平が相模国の国押領使となって国衙の公権につながったところから出発しているだろう。景平にしても元来は為季と異なるところのない「住人」であったのであるが、自己を押領使として国衙の中に位置づけることによってその支配の拡大をはかったのである。結果的に失敗しはするが、押領使景平は「数千軍兵」を発することのできる組織を在地にきずいていた存在であった。押領使としての景平が死んでいるにもかかわらず「数千軍兵」を動かしうる「景平一族」が国衙、また国家の注目するところであったのである。

しからば、この押領使の具体的な在地での存在形態は何であったろうか。もとよりその全面的な解明はなしえないが、一つの史料をあげて本節の結びとしておきたい。次の史料は、(108)押領使について、というよりはこの時期一般の公

権の在地におけるあり方についていくらか知りうる。

備前国鹿田御庄居住梶取佐伯吉永解　申請検非違使庁裁事、

請被殊蒙鴻恩、糺給為摂津国長渚浜住字高先生秦押領使・水手秦米茂同意預乗船勝載二百六十石船一艘幷雑物

等破□(運カ)取不安愁状

副進日記

右吉永謹検案内、件船備前国鹿田御庄別当渋河幸連也、而秋篠寺美作国米百八十石、塩廿籠為勝載所借取、□吉永為梶取勝載件塩米等上道之間、以今月二日、於摂□(津カ)国武庫郡小港、為南大風、入海已了、爰彼寺使件湿損米□(等カ)悉散下又了、爰水手秦米茂俄成姧意、船内雑物盗取□(逃カ)亡了、其後件米茂長渚浜不善輩件字高先生秦押領使等談取、吉永之身殺害□云々、因之為存身命、捨預船雑□(物カ)罷去之程、恣件船幷雑物等、皆悉破運取者、為愁之甚、□(莫カ)過於斯、望請、検非違使庁裁、被糺返件不善之輩□(破運取カ)船幷雑物等、将知公底之貴、仍注事状、以解、

長徳四年二月廿一日　備前国梶取佐伯「吉□(永)」

備前国鹿田荘に居住して年貢物の運送にあたっていた佐伯吉永なる者から検非違使庁に出された解である。曰く、「吉永は備前御野郡鹿田庄の別当渋河幸連[109]の所有していた船を借りて米塩を瀬戸内海において運送する途中、大風のために摂津武庫郡の小港にて難波した。その時に際し船の水手であった秦米茂なる者が船に積んでいた物を盗んで逃亡し、摂津河辺郡長渚庄の不善の輩で字高先生秦押領使らと談合して事の顛末を知っている吉永を殺そうとした。そこで船を捨てて逃げたところ船に積んであった物も船も運びとられたので、検非違使庁の裁によって彼ら不善の輩を追却してほしい」というものであった。

まずこの史料にあらわれた歴史的背景について理解しうるところを明らかにしておこう。

解文を出した佐伯吉永は鹿田荘に居住していて運送業に携わっていた。しかし鹿田荘のみの年貢米の運送にあたっていたわけではなく、かなり広範な活動を行なっていたらしい。事実、美作国の秋篠寺領の米・塩を運んでいる。また船を鹿田荘別当から借りているところからして船を所有するほどの大きさでもない。その梶取吉永の米・塩運送に随行して水手が伴われている。当然この水手秦米茂は美作もしくは備前の人間であって、運送を業としていたであろう。ただし専業か兼業かは不明である。もちろん米・塩を盗んで役に立てるぐらいであるから富豪層的経営を想定してもよいだろう。少なくとも単なる水手としての労働力とは考えられず、船に乗って荷物を運ぶことが彼の何らかの経済活動につながっていたことは確かである。

さて「字高先生秦押領使」なる人物であるが、この「押領使」は現押領使ではなく、前押領使であろうことをおさえておかねばならない。しかし彼の行動は称せられている名称からしても押領使に多くをよっていることはまちがいなく、その具体的な姿を知るには支障はなかろう。

第一にこれが一人の人物をあらわすものか二人をあらわすものかということが問題になる。戸田芳実氏はこれを二人と捉えられ、「高先生」の「高」は高階氏、「先生」は東宮の帯刀舎人とされている。(11) 当面の本節の展開と直接の関係をもつものではないからここでは一応戸田氏の論に従って「高先生」と「秦押領使」の二人であるとしておこう。

第二に「字」でもって彼が呼ばれていたということである。字で現地において呼びならわされるほどの在地性をもった人物であって、その経済活動の基盤を長渚浜における広範な区域にもっていた。押領使になるような人物が字で呼ばれることの意味は、彼が在地に確立していた経済活動が、支配下もしくは影響下の農民全体に与えていた抑圧の程度によっているものといわねばならない。むろんそれが民衆の中での英雄としての側面を表現している場合も後になるとかなり多い。しかしこの場合は前述したごとく、新しい村落をきずいていく過程のなかで「住人」として自己を位置づけんがために武力を発揮していた段階であろうから、「住人層」(村落上層農民)にとっては英雄であったやも知れぬが、村落一般民衆にとって英雄であったとは考えられない。

第三に長渚浜に居住しており、「不善輩」であったということ。その居住の形態については明らかではないが、梶取佐伯吉永が鹿田荘に居住していたというものと同じく、東大寺領長渚荘と直接の関係にあったものではないと思う。もちろん長渚浜に居住していると記されているから長渚浜の年貢物輸送にあたってそれを宰領するということはあっただろうが、東大寺にのみ隷属するということではなかった。東大寺との関係はおそらく彼が長渚浜に居住する在地有力者であるということから派生したものであろう。あくまで彼の実在的な側面は「不善輩」であるというところに求められねばならない。長渚を中心にして瀬戸内海沿岸の交通をかなりの程度にまで把握していたことが推定できる。さればこそ備前国から水手として梶取吉永の宰領する船に乗りこんでいた秦米茂なる人物と、船・雑物の盗み取りについて「談取」することもできたのである。単に長渚浜において富豪層的経済活動を行なうのみではこうした側面は導き出せはしなかったであろう。武力によって吉永を殺害せんと擬したとは記されていないが、「不善輩」として長渚浜にあっての活動は、当然武力的要素によって形成されたところからその名が直接的に由来している。河辺郡長渚浜から武庫郡小港にまで盗賊と殺人に出かけていくのであり、やはりそこには農奴制的支配隷属関係に基礎を置いて自己を政治的に新しい中世的村落の中に安定せしめようとする動きが感じとられねばならない。

第四に「秦押領使」が吉永の船の水手秦米茂と同心しているということが史料より明らかになる。米茂の性格については詳らかにならないが、吉永の下における単なる船運行の下級労働力ではなかったことは確かである。彼もまた吉永、秦押領使などと同じく瀬戸内海における舟運にも携わっていた存在であった。一般に梶取や水手は年貢徴納者（荘園領主、この場合秋篠寺）と「従属関係にある限り、彼等はなほ農業と分離し得ず、新見荘の船人が農耕に従事していた如く、『梶取兼百姓』の状態にあるのが普通であった」といわれているように[三]、必ずしも在地の有力経営者と考える必要はないかのごとくであるが、米・塩奪取という行為が単なる農民の手によって、しかも遠くはなれた長渚浜の住人とまで同心できたとはどうしても考えられない。やはり米茂は備前国にあって在地の有力経営者、富豪的経営を領主経営にまで止揚させつつあった村落上層農民と考えておきたい。

さすれば「秦押領使」はこの米茂と何故に同心しえたのであろうか。一つ考えられることは両者ともに「秦」を名乗っていることから族縁関係があったかも知れぬことである。しかし、この可能性については確認する方法がないので可能性としてのみ残しておきたい。もっともこの「秦」は仮名である可能性が濃く、「秦成安」などの名でしばしば東大寺との関係であらわれてくる「雑掌」であったことも考えられる。「雑掌」として封物などの運送に携わる間に両者の連繫が成立したことも考えうるが、何にせよ「雑掌」という名をあてるだけではこの両者の性格をすべて解きえたとは思えない。

他の一つはいうまでもなく「秦押領使」が長渚浜の地において中世的村落の形成途上（もちろんそれは秀郷の場合のごとき東国の例とはかなりちがったものである）にあって「押領使」としての公権を身につけ、村落形成期の可塑的で不安定な身分・支配関係を強化してゆくなかで生れてきた「不善輩」としての側面である。叙上の分析のごとく十世紀後半以降の押領使としては在地豪族が起用される場合が多く、そしてその豪族は押領使に付随する公権を桿杆にして自己の不安定な秩序を固定化していく。その公権の行使過程が「不善輩」としての側面をより以上に強力、かつ広範なものにする。その作用のなかで備前国において生産基盤を持ち、瀬戸内海の運輸業にも携わっていた米茂と接触が生れてきたわけである。そこではやはり押領使という公権の作用を抜きにしてはこの両者の同盟関係は考えられない。在地における「押領使」という機能はかくのごとき村落形成者としての「不善輩」と呼ばれた上層農民＝「住人」が、自己ならびに自己の村落支配に対して公的に武力を装備し行使しうるという法的根拠を与えるものであった。他ならぬ押領使が在地においてもった意味は、かかる村落上層農民が自己を支配者としての安定した地位に位置づけるのみではなくて、さらにその村落を越えて政治的に公権に近くせまっていくために大きな意味をもつものであった。

ただ、この秦押領使は、荘園の押領使であろうということに注意しておかねばならない。したがってその持つ公権も国衙の押領使とはおのずから異なったものであるが、荘園内部の軍事権は当然に保証されているから、任命の手続きはちがっても在地村落社会に対する権限ではそう異なったものではない。国押領使と荘園押領使との関係は不明であるが、荘園押領使の初見が長徳四年（九九八）であることから考えて、いわゆる不入権の展開とともに国押領使の権限が荘園内に及ばなくなるにつれて荘園内専門の押領使が設置されたものと思われる。その意味で荘園領主の任命にかかる荘官である可能性、つまり「私的」な職である可能性が強い（追捕使についても同様である）。むろんそれにしても単なる私的官職でなかったことは、のちの史料だが文治三年（一一八七）の、

　　　　　　（源頼朝）
　　　　　　（花押）
下　嶋津庄
可早停止藤内（天野）遠景使入部、以庄目代忠久（惟宗）為押領使、致沙汰事、

右、号惣追捕使遠景之下知、放入使者、寃凌庄家之由、有其聞、事実者、甚以無道也、自今以後、停止遠景使之入部、以彼忠久為押領使、可令致其沙汰之状如件、以下、

文治三年九月九日

という文言にも明らかである。(112) すなわち、島津荘について天野遠景の輩下が惣追捕使の「下知」と称して当荘に「入部」していたが、それをとどめて「庄目代」の島津忠久を押領使に任命せんとしたものである。つまりこの任命は島津荘の領主ではなく、国家の軍事・警察権を掌握していた頼朝によってなされているのである。

長徳四年（九九八）について十一世紀後半の承保元年（一〇七四）に近江国奥島荘には「押領使建部」なる名がみえている。(113) 奥島は近江国神崎郡にあり、建部氏は当郡の土着氏族であって、署判の部分に「仍為後代在地加証判」とあることからもそれは理解できる。伊勢国大国荘でみられる「押領使本塩房」も同様であり、(114) 当荘の流失田畠の注進状を作成しているから下地にも関わりうる荘官であったことは疑いはない。(115)

おわりに

以上十世紀を中心にした押領使についてその性格と歴史的背景をみてきたわけである。かりに各段階に分けるならば

第一期　延暦頃から十世紀中葉まで
第二期　承平・天慶年間の内乱の時期
第三期　天暦期以降

に分類してみたい。

第一期は延暦十四年（七九五）の太政官謹奏にみえて以降、「令外」官として軍防令の不備を補って行動する時期である。あくまでこの時期は兵員を統率するというのが職掌であって、当時の国家と密接に接している国家の官職であり、押領使個人の独自の行動は許されていないし、またそれだけの主体性も押領使の側にはなかった。任ぜられる人物は多くは国司であった。たとえば元慶の征夷時のごとくに。何故ならば兵を率いるということは当然各国において徴発された兵を率いることであり、国司がもっともそれに相応しく、また機能のうえでも適当であった。国司の行政的側面と軍事的側面がいまだ分離しておらず、善き国司が善き軍事担当者でもあった。しかしまた兵を率いることのみが目的であるゆえにこそ、国司以外の人間が任ぜられても何ら不思議ではなかった。たとえば対馬嶋分寺上座僧面均のごとくに。いわばこの時期の押領使は文字通り国家機構の手足であって、国家公権の側面が完全に優越していた。

第二期は将門の乱前後の時期であって、内乱期であるからその意味では特殊な時期と言えなくもない。が、押領使が兵事に関係ある職掌である以上こうした時期にこそその本質が現出するはずである。まさにこの時期は過渡期的様相を呈している。一方で前代以来の理念である各国ごとの統治者としての国司が動乱を処理する職掌としての押領使に任ぜられ、一方では秀郷のような在地の土豪が任ぜられるようになる。そして実際の戦闘行為との関係でいえば押領使自身が戦闘行為に携わるという側面がでてくる。ちょうどこの期が前代から後代への画期になって、その両方が併存しているのである。

第三期は将門の乱以後の、中央政府において国家機構の再編が試みられて以降の時期である。この期には一方では国司の兼帯が多くみられるが、他方では在地における勢力を無視して押領使は存在し難くなったのである。国司兼帯という場合にしても、実際行動のうえで主体であったのは在地における勢力であった。

そしてこうした第二期から第三期にかけて登場し盛行する押領使は、十世紀以降展開しつつあった新しい中世的村落の形成のなかで生れてくる権力を公権のもとに組織したものであった。その場合もあくまで主体になる行動は村落に成立しつつあった「住人」層の在地における行動なのであって、国家の側はそれに寄生して権力を保っているにすぎなかった。「住人」の側はその公権を利用することによって不安定であった村落における自己の地位を強化していき、さらには政治権力の道へすらも踏みこんでいくことになるのである。

(1)『如蘭社話』六号、明治二十一年(一八八八)七月（のち同氏著『国史説苑』所収）
(2)『史学雑誌』二五—二九、明治二十四年(一八九一)五月執筆（のち同氏著『史学叢説』Ⅰ所収）
(3) 明治三十五年(一九〇二)十月刊行。
(4) 星野恒氏「守護地頭考」や、また吉村茂樹氏『日本歴史大辞典』(河出書房版）当該項など。
(5) 和田英松氏『官職要解』当該項
(6) 石井良助氏『日本法制史概説』第五章「軍事、警察及び交通制度」
(7) 諸橋轍次氏『大漢和辞典』当該項
(8)「軍防令」国司部領衛士防人条
(9)「続日本紀」天平宝字三年十一月九日条
(10)「日本三代実録」元慶二年四月二十八日条
(11) これもまた周知のごとく平安時代中・後期、鎌倉時代になると「押領」の意味は「横領すなわち押え掠めて領有する意に用いられ」(上横手雅敬氏『日本歴史大辞典』〈河出書房版〉当該項)るようになってくる(「東南院文書」正暦二年三月十四日大和国使牒〈『平安遺文』三五〇号〉、同康和三年九月二十三日堀河天皇宣旨案〈『平安遺文』一四五三号〉、「吾妻鏡」治承六年六月五日条、同寿永元年六月五日条、など)。このことも注目されてよい事実であろう。「押領」と「横領」が単に音通であるというのではなくて、押領使の行なった活動がきわめて権力的なものであり、土地の奪取にまですすんだことが多かったという情況が背後にあったのかも知れない。

これと似たような意味の転訛として押領使が膧物の意に用いられている(「吾妻鏡」嘉禎二年正月十七日条、など)。この場合も押領使のもった権力があまりに強く、暴力的であったので忌みきらわれるところとなったものであろう。

(12)「類聚三代格」延暦十一年六月七日勅

(13)「類聚三代格」延暦十一年六月十四日太政官符

(14)健児については本書第一章第一節に述べたが、川上多助氏「武士の勃興」(同氏著『日本古代社会史の研究』所収)には、

健児はたとひ精兵であるにしても、わずかに国衙を警衛するだけのもので、一国の治安の維持に任ずるには、その数あまりに少なかつた。而かも健児は決して精兵でなかつたのである。

と述べられている。

(15)厳密にいえば、本書第一章第二節でふれたように蝦夷は異民族とはいいがたい。蝦夷や隼人は律令国家にとって支配にくみ入れる対象ではあっても新羅の場合はそうではない。しかし律令貴族にとって両者がかなり似たようなものとして意識されていたことは、同節でも引用した三善清行の「意見十二箇条」(「本朝文粋」巻二所収)をみても明らかであろう。

(16)「類聚三代格」延暦十四年十一月二十二日太政官符。なお、日付については「弘仁格抄」では十一月二十三日となっている。

(17)ふつうは一周といえば一年のことであるが(「捕亡令集解」逸文、国史大系本『令集解』逸文)、この場合は防人の任期が

一年であったということも知られないので、三年のことであろう。

(18)「父」の意味が明らかでないが、防人となったものが大宰府で妻をもち、そこで設けた子が父に従うということか、または「父国」と同義であって、「本貫」の意味かも知れない。

(19)『国史大辞典』(吉川弘文館・旧版)当該項。

しかし部領使は押領使が成立して以後も他の職掌として設定されている。すなわち後に述べるように押領使の意味が変化して後の史料であるが、前九年の役に関係するものとして「部領使正六位上行鎮守府将軍監藤原朝臣則経」(「朝野群載」康平七年三月二十九日太政官符)という記載がある。この場合はあくまで軍事官としては「鎮守府将軍監」なのであって、役において捕虜となった安倍宗任以下とその従類を京都に送りとどけるのが部領使としての役割であった。

(20)補任の手続きについては詳しくはわからないが、朝集使や後の押領使などと同じく国司の指示のもとに、中央政府によって決定され、中央と接触するようである。

(21)佐藤宗諄氏「蝦夷の叛乱と律令国家」(のち同氏著『平安前期政治史序説』第七章所収)

(22)高橋富雄氏『蝦夷』によるところが大きい。

(23)「日本三代実録」元慶二年三月二十九日条

(24)「日本三代実録」元慶二年四月二十八日条

(25)「日本三代実録」元慶二年五月五日条

(26)「日本三代実録」元慶二年六月七日条

(27)同右

(28)「日本三代実録」元慶二年六月十六日条

(29)「西宮記」(臨時十二)によれば、梶長は寛平二年(八九〇)五月二十三日には「遠江国検損使治部少輔」としてみえている。

(30)「日本三代実録」元慶二年七月十日条
(31)「日本三代実録」元慶三年六月二十六日条
(32)「日本三代実録」元慶二年六月七日条
(33)「日本三代実録」元慶二年二月十五日条
(34)「日本三代実録」元慶三年六月二十六日条
(35)「日本三代実録」元慶二年四月四日条
(36)「日本三代実録」元慶二年六月七日条
(37)「日本三代実録」元慶二年六月八日条
(38)「日本三代実録」元慶二年十月十二日条
(39)「日本三代実録」元慶二年五月四日条
(40)「日本三代実録」元慶三年正月十一日条
(41)「日本三代実録」元慶三年六月二十六日条
(42)「日本三代実録」仁和二年正月八日条
(43)「類聚三代格」寛平六年八月九日太政官符
(44)吉村茂樹氏『国司制度崩壊に関する研究』第二編第三章「国司制度の改変」
(45)「扶桑略記」寛平六年九月五日条
(46)「日本紀略」寛平五年閏五月三日条
(47)「日本紀略」寛平六年二月二十二日条

(48)「日本紀略」寛平六年四月十日、十六日、十七日条

(49)「日本紀略」寛平六年五月七日条

(50)「類聚三代格」貞観十八年三月十三日太政官符（寛平六年八月九日太政官符所引）

(51)「類聚三代格」寛平六年八月九日太政官符

(52)もちろんこのことは延喜三年（九〇三）にみられる、いわゆる延喜荘園整理令の諸官符を出しえたという状況、すなわち律令国家がいまだその基盤となる「公民」を一定の意味で確保していたことに大きな関係がある。

(53)「類聚三代格」寛平六年九月十九日太政官符

(54)勝野隆信氏（同氏著『僧兵』）は面均を実戦にあって奮戦した人物と捉えられ、「僧兵」の一人にあげておられるが、この段階では特殊なものとされている。

またこの時期においての国分寺という官寺における僧兵についてもその存在はかなり疑問である。

(55)「延喜式」玄蕃寮式

(56)なお、対馬島分寺は現下県郡厳原町の地にあった。

(57)たとえば、対馬国における郡司・百姓による国守殺害事件（「文徳天皇実録」天安元年六月二十五日条）、同じく石見国における郡司・百姓等による国守襲撃事件（「日本三代実録」元慶八年六月二十三日条）などがある。

(58)ただ、下今主が上県郡の郡司であるということに注目しておきたい。いうまでもなく対馬は二つの島からなっており、北島が上県郡、南島が下県郡であった。国府は現下県郡厳原町の地にあって南島である。来寇の具体的な様相は不明であるが、おそらくは大宰府に攻め入る目的をもっているならば国府のある下県郡の厳原を陥れるような行動を起したとは考えられないだろうか。そうだとすれば今主は単なる戦闘要員ではなくて上県郡の地から国司の命によって下県郡の要害を固めんがために兵を率いてやって来たと考えられるし、そうした地域に兵を配置するまでが「押領使下今主」の職掌と推量できるわけ

である。必ずしも戦闘を行なった人物と考える必要はなかろう。ただ何としても「郡司」として戦った可能性は否定できない。

(59)「日本三代実録」元慶七年二月九日条

(60)「日本三代実録」元慶七年二月二十一日条。
また、約一世紀をへだてた「小右記」寛仁三年六月二十九日条には「寛平六年新羅凶賊到対馬嶋、嶋司善友打返、即給賞」として藤原実資の手によって記録にとどめられている。善友の行動がきわめて印象に残る戦闘的武力であったことが知られる。

(61)「将門記」。また古典遺産の会編『将門記研究と資料』の年表による。

(62)石母田正氏『古代末期政治史序説』第一章第三節「古代末期の叛乱」

(63)同右

(64)なお、この点については本書序章、第三章第一節などを参照。

(65)「政事要略」承平元年十一月七日太政官符

(66)「貞信公記」天慶二年六月九日条

(67)「本朝世紀」天慶二年六月二十一日条

(68)「吾妻鏡」承元三年十二月十五日条。また下野権守は「吾妻鏡」同条によれば下野少掾となっている。

(69)これについてここで詳論はしないが、館支配とは源満仲の摂津国多田館の支配のごときものを指す。すなわち、現任の国司は国司の館を中心とする支配を行なっていくなかでその支配を学び、私営田その他による支配によって在地農民を人格的にまた土地所有的に隷属せしめていくという方法をとる。これは国司の活動の私的側面ではあるが、それを国家公権力の強力によって補完しうるところに国司が土着しても支配を行なっていける基盤があると考えられる。その方法を国司は館における家産制的支配原理に求めたのであって、その原理を国司の任期の満ちた後に造った館に移動させ、展開したものが館支配である。もちろんそれは国家からみればまったく私的な支配形態なのであるが、それなりに家産制的支配原理は新しい館を中心に貫徹していて、公権力を備えた支配圏を構成していた。その家産制的支配が土着国司の存在を支える主たる根拠になっているわけである。そのもとでのみ貴族の後裔たる土着支配者の権力や、私営田の経営が保証されえたのである。

(70)「日本紀略」延喜十六年八月十二日条
(71)「尊卑分脈」伊勢守藤成孫条
(72)安田元久氏『源義家』二「河内源氏」
(73)「日本紀略」延喜十六年十月二十七日条
(74)註（9）を参照。
(75)「将門記」
(76)この過程については本書第三章第一節を参照されたい。
(77)「扶桑略記」天慶三年二月八日条
(78)「日本紀略」天慶三年三月五日条、「貞信公記」天慶三年三月五日条
(79)「扶桑略記」天慶三年三月九日条
(80)同右
(81)「類聚三代格」昌泰二年九月十九日太政官符
(82)検非違使との関係については、不十分ながら第二章第一節でふれた。
(83)追捕使については、第二章第三節を参照されたい。
(84)「朝野群載」天暦四年二月二十日下総国司申文

(85)「不善之輩」については河音能平氏「日本封建国家の成立をめぐる二つの階級」(『日本史研究』六〇・六二号、のち同氏著『日本封建制成立史論』第一部第一章)に躍動的な歴史分析があり、主としてそれによっている。
(86)「朝野群載」天暦六年三月二日越前国司申文
(87)「平松文書」寛弘二年四月十四日条事定文写(『平安遺文』四三九号)
(88)「長秋記」大治五年九月四日条
(89)『大日本史料』第五編第五巻の寛喜元年四月七日条には「条事定文書」として収載されているが、その理由は調査できなかった。筆者の見たものは京都大学文学部国史研究室所蔵影写本の「勧修寺文書」で、寛喜元年四月七日太政官符と称すべきもの。
(90)「鹿島大禰宜家文書」承安四年十二月日常陸国司庁宣(『平安遺文』三六六九号)
(91)「大友文書」建久六年八月二十五日肥前国御家人結番注文案(『鎌倉遺文』八〇八号)
(92)「勧修寺文書」文明十三年七月二十三日摂津守藤原信直申状、同明応十年二月二十九日摂津守中原安治申状
(93)「朝野群載」天暦六年十一月九日太政官符
(94)「権記」長保二年十二月九日条
(95)「類聚符宣抄」寛弘三年三月九日太政官符
(96)「朝野群載」寛弘三年四月十一日淡路国司申文
(97)「類聚符宣抄」寛弘三年三月九日太政官符
(98)「朝野群載」寛弘三年四月十一日淡路国司申文
(99)「朝野群載」天暦六年十一月九日太政官符
(100)「朝野群載」天暦六年三月二日越前国司申文

(101) 河音能平氏「中世社会成立期の農民問題」(『日本史研究』七一号、のち同氏著『中世封建制成立史論』第一部第四章)を参照されたい。
(102) 「朝野群載」天暦十年六月十三日太政官符
(103) 同右
(104) 追捕使については、本書第二章第三節を参照されたい。
(105) 「権記」長保五年四月二十三日条
(106) 「平松文書」寛弘二年四月十四日条事定文写(『平安遺文』四三九号)
(107) 「水左記」承暦三年八月三十日条
(108) 「三条家本北山抄裏文書」長徳四年二月二十一日備前国鹿田荘梶取解(『平安遺文』三七四号)
(109) この幸運の存在形態については別に考察が必要であろう。
(110) 『尼崎市史』第一巻第三章第三節「平安時代の尼崎」。戸田芳実氏の執筆にかかる。
(111) 徳田釼一氏『中世における水運の発達』第一章「荘園制に於ける水運の発達」
(112) 「島津家文書」文治三年九月九日源頼朝下文(『鎌倉遺文』二六二号)
(113) 「長命寺文書」承保元年三月二日近江国奥島荘司解(『平安遺文』一一〇三号)
(114) 「白河本東寺百合文書」保安二年九月二十三日伊勢国大国荘流失田畠注進状(『平安遺文』一九二三号)
(115) なお、郡押領使についても、純友の乱に「伊予越智郡押領使越智好方」(「予章記」)、また法然上人の父について「久米の押領使漆の時国」(「法然上人伝」)という例がみられるが、史料の成立に問題があるので考察の対象から省いた。

第三節　追捕使の研究

はじめに

平安時代における追捕使は押領使とほぼ同じ職掌として従来の学説では考えられており、また現実の史料の上でも(1)このことは証明される。しかし、だからといって追捕使の独自の追求が等閑にされてもよいということではないだろう。追捕使の初見は管見のかぎり承平二年（九三二）であるが、この時期にはたしかに律令政治が衰えて変質していることはまちがいない。しかし律令政治がその後の政治形態に与える「伝統」までがこの時期に衰えるか、なくなったと考えることにはかなり多くの疑問がある。前代の政治の方法は何らかの形で後の政治にまでうけつがれているはずである。当然のことながら追捕使においても前代・後代との関連の考察が必要になってくる。追捕使が押領使とほぼ職掌において差がないのならば、内容は変化しているとはいえ八世紀末から継続して存在している押領使のみの設定で国家は用が足りるはずであって、いまさら追捕使という新しい職掌を設定する必要はないのである。にもかかわらず追捕使が十世紀になって設けられるのは押領使では果せない職掌内容があったからであって、それがいかなる歴史的背景のもとで設けられるかというのが重要な意味なのであろう。しかも、追捕使は令外官たる中納言や蔵人のような「貴族的」な官職とは異なり、直接に一般民衆と対するところではじめてその職掌が意味をもつものである。なおさらこの概念の登場は国家にとって大きな意味をもっていたはずである。押領使と似た職掌であってほぼ同一であるという側面もいくつかの史料の中において見出すことはたしかに可能であるが、それ以上にその異なった側面の析出のほうが重要な課題ではなかろうか。

追捕使という概念を考察の対象にしたのは平安時代にかなりそれが活躍しているし、また学説史の上でそれほど明らかになっていないと考えたからにほかならない。と同時に追捕使が十世紀という、学説の上で古代の重大な転換期とされている時期に出現し、中世武家政権にまでうけつがれているという事実に着目したからである。もちろん鎌倉幕府にうけつがれた平安時代からの官職は追捕使だけではない。しかし、とくに追捕使の場合は、惣追捕使として地頭と並ぶ鎌倉政権の存立を賭した重要な官職とされたのである。何故にまったく新しい官職を創造することなしに前代より続いているこの概念を用いたのであろうか。鎌倉政権を形成していた武士たちの意識にも関係しよう。だが、それらのみでは追捕使の鎌倉政権への継続を説明しえない。幕府が明らかに古代的貴族政権と対立する新しい政権である以上、権力構造を形成する官職制度にはもっとも大きい関心をはらってこれを処理しているはずである。そのことは地頭に例をとってみればよく理解できよう。地頭もそれ以前から荘園所職としてまた平氏の官職として存在してはいたが、あくまで「私芳志」であり「平家家人」であるという私的なものであって、国家の官職ではなかった。それが新しく幕府の官職にまで昂まって文治勅許によって国家公権の承認をうけ、幕府の基幹的な制度となったのである。惣追捕使にしても地頭と似たようなケースなら問題はないが、平安時代の追捕使というのは明らかに国家公権につながる官職であるし、活動例についても多くの先例が存する。そうしたものをうけつぐ以上そこには何らかの理由がなければならない。たとえ換骨奪胎されているにせよ追捕使がそれ以前にもっていた性格を幕府政治に有利なものと考えたからこそうけついだのであろう。たとえ武士の政治意識が低かったとしても、守護地頭設置における広元献言にみられるようないわゆる「京下り」の官人たちがブレーンとして幕府政治を支えていた。検討もなしに前代の概念を無批判にうけついだとは考えられない。「追捕使」という名称に含まれた内容が注目されて継承されているにちがいないのであり、その相関関係を明らかにすれば鎌倉政権成立の意味の一側面が明らかになるだろうと考える。惣追捕使は守護であるというところからその成立や機能の分析は主として法制史研究の側から数多くなされているが、これを平安時代の追捕使との関連のもとで考察されたという研究は管見のかぎり見当らない。(3)それだけでも鎌倉時代において惣追捕使の果した役割は明らかにはなるが、他ならない追捕使が、たとえ名称だけであるにしても平安中期以降続いていた追捕使が鎌倉幕府にうけつがれたということの意味が明らかにならない。論争の行なわれている惣追捕使と追討使とのちがいにしても、また守護と惣追捕使とのちがいにしても、平安時代の追捕使との関係がまったく論じられていない。本節はこうしたことを補っていこうとするものであり、たとえそれが制度的なものに終ったとしても幕府の成立において旧来の権力機構のどの側面がどのようにしてうけつがれていったかという具体的な過程のみは跡づけられると思う。

1　追捕使の成立と将門の乱

追捕使の語源であるが、「使」は検非違使、押領使などの「使」であって、中央国家の「使」である。中央と直接の関係をもつところから出発しているということである。「追捕」については追捕使の発生する以前から多くの用例がある。まず諸橋轍次氏によると、(4)「追」は「おふ(逐)」、「捕」は「とる(取)」、「とらへる」などであって、「追捕」は「おひかけてとらへる」と記されている。

ついで用例をみてみると、当然のことながら律および令に多く使用されている。追捕の対象になっているのは罪を犯した人間もしくは逃亡した者たちであって、(5)またその時の追捕の主体は国司であることが多い。(6)ある意味ではこれは当然のことなのであって、逃亡していればこそ追われるわけであるし、また国司は「糺察所部」(7)するという職掌を持っている以上追捕にあたるのは不思議ではない。令や律のたてまえのうえでは国司の持つ警察権と裁判権が分離しておらず、主として国司の持った検断権実施のための一前提が「追捕」ということであった。

では実際の用語例はどうであろうか。やはり律や令の指向は生きているようである。たとえば、仁寿二年（八五二）には「京畿盗賊姧宄」が兵衛府の官人によって追捕されており、(8)貞観四年（八六二）には海賊が播磨国等によって追捕されたりしている。(9)追捕使という官職の設置される承平年間（九三一―九三八）の近くでは寛平七年（八九五）に大和の群盗が、(10)また昌泰三年（九〇〇）には上野群盗が追捕されたりしている。(11)他の例をも併せて追捕の対象は海賊・群盗というものが多く、その主体は国司である場合が多い。もっとも群盗の類を対象にしている史料だけではないので、必ずしも実際の用語例は群盗対象であったとは断言できない。ただそれが圧倒的に多いことだけはたしかである。検断権というところにまではいかずに、その対象を追って捕え、ある場所にまで伴うということが追捕という警察的行動の示す内容であった。(12)

こうした意味をもつ「追捕」という用語を官職に応用した「追捕使」が史上にはじめて見えるのは承平二年（九三二）のことである。この年の四月に「追捕海賊使」が定められている。(13)また承平四年（九三四）十月にも「追捕海賊使」が定められたという記事がある。(14)この時期は東国においては将門の乱に先行する政治的無政府状況が展開し、西国においては純友の乱に先行する海賊蜂起がみられる。この両「追捕海賊使」はいずれも西国のこうした状況に対応して設置されたものである。

天慶二年（九三九）になって東国の将門の乱が新しい段階に発展した時に、中央朝廷は追捕使を派遣する。[15] その構成は長官右衛門権佐源俊以下判官・主典などであった。しかしその名称は必ずしも史料上において一致していない。たとえば「将門使[16]」、「推問追捕使[17]」、「武蔵国密告使[18]」、「問東国密告使[19]」などである。これ以前の承平年中（九三一—九三八）のものについても「追捕海賊使[20]」とあって、単なる「追捕使」ではなしに「追捕〇〇使」という名称を使用している。この名称の混乱はいったい何からくるのであろうか。一つはごく単純な理由、つまり草創期であるから内容も名称も固定せず、いわばその両方が中央官人によって模索されているという段階だから混乱しているということである。この現象自体も重要な歴史的背景をひかえているのであって、中央朝廷の側ではもはやこの時期には従来の律令制的な施策を貫徹できず、主導的に官職を設定するという当然のことができなくなっているのである。いままでの律令政治のもとでは考えられないことである。「律令」という法に政治の基盤を置いている以上、それを実現する官職にはもっとも大きな注意が払われて設定されるべきはずである。それをなしえないほどに中央の政治機構は変化していたとみねばならないだろう。もっとも、もう一つ考えられることはこれらの職掌がきわめて実利的側面をもっていたということである。それゆえに名称が問題なのではなくて内容のみが重要であったのかも知れない。しかもその対象も海賊にとどまらず一般的な凶賊ということになればその対象によって用語を使いわけて、内容的には同一のものを差し示すということが十分考えられる。もっとも、この考え方に対しては、律令政府が官職に対してその名称のいかんにかかわらず内容に対してのみ関心を集中し、実利的側面のみを問題にしうるほど柔軟であったということが論証されねばならない。だがこの論証は困難であろう。少なくとも九世紀より以前においてはきわめて形式的態度であるし

(令の義解や集解など)、むしろ十世紀との交以後には中央朝廷の側は在地構造の変化等によって自己に有利な官職を法的に貫徹しえなくなったと考えるほうが妥当であろう。

またこの天慶二年(九三九)の「推問追捕使」については、「追捕使」とはあるけれどもどちらかといえば「推問使」としての側面が強かった。第三章第一節で分析を加えるので天慶推問使についての考察はここではしないが、他の推問使の例にかんがみてもそれらとの同一性が指摘できる。したがって現実に兵を率いて追捕行動にあたるというのではなくて、「推問」という行為を果さんがために補足的に「追捕」という行動が付随したものである。将門の叛乱によって麻痺した東国の国衙を尋ね、それを再建せんがためのデータを集めることが中心的な役割であって、そのためには叛乱のまだ鎮まっていない東国においては「追捕」ということが必要であった。したがって「随兵」や「医師」が必要であるから源俊はこれを要求したのである。(21) 結果的に源俊ら推問使一行は怠って東国に行かないからその具体的な行動は不明であるが、まず先の推定に誤りはないと思う。だからその対象とした範囲についても推問使的要素の勝った追捕使として考えねばならないのであって、すなわち「追捕使」の範囲とするのには困難を伴う。たとえば、「武蔵国密告使」は「密告幷群賊事」によって設定されたのであるが、(22) その名称からもわかるように中心になっているのは「群賊」ではなくて「密告」なのであり、武蔵国がこの使の対象になっているのは叛乱が武蔵国で中心的に展開していたというのではなくて「密告」したのが武蔵権介源経基であったからである。(23) だから他の箇所で同じものが「問東国密告使」として記されており、乱が東国全体に及んだという事実がこうした名称の変化となったものであろう。ともあれこの天慶二年(九三九)派遣の源俊たちは、これから分析を加える追捕使とは若干異なったものと考えておきたい。密告の内容を確認して中央政府の裁判のデータを揃えることが中心であって、追捕して裁判の庭まで連れて行くということは職務の中に含まれてはいなかったのである。

将門・純友の乱に際して本格的な追捕使が登場するのは天慶三年（九四〇）のことである。この年の正月、

一日丁卯、今日任東海東山山陽道追捕使以下十五人、其中東海道使従四位上藤原忠舒、東山道使従五位下小野維幹、山陰《ママ》道使正五位下小野好古、

とあって追捕使が任ぜられている。(24)

他の箇所では東西の乱にあって「追捕南海賊使」が任ぜられていたことがわかる。(25)いつ任ぜられたかは不明であるが、天慶三年（九四〇）正月一日に同時に任ぜられたかもしくはそれより遠くない時期であろう。人物は「山陽南海両道追捕使右近衛少将小野好古朝臣」とあるから、(26)小野好古が山陽・南海両道の追捕使を兼ね持っていたことが知れる。また「大宰府追捕使」があったことも史料に見えている。(27)任ぜられたのは左衛門尉在原相安であった。相安はかなり長い期間にわたって追捕行動にあたっており、承平四年（九三四）に「兵庫允在原相安、率諸家兵士幷武蔵兵士等、発向追捕海賊之所」とあって西国に発遣されている。(28)その職名には「大宰府」とあるだけで「西海道」とは記されていないが、もし大宰府のある筑前国だけの国追捕使であれば「筑前追捕使」とあるはずであるからこの「大宰府」は「西海道」と同義と考えてよいと思う。また実際に西海道は純友の乱によって荒されており、(29)追捕使が設定される条件は十分にあった。

以上を見てみると、七道のうち東海、東山、山陽、南海、西海と五道に追捕使が派遣されている。北陸、山陰両道は乱の影響をうけていない裏日本なので任ぜられる必要がなかったものであろう。対象範囲は一目してもわかるように各道が単位になっており、一国単位ではない。これは先にも述べたように叛乱は一国単位にとどまるものでないか

らかくなったものであり、またとどまらないところに中央朝廷の震駭するゆえんがあった。国家の設定した国界を無視して新しい権力を指向する可能性をもつからこそ一国単位の施策では効果がなかった。中央朝廷は日本全体を一つの国家として保っていかないことには律令国家自体の存在が消滅するという考えをもっていたのである。したがって各道が一応の範囲になったということは、一国単位に追捕使を設けえなかったということではなくて、「職員令」に見られるように国司がすでに「糺察所部」という職掌を果していたし、また乱は国の境界を越えて、つまり地方支配は国単位で行なわれ処理されるという律令の原則をはずれて広範に展開していたからである。

この叛乱において登場する追捕使の名称は、やはり源俊たちのときと同じように乱れている。「追捕使」(30)、「追捕海賊使」(31)、「大宰府追捕使」(32)、「追捕凶賊使」(33)、「追討凶賊使」(34)、「征南海賊使」(35)、などである。内容的にはいずれも同じであったことは確認しうるが、この用語の乱れは「追捕○○使」と「○○追捕使」という二類型にわかれるようである。前者は追捕の対象が示され、後者は追捕の地域が示される。また「追討凶賊使」という用い方もあるが、「追討」と「追捕」との用例のちがいを厳密には用いず混乱している。ここにも律令国家の末期的症状としての官職の内容や職名の乱れが現出している。逆にいえば、律令制的な方法として明法家的に概念の厳密な設定をなすよりはその実利的な内容が問題なのであった。この当時の国家は概念の規定とその内容の厳密さの両方を完全に遂行するだけの能力を失ってしまっていた。

追捕使一行の構成はどうなっていたであろうか。これについて詳しくはわからない。天慶二年（九三九）の「推問追捕使」は長官一人、判官一人、主典一人であって、随兵が付けられる可能性をもっていた(36)。しかし中央朝廷は随兵を拒否しかつ進発させようとするから本来はさしたる数の随兵がなかった可能性もあろう。ただし、さきにも述べたがこの例は「推問使」として扱うべきであって「追捕使」として扱うべきでないかも知れない。

その構成が明確にわかるのは天慶三年（九四〇）の山陽・南海両道の追捕使であった小野好古の場合である。それは、長官一人（右近衛少将小野好古）、次官一人（源経基）、判官一人（右衛門尉藤原慶幸）、主典一人（左衛門志大蔵春実）というものであった。(37)他の道の追捕使の構成もほぼこれと同じであっただろう。そして単に犯人追捕というだけでなくて叛乱を制圧することが目的であった以上随兵がいたことは当然である。その規模は明らかではないが、先にも引いた、のちに大宰府追捕使になる兵庫允在原相安は承平四年（九三四）に「諸家兵士幷武蔵兵士」を率いて発向している。(38)これが兵庫允として率いたものではなく追捕使として率いたものであるということは「安芸国周防国飛駅来、申大宰府追捕使左衛門尉相安等兵、為賊被打破由(39)」とあるところからも明らかであろう。また、

賜勅符於近江国、応徴発兵士百人、為討阿波国也(40)

被定追捕山陽南海両道凶賊使、又勅符幷国々可送兵之由、有内外印、官符事(41)

ともあって、賊徒を討たんがための兵士が徴されている。この年正月に追捕使が決定され、南海道追捕使好古の場合は同じ月の十六日発向しており(42)、同じときにこれらの兵士を率いて行ったとは考えられない。しかし阿波国が対象になっているから当然これらの兵は南海道追捕使の管下であろう。西海道追捕使の武蔵兵士といい、南海道追捕使の近江兵士といい、かなりの数に及ぶ兵士が付けられていたことは否定しえない。まさに軍事的な職掌であったわけである。現実に将門・玄明らの叛乱や純友たちの国境を越えた海賊行為を防ぐためには当然のことながら兵員が必要であったのである。

東国の将門の乱への大将軍（征東大将軍）は藤原忠文が任ぜられ、天慶三年（九四〇）二月に節刀を賜って進発している。

その構成は大将軍、副将軍、軍監、軍曹などであり、さらにその下には兵員が付けられていた。その名称からも考えられるように「征東」が目的なのであって、将門たちの反権力行動を抑圧して国家を守ることがその本来の職掌であった。大将軍の職掌一般がそうなのであるが、その対象に向かって戦うことによって積極的に国家権力を主張していくことがすなわち律令国家の保持につながっていたのである。現実には乱においてそれほど大きな効果をみせることなく終ってしまうが、少なくとも官人たちの考えのなかでは国家を乱から守護するものと考えられていた。そしてその東国の大将軍に対するものが西国の追捕使であったということは興味が深い。

又平将門去天慶二年十二月比率数千人兵、虜掠坂東諸国、相次有入京之思云々、藤原純友年来居住伊予国為海賊、艤舟船泛滄海、其後到山陽南海西海諸国及大宰府等奪取公私物之後、或致焼亡、遂至大宰府火、因玆東国遣大将軍、西国遣追捕使、(43)

西国に対しても征東大将軍に類する「征西大将軍」が新しく派遣されている(44)にもかかわらず追捕使が主たる対策であるというのはどういうことであろうか。やはりそこに考えられることは東西における兵乱の質のちがいということであろう。ただしこうはいっても現実におけるちがいではなしに国家権力を構成している官人の意識のなかでのちがいが対策としてあらわれてくるのにすぎないのであって、その面にかぎっての考察しかなしえない。東国における将門の乱は前掲史料に「虜掠坂東諸国、相次有入京之思」とあるごとく、中央朝廷の権力と対立して新しい将門たちの権力が構成されるというところに恐怖の因があるのであり、自己の政治権力が蚕食されているだけではなくて、まったく質のちがった権力がそれに代ってうち立てられようとしているという認識であった。また現実に展開していた将門の叛乱も、「新皇」宣言や国司の私任にみられるように、形式の上では古代国家のミニチュアであってもそこに新しい権力の発生の出発点が存在していた。それに対して追捕使は「艤舟船、泛滄海」という事態に対して設定される。そこでは「奪取公私物」ということが問題になっているのであって、主として国家を支えている租税体系を乱す存在であるという認識が官人の意識にあった。中央国家に代る新しい権力の明確な形成というところまでは純友の乱は指向していないことは確かであろうし、西国における租税の通過地たる瀬戸内地方が荒されるにとどまっている。明確に権力のうえで新しいものを指向して中央国家と対立するというところにまでは至ってはいない。国家権力を節刀を賜って天皇の代りとして守る大将軍というものを設定して、その行動に期待する必要はなかったのである。

しかし、こうした考察はかなり抽象的であって説得性を欠いている。ただ、東国での将門の叛乱と西国での純友の叛乱においては微妙な点で国家の対応の仕方が異なっていることは確かである。たとえばさきにみた大将軍と追捕使の差、つまり征東という行為には相応しいが東国の国衙機構荒廃のなかで現実的にはあまり効果がないことのわかっている大将軍と、より現実の追捕という行動に便利であった追捕使との差がある。またいろんな対策にしても将門の乱の場合は後手後手にまわっており、推問使、大将軍などその典型である。これに対して純友の乱の場合はかなり敏速な手がうたれている。これらのことは本書第三章第一節に明らかにしたつもりであるが、やはり両乱の質のちがいとともに、国家機構の変化と国家構成者の移動を考えておくべきであろう。そしてそのことは乱以後における追捕使の性格変化と密接に結びついているのである。内乱という国家にとって大きな経験を経たので、国家がその経験にもとづいて機構を再編成していくということは十分に考えられることであるし、そうでなければ内乱に現象的に表現されている新しい社会状態に対応して新しい支配を続けていくことはできなかったであろう。

なお、この承平・天慶期に追捕使と似た職掌として「警固使」がある。将門・純友の乱において追捕使・押領使等と同じように兵事に携わるものとして登場してくる。対象になった範囲は追捕使などとは異なりかなり狭いものであったと思う。ある「点」を守ることが職掌であったように考えられる。たとえば「定所々警固使等」[45]、「改定阿波警固使」[46]、「山陽南海両道諸国警固使」[47]、「彼国〔伊予〕警固使」[48]、などというふうに「所々」とか「国々」のごとく各国ぐらいが対象になっているようである。「定山埼・川尻・備後等警固使」[49]とあり、また「停止碓氷関、山埼、岐曾道使等」[50]、「今日被定遣所々警固使宇治・淀渡山埼等也」[51]ともあるように明らかに重要な「点」が守られていることがわかる。固関が形骸化するのは随分とむかしのことであるが、この警固使は関を守るのと同じことを都の近辺では果している。京への侵入口を守っているのである。他の国々のものも同じような職掌であったろうし、国単位に置かれていることから、国衙を主として守ったことが予想できる。そうした意味で若干追捕使とは異なっている。文字通り「警固」するのであって、押領使・追捕使のように兵を率いて戦ったということはないだろう。ただそうした職掌と重なる部分のでてくることはありうる。たとえば追捕使であった源経基が「警固使権少弐源朝臣経基」[52]ともあるのはそのことを示していよう。

2　将門の乱後の追捕使

将門・純友の乱を終って、追捕使の内容についてもかなりの性格変化がみられる。追捕使だけでなく、検非違使・押領使などの軍事的職掌についても変化が出てくる。[53]乱を経て国家機構そのものが編成を変えてゆくことによって、新しい情勢への対応を為そうとするのである。

検非違使の場合は、将門・純友の乱に至るまでは律令国家という統一した国家を守らんとする行動に携わっていることが多い。たとえば私設神社の破壊、[54]水害被災者への賑給、[55]皇室奉賀に関する米の施与、[56]等々である。こうした傾向が乱後には変化してくる。すなわち追捕行動が多くなってくる。政治的背景として藤原北家による摂関政治体制の成立という要素があることはもちろんであり、機構のうえでは天暦元年（九四七）に「至于使政、何在両府、静尋由緒、専非穏便、須於左右府停所行之政、以左政舎便為使庁[57]」ということで左右検非違使庁が統一されている。現実の情勢に対応せんがためにこの改革が行なわれたことはまちがいない。すでにみたように押領使の場合にしても、発生期から九世紀中は兵を統率して現地に赴くということだけであって、それが将門・純友の乱に際しては実際に戦うという機能が生れてくる。そこでは国司が押領使を兼ねるものが見られる一方、押領使のみを職掌として成り立つ藤原秀郷のような人物が出現してくる。そして天暦期にいくつか見えている押領使は、一国の中での追捕行動などの職に携わるという機能を示している。もちろん追捕使とはちがって押領使は、乱を経ることによってはじめて実際の戦闘行為に携わるという職務が発生してきたものであった。また同時にその職は在地の、かなり低い身分の者にになわれるようになってくる。もちろん、中央の「摂関政治」を成立させる貴族たちに有用であった京師検非違使と、国司の行動により大きな関係のあった押領使とではかなりそのもつ歴史的意味は異なるが、その性格変化ということについては時を同じうしている。

名称についていえば「追捕〇〇使」という名称はほとんど史料にみえていない[58]。「〇〇追捕使」もしくは「追捕使」という例が多く、追捕使という職掌が官職として落着いてきたことを示していよう。「〇〇追捕使」というも「山城追捕使」などのように国名が記されており、一国が追捕使の補任・行動の範囲となってきたのであって、将門・純友の乱のように一道が対象になったりはしていない。天暦六年（九五二）越前追捕使[59]、天暦十年（九五六）近江追捕使[60]、応和二年（九六二）大和追捕使[61]、永祚元年（九八九）伊賀追捕使[62]、正暦元年（九九〇）山城追捕使[63]、正暦三年（九九二）紀伊追捕使[64]、正暦五年（九九四）紀伊追捕使[65]、久寿元年(一一五四)伊勢権追捕使[66]、等々と多くの例が十一世紀に入ってからも史料上に見えてくる。乱以前の例と異なり、明らかにこのことは行動範囲の限定を示しているし、また国衙との関係が強くなってきたということも理解できる。補任手続きにしても小野好古たちのように、中央で官人たちによって国家をよく守ると思える人物を選定して決定したのではなしに、国司がみずから職につくかまたはその爪牙たりうる人物を任命している。そのことは

追捕《フク》使事　畿内近江等国、或奉勅宣旨、自余諸国々解申官、給上宣官府押領使同之、

とある[67]ことからもわかる。畿内・近江という中央国家に近い、直接の膝下となるような国々を除いては国衙に主たる補任権利を持たせざるをえなくなっている。このことは中央を構成する貴族たちにとって追捕使がさしたる意味をもたなかったということかも知れず、彼ら（藤原北家を中心とする貴族）には軍事・警察的役割を果すものとして検非違使が存在していたことの裏返しであろう。しかし、少なくともそれ以前にはさきにも述べたごとく追捕使は中央で決定され、その職掌とともに構成要員までが中央政府によって徴発されている。主たるその内容は中央の段階で決まったといっても過言でないくらいである。しかも純友の乱にあたっては現実の役割を果したのであるから、そうあっさりと中央政府がこれを放棄するとは考えられない。にもかかわらず現象としてそれがあらわれるのは中央政府の側が国家機構を変化させ、新しい在地の状況に対応したということに他ならない。そして何度も繰り返すが中央政府は武力設備としては検非違使を中心に据えているのであって、追捕使（押領使をも含めて）は国衙の一機能となっていったのである。たとえば『平安遺文』は中央政府の側から見た史料のみではないが、追捕使・押領使が見える史料は少なく、検非違使に関するそれは非常に多い。いわんや「権記」「小右記」等の貴族の日記では押領使・追捕使という用語を見つ

け出すことすら非常に困難であり、それに反して検非違使に関するものは圧倒的に多い。中央貴族の関心のあり方をよく示しているといえよう。

任ぜられている人物は前代の例よりも身分が低い。たとえば位階のはっきりしたものでは、天暦十年（九五六）の近江追捕使は従七位上、正暦三年（九九二）紀伊追捕使は正六位上、などである。また応和二年（九六二）大和追捕使は大掾、正暦三年（九九二）紀伊追捕使の場合は前土佐掾であり、正暦五年（九九四）紀伊追捕使は丹波掾であった。天暦六年（九五二）には越前国司から追捕使停止の解が出ており、守が兼帯していたとは考えられないからこの場合も介以下の雑任国司であったと考えられる。史料の数が少ないのが気にかかるが、さりとて他の例を示す史料もないから、追捕使も押領使と同じく雑任国司的人物が任ぜられる場合が多かったとせざるをえない。その一例として次の「類聚符宣抄」の史料があげられる。(68)

太政官符　紀伊国司

応以前土左掾正六位上御春朝臣聡高補任追捕使事

右得波国去年十一月廿八日解状偁、謹撿案内、此間山海之間、寇賊聯綿、姧類伺隙、爰為追捕使之者、雖有其数、或抛鞍之力難堪、或汗馬之労失便、今件聡高、夙伝弓馬之能、尤足警急之備、望請官裁、早被補任件職、将為扞城之便者、正三位行中納言源朝臣保光宣、依請者、国宜承知依宣行之、符到奉行、

左少弁　　　右少史

正暦三年十月廿八日

紀伊国から前土佐掾御春聡高を追捕使としてほしいという解状が出された。聡高は紀伊国の国司ではないが、土佐

国で掾として在地に臨んで活動していたことが前提になって紀伊追捕使となったのであろう。しかしそれゆえに現地の社会情勢に詳しいのであって、国衙に有用な官人として果すところは大きかった。この紀伊国の場合だけでなく、天暦十年（九五六）近江国にしてもそうであるし、正暦五年（九九四）紀伊国でも「追捕使丹波掾郡務使紀」とあって(69)丹波の国司であり在田郡の郡務にも実際に携わっているという在地性の高い人物であった。

これらのことについては任ぜられた人物の系譜についても確かめられる。

太政官符　近江国司

応以散位従七位上甲可公是茂、令追捕部内凶党事

右得彼国去年十月十七日解状偁、謹検案内、此国帯三箇道、為要害地、姧猾之輩、横行部内、強盗殺害、往々不絶、仍前々国宰、部内武芸之輩、撰堪其事之者、申請公家、為追捕使、近則故佐々貴山公興恒、故大友兼平等是也、爰兼平者、今年二月其身死去、前司介藤原朝臣清正、権大掾依知秦公広範、可補彼替之状、言上解文先畢、而件広範齢已老、身非武芸、今件是茂忠廉之情、方寸不撓、文武之用、随分相兼、糺察追捕、可堪其職、望請、官裁因准先例、以件是茂為追捕使、粛静部内者、右大臣〔師輔〕宣、依請者、国宜承知依宣行之、符到奉行、

正五位下左中弁藤原朝臣文範　　　左大史

天暦十年六月十三日

とあるように(70)、天暦十年（九五六）に近江国から出された解に応えて官符によって決定された近江国追捕使は甲可是茂であった。甲可氏はいうまでもなく近江国甲可〔賀〕郡の名族であって奈良時代には郡司をも出している(71)。また是茂の前に追捕使であった者に佐々貴山興恒、大友兼平、実現しなかったが申請はされていた依智秦公広範などがあった。佐々貴

山氏は神前郡、蒲生郡の郡司の家であり[72]、大友氏も同じく近江滋賀郡の郡司などを出した名族であり[73]、依智秦公にしても平安時代になっても愛智郡の郡司を輩出している家系であった。また長保元年（九九九）に見える紀伊追捕使坂上氏[74]は「伊都那賀両郡にわたり、荘域を越えて汎く分布していた[75]」この地方の豪族であり、同四年に見える伊予追捕使越智氏[76]も、伊予国越智郡の郡司を多く出している家系[77]である。いずれも郡司クラスであって、かつ在地性の強い、その地方の状況をよく把んでいると思われる人物が追捕使を務めているのである。久寿元年（一一五四）にみえる伊勢権追捕使も田地売券に「故舅権追捕使松章博九代之所領也」とあって、代々の根本住人であった[78]。追捕という行動が主に一国内をその対象として行なわなければならなくなったという事実がある以上、長官から軍曹までが揃って一種の「大将軍」として行動する将門・純友の乱当時の追捕使と異なった形式と内容をもつのは当然であろう。一種の国衙の官職として大いなる意味を発揮せねばならない以上は国司の爪牙として現実の現地支配を行なう武力設備の一つとして有用でなければならない。追捕使が検断権まで持っていたとは到底考えられないが、追捕だけにとどまるにしても現地の民生にまで詳しいことが必要な条件であった。郡司クラスもしくは郡司層から任ぜられたということの意味は、まさに郡司が前代より継続して在地性を帯びて国家の支配に携わっていたということなのであって、それが中央政府からではなしに新たに国衙によって着目されたものである。設置の理由にしても「姧猾之輩、横行部内、強盗殺害、往反不絶[79]」とか「寇賊聯綿、姧類伺隙[80]」という理由であって、いずれも国内において治安が乱れて国司による現地支配がスムーズにいかないということであった。こうした具体的な国内の治安対策に有用であることが第一条件であった。しかもそれは単なる治安対策に終らずに積極的に一国の支配を支えねばならず、「郡司之力不及、国宰之勤難堪、須随事状申請件使」とあるように[81]国司郡司の職掌を代行・補佐することが要求されている。

具体的な命令系統にしても国司との関係が強い。このことは前掲「北山抄」の追捕使補任記事をみても予想できるし、その他の史料でも確かめられる。たとえば、長保元年（九九九）八月に大和国城下郡早米使藤原良信が殺害された時の例[82]がある。この事件は、田中荘、丹波荘、紀伊殿荘の住人たちの合意によるものであって、犯人二十人ばかりが「好奸濫捍国務、遁避官物」するという行為を行なっていた。前々より犯人として捕えるところがあったけれども原免に会って以降ますます「国内強竊盗放火殺害犯」を成し、「仮件庄園威、年来之間所居住」であった。それが「国使」（良信）を殺害するところにまで進行したのである。彼らは荘域に住むとはいいながら「対捍国務、遁避官物」とあることやまた丈部、秦、橘などという名前からしても在地領主的人物であったことはまちがいない。「凶党」という一つの集団的行動を為しえたところに「国使」を殺害しえた理由もあったし、さらに国司が追捕する対象にもなったのである。一国を単位として国司による収取が展開されたこの時代には、同時に在地領主がその行動を政治的に展開しはじめる時期でもあって、国衙において、国司と在地領主がその機構をいかにして自己のものとするかという競争がなされていた。受領的な活動を中心として自己を拡大しようとする国司と、国衙の末端機構を利用して自己を公権の中に位置づけてその支配を正当化し、かつ有利にしようとする在地領主とが、ともに国衙機構を我がものにしようとする。私営田領主という形での領主化や、国衙の下級官人として公権の中にはいり武士化する途をたどる。この両方の途が補いあって国衙という場所が形成されているのではあるが同時に利害の相反する側面もあり、「尾張国郡司百姓等解」にみられるような対立も生れてくるのである。こうしたなかで国司の弾圧の道具として追捕使が発動される。「爰守孝道〔藤原〕、依蒙追捕勘糺之官符、同廿二日〔八月〕率官人追捕使等」ということであった。明らかに追捕の官符を蒙った国司（この場合守）の行動の輩下につらなっており、その爪牙となっている。

このような国家の官職としての追捕使の機能とは別に、具体的な在地での存在形態はどうであったろうか。もちろん国家支配のための道具として設定されたものであるが、現実はどうもそれだけではなかったようである。

（前略）今件随兵士卒、非必其人、或借威使勢、横行所部、或寄吏有犯、脅略人民、所部不静、還致愁歎[83]（後略）

というような形で現象的にはあらわれている。ある面でこれは当然のことである。前にも述べたごとく在地に根を置いた存在であればこそ国衙にとっても利用価値があったのであって、一歩まちがえばこういう事態になる。否むしろ追捕使になる者はこうした官職、すなわち公権力の末端から食い込んでいくことによって不安定な自己の支配の安定と正当化を求めていたのであるから、「横行所部」「脅略人民」という事態が起るのは当然であった。それが「随兵」というものを含んでいることも注目されるのであって、これこそが在地領主として追捕使に登用された人物が在地支配のなかで形成してきた権力の構成員であった。官職の上でのみ追捕使の随兵であるというような存在ではなくて、不断の在地における支配のなかですでに主従制的な支配・被支配の関係が生れているのであって、それを丸ごと国衙の中にくみこんでいったものであった。それが現実の行動の面では必ずしも国司の利益に一致するものとはならなかったのは当然のことであろう。任ぜられる側は、国衙機構および国司制度の衰退を見こして追捕使となり、それを自己の権力を昂揚させる一つの手段としたのである。したがってまたこうした新しい政治権力形成に向うものを阻止するのはそうした階層から登用した人物である。

長保二年（一〇〇〇）、大和国の木下正行なる者が「大和国野辺園屋一宇納稲相共」に奪ったという事件があった[84]。嫌疑をかけられた正行は怒り、「山城国甕原不善之輩」を語らって、訴えた藤原最実を殺さんとした。そのことに対して「事之真偽」を明らかにせんがために山城追捕使たる播美相奉が派遣されている[85]。大和国の事件に山城追捕使が発動されているが、これは事件そのものを問題にしたのではなくて「甕原不善之輩」と同盟したことが対象になっていることを示している。播美相奉なる人物についてはよくわからないが、彼自身在地において自己の権力を形成していた存在であることはほぼ疑いなく、その意味で甕原（山城国相楽郡）の地において「不善之輩」が形成していた支配と異なるものではなかっただろう。相奉は元来自身と同じ存在であってかつ競争相手であった「不善之輩」を、追捕使として公権に連なることによって公的な力を借りて打倒することができるようになったのである。そのことによっていつ他の在地領主たちによって破壊されるかわからなかった自己の在地での支配を強化していったのである。

この史料から考えられるもう一つのことは、この場合の追捕使が、検非違使庁の命令のもとに動いていることである。「甕原不善之輩」との同盟が山城国内での問題であるからかくなったものであろうが、それにしても他に例のみられない現象である。京師検非違使が主として活動する左右京・山城国という場所での事件であっても、本来山城国司の膝下に行動する追捕使が検非違使庁の命をも受けているということは興味深い。しかしこれは、本来的に追捕使が検非違使庁の命令をも受けえたということを示すものではないだろう。この別当宣が出される以前には「給御牒於国司」って国司の行動として事件の処理が委ねられているし、それが実行されなかった結果、検非違使庁の介入となったものである。使庁にしても山城国の不手際につけこんで介入したのであって、積極的に国衙の機構にまで食いこんで使庁の権力を形成しようとしていた。検非違使を有用な武力として存在していた摂関政治貴族たちも検非違使という機構を通じて追捕使を把握しようと試みていたのである。山城国ではそれが一応成功するわけであるが、これは先に引いた「北山抄」の例からしても近江とともに特殊な例と考えておく必要がある。京都に近いということが大きく作用していたのであろう。

同じ畿内でも和泉国の場合はかなりちがってあらわれてきている。時代は少しのちのことになるが、永承五年（一〇五〇）七月の太政官符[86]にそれが示されている。

太政官符　和泉国司

雑事二箇条

一応停止暴悪不善輩居住部内事

（中略）

一応停遣検非違使、偏国司令勘糺言上部内盗犯嫌疑人等事

右得同前奏状偁、謹検案内、当国之民隣境之人、成其犯之者、指同類之官、不必実、或有阿党、爰検非違使来向糺捕之間、供給雑事其煩繁多、人民騒動、悉迷山野、実犯之者同類之輩、若暗跡逃脱之時、尋捕所由者之処、依一人之犯、致百姓之愁、国郡之煩、莫大於斯、望請　官裁、給官符、停遣検非違使、偏付国司令追捕勘糺、但国司有不堪糺之輩、別注事状、将以言上者、同宣、奉　勅、依請、但至于急速之事者此限者、以前条事如件、国宜承知、依宣行之、府到奉行、

（下略）

内容は文面に明らかであるが、検非違使（「来向糺捕」「供給雑事其煩繁多」などとあるから京師の検非違使であろう）が和泉国において「糺捕」することによって「供給雑事」が非常に多くかけられた。そのため「人民騒動、悉迷山野」ったり、また「国郡之煩、莫大於斯」しという状況であった。そこで和泉国内の「追捕勘糺」は国司に任せてほしい、という希望が和泉国から出され、認められている。やはりこの事は検非違使の地方進出が行なわれたことを示しているのであ

ろうし、それに対して国司のほうが自己の追捕権を百姓の愁にかこつけて守ろうとしたのである。そしてこの国司の追捕権の内容には追捕使の行動のようなものも含んでいる。追捕権の内容が支配のある部分を形成しているからこそ、その獲得をめざして検非違使と国司が相争ったのである。しかも太政官の裁定は一応国司の奏状を認めているとはいえ、「至于急速之事者（非脱カ）此限」という限定が付けられており、実際に検非違使の和泉国における追捕権が否定されたというわけではなかったのである。中央は和泉国という畿内における追捕権をぜひとも確保したいという願望を持っていた。それを保っていてこそ一つの国家としての形態が保ちえたのである。

「北山抄裏文書」に見える次の一史料[87]は追捕使がどういう存在であったかをよく示してくれる。

案

被　別当宣偁、犯人藤原行時籠置前大和掾□正忠許

者、仍令召進其身之処、正忠今月十四日□由文偁、

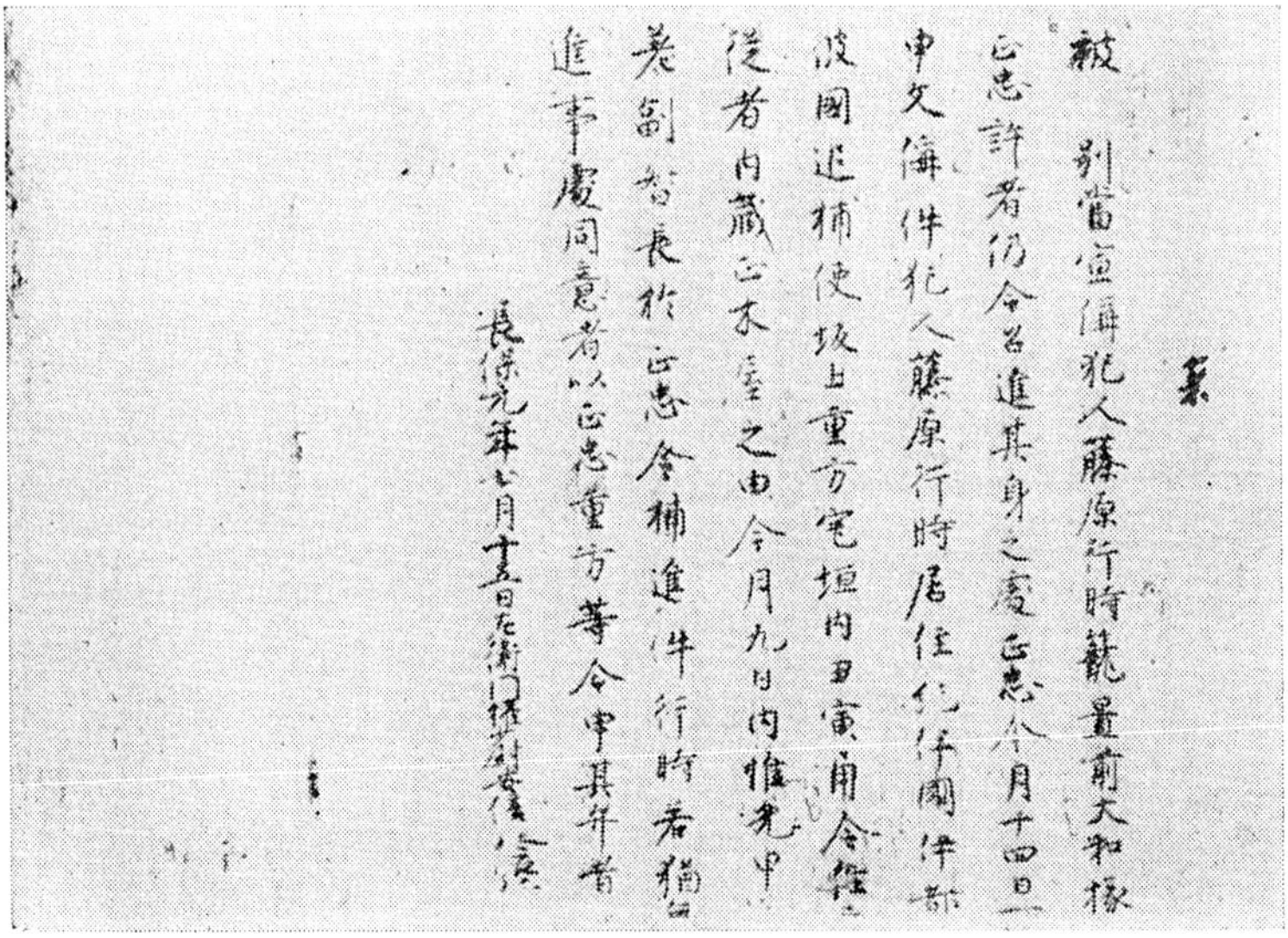

検非違使別当宣案
（北山抄裏文書）

件犯人藤原行時居住紀伊国伊都□彼国追捕使坂上重方宅垣内丑寅角令住□従者内蔵正木屋之由、今月九日内惟光申送□差副督長於正忠、令捕進件行時若猶無□進事、処同意者、以正忠重方等令申其弁者、

長保元年七月十五日　左衛門権少尉安倍「信行」奉、

この史料にみえる坂上氏についてはすでに上横手雅敬氏による詳細な分析があり[88]、当面氏の論考によって必要なところだけを見ていきたい。文書は別当宣の形式をとっており、この時の検非違使別当はいうまでもなく使庁文書の紙背を利用して「北山抄」を著した藤原公任である。この文書の中心部分は前大和掾正忠の申文から成っているからまず史料の作偽性を疑う必要はなかろう。別当宣は多くの場合各所から出された解文をもとにしており、その解文にある程度一方的なところがあるとはいうものの現地の状況を反映していることにはかわりないと思える。そして追捕使坂上重方に関する記述は正忠の申文中にある。

犯人藤原行時は前大和掾正忠のもとに「籠置」かれていたが、逃亡し紀伊国伊都郡に住していた紀伊追捕使坂上重方のところを頼った。そして重方の垣内の丑寅にあった「従者内蔵正木」の屋にかくまわれていた。このことから重方は垣内を構え、その中に従者を住まわせて武力兼労働力にするという在地領主であったことは明白であろう。それを予想すれば重方と従者正木との関係は上横手氏も述べられるごとく単なる隷属的な労働力とは考えられず、封建的な主従制的関係にあったことが予想される。とはいっても正木はその屋が重方の垣内の中にあったということからもわかるように、自立した一個の経営を持った在地領主ではなくかなり隷属性の強い家人的なものであったろう。後に武士団の長が他の武士を従えて、その間に結んだ主従関係のような純粋な封建的主従関係は到底考えられず、せいぜいその原初的なものであろう。また犯人藤原行時はその存在形態は不明であるが、単に浮動的な存在とも考えられな

い。在地性をもって自己の政治的地位を確立していたと思われ、その不安定な政治的地位を固定させるために「犯人」と称されるような行動を行なったものであろう。その意味で重方と同じような存在であり、だからこそ紀伊追捕使として伊都郡で自己の地位を確立していた重力を頼りえた。この事件がこの後どう展開したかは不明であるが、元来重方と同格の存在であった行時は、自己の在地を離れてもその存在をふたたび確立しうるような機会があったとも考えられない。不安定でありかつ公権の保護もなかった行時が紀伊国伊都郡にその居を移せば、当然誰かの輩下、この場合は重方の輩下になり、その庇護のもとで、まさに内蔵正木と同じような従者として生きていくしか途はなかった。もし行時が自己の居住していた場所に帰ることができずまた捕えられてもいなければ、そののち重方との間に主従制的な関係を持つことによって生きていったと思う。重方のもとに逃げ来たった行時が他ならない「従者」正木の屋にかくまわれたということがそれをよく示している。もし重方が行時を自己と同格の存在として遇したとすれば、垣内の中の母屋にかくまったことであろう。治外法権という意味では垣内の中ならばどこでも同じなのだから。にもかかわらずそうしなかったことは行時が重方の輩下として、従者として、その存在を置かざるをえなかったことを暗示している。この重方と行時の場合にしても重方が追捕使という国家公権につらなっているということは、行時との主従制的関係を形成する際に大きな意味をもっていた。

もう一つこうした例を挙げるとすれば長久四年(一〇四三)の文書にみえている追捕使が適当であろう(89)。

言上　追捕使則高請文事

右則高請文所進上如件、御覧之後、随仰勤仕、仍所進請文所進上如件、又時文之今所所進□雖責倍、過今明日可弁進上□言上者、所上啓事等如件、以解、

長久四年七月十三日　　　　　　　　　右看督長水田□

進上　右衛門少属殿政所

文意があまり明らかでないので追捕使の実体を究めるのは困難であるが、まず則高の存在形態が問題となってくる。これを先立つこと八年の長元八年(一〇三五)に「秦則高」が解状を衛府に出している。その言うところは、衛府の案主代を務めていた則高であるが番長の欠に補して案主と兼任としてほしいということであった。案主は「所勤其役繁多」であるけれども兼任の例がないというわけではなく、また「至于則高者、雖難堪案主役、強励微力、致其勤」すから任じてほしいと言っている。まして「況乎則高先祖相伝、仕一府已及四代也」ということであるから譜第という点でも比肩する者もないくらいだとも言っている。代々衛府に出仕して公務に就いていた家であってその意味で在地性のある人間とはいえないかも知れないが、昌泰四年(延喜元年〈九〇一〉)官符に引く播磨国解に言うような「此国百姓過半是六衛府舎人」という状況があるように、在地での自己の存在を強化向上させるために衛府の官人となったものであろう。四代にわたって衛府に出仕していたということは、逆に言えば四代にわたって播磨国の百姓の例に見られるように衛府という公権を利用して自己の在地での支配を強化し続けていたということである。

この秦則高は長久四年(一〇四三)にみえる追捕使則高と同一人物であると思われる。水田某の解は意味がよくとれないが、則高と関係する箇所は前半の部分である。何らかの理由で長久四年(一〇四三)より遠くない時に則高は追捕使に転出したと考えられる。追捕使をも兼ねたとも思えるが他の例からみて可能性は少ない。則高の請文の内容もわからないが、看督長を通じて右衛門少属に達しているところからみて衛府の官人であった時の事後処理的なものであったろうか。したがって、長元八年(一〇三五)に「仕一府已及四代也」とある「一府」は則高請文に衛門府が関係しているところから衛門府であろう。

しからば衛門府官人から追捕使に転出せねばならなかった理由は何であろうか。前にも述べたごとくそれは衛門府―検非違使庁と追捕使とのちがいだと思う。検非違使が終始中央政府―藤原摂関家と強い関係をもった中央指向的なものであったのに反し、追捕使は国衙との関係が大きかった。摂関政治はとりたての武力的基盤を持たず、検非違使が平常の軍事・警察的職掌としてあった。その中で摂関貴族は検非違使に対しては重大な関心を払い、摂関政治に対立する行動を阻止したということは十分にありうることである。そうした側面を見ても検非違使であることを利用して自己の支配を強化しようとすることはかなり困難であった。それに対して追捕使の場合は国衙との関係が強い。もちろん検非違使が摂関政治による規制をうけたのと同じように追捕使の場合も国衙の規制をうけはする。しかし国司の場合は摂関貴族とは異なり、多くはいわゆる受領的行動をとるから実際の在地支配の形態には関心を払わないのが常である。ある程度の収益をさえ保障されればあとは在庁官人たちに任せるのが普通のありかたであって、国司は在庁官人たちに大きな規制を加えない(91)。在庁官人や追捕使はその支配において、ある程度自由な形式をとることが可能であったのである。だから在地において自己の支配の確立のために有効なものを求めるならば、検非違使よりは追捕使のほうが現実の行動のうえで便利であった。もちろんこれは一般論であって、則高の場合は検非違使として現実の警察的行動に携わったということはなかったかも知れない。むしろ中央の衛門府(もしくは検非違使庁)の番長であるということが主たる存在形態であって、そうであればあるほど現実の在地において追捕行動を行なうことのできる追捕使になることは支配拡大に有利であった。

そしてこの時期の追捕使はほとんど押領使とその性格に変りはない。というよりはこの両方の官職が主として在地の人間を任ずることによって、その内容の具体的な姿は在地で形成されるようになって中央の規制力は小さくなってくる。国家の設定した官職が行動を決定するのではなくて、その行動がすなわち官職を表現したのであった。もっとも両者には微妙な差もある。むしろこの差のほうが大事かも知れないが。その差とは、押領使はまさに「押領」すること、つまり「統率」することが中心的な職務なのであって、その意味で「追捕」を主とする追捕使とは異なって軍事的である。たとえば官物の運上に押領使が携わっており、長久元年（一〇四〇）に「運上物之押領使」とある平正高は大宰権帥藤原隆家の「郎頭」(92)であった。この正高の存在形態は不明であるが、自己の組織しえた武力でもって官物を運上しそれを護衛したものと考えられる。つまり押領使としての職掌は一国内での土着的行動にのみとどまるものではなかった。年代は不明であるが「高山寺文書」(93)に「京上官米押領使」とある押領使も「武者子孫」であって軍事的な性格が濃く、そのことによって官米を押領して京都にまで安全に届けえた。押領使として公権のある部分が与えられるが、同時に在地と京都の間を結んで官物を運ぶという職も課されたのであった。そうした意味で追捕使が一国内での追捕行動にその職掌内容があるのとは若干意味が異なっている。

3 平安時代最末期の追捕使

以上平安時代の追捕使について考を及ぼしてきた。追捕使は十世紀になって展開する社会情勢の流動のさなかに設定され、主として海賊のような一国単位では十分な対策のなしえない対象に対して発動された。したがって追捕使の行動範囲は一道が単位になるような場合が多かった。それを中央政府の政治との関係でみれば、いまだ律令国家は全国土を律令制的な理念のもとでの統一的な国家として保守していくという観念をもっていたのであって、それが政策のうえでも現実のうえでもある程度の効果を示していた。「公民」支配にもとづく政治支配を貫徹せんがためには海賊のような対象には一国単位の施策では到底有効なものとはなりえなかった。官物を奪取し人物を傷害するという動きはどの時期の国家にとっても阻止せねばならないことであるが、この時期の国家にとってはとくに問題となるものであった。統一的な「公民」支配にもとづく律令制支配は崩れ、在地においては「公民」が新しく自己の支配を農奴主経営というような形で展開させていて、もはや主たる支配・被支配の関係は国家と「公民」の間にはなく、「公民」の分解した農奴主と農民との間に新しい支配の関係が形成されつつあった。国家はいやおうなしにそれを認めざるをえない段階に至っており、均一的な公民支配に代って、いったん在地の支配・被支配の関係を認めたうえで新しく国家を編成しなおす必要があった。それが追捕使のうえに具体的にあらわれたのが将門・純友の乱以後の性格変化である。この乱によって国家の側はそうした在地情勢の変化が内乱という明確な行動に現出することを知り、在地の具体的な様相を把握しているはずの各国にその支配のありかたを委ねたのである。しかし、もとより中央から派遣される国司にその能力のあろうはずがなく、実質は在庁官人・郡司たちによる支配が主であって、そのうえで追捕使の登場する余地があった。国家は、より具体的には摂関政治は、荘園領有・官職独占・受領補任権といったところにその特質があるが、荘園領有という摂関家の家産制支配の側面は別として受領任免権の発揮によって派遣された国司が現地の状況にそれほど詳しかったとは思えず、具体的な収入を最大の問題としたであろう。収入さえあれば具体的な支配などどうでもよいのである。だからそこではそうした国司に代って在庁官人が自己の支配を強化せんがために国衙を利用していたにすぎない。そのなかで追捕使という職掌は非常に具体的かつ有用な追捕という行動を行ないうるし、在地領主の支配確立にとってきわめて有効であった。

こうして国衙機構が国家の中で相対的に自立性を高めていき、国衙が一つのまとまった権力機構と化してくる。追捕使も国家からの自立性を高めていったことは疑いなく、それゆえに官符で任ぜられるにもかかわらず国衙の一機関として行動するようになる。一種の在庁官人的存在として自己を位置づけ、かつその公的な追捕権を利用して自己の支配を強化していった。九・十世紀の交から十世紀中葉にかけてのことである。

こうした平安時代の追捕使はどのようにして鎌倉幕府の惣追捕使にうけつがれていくのであろうか。このことについてはあらためて稿をなさねばならないが、一応の見通しを示し、次項において略述する。

惣追捕使という名称は平安時代にもたしかに存在する。たとえば「保元物語」において鎮西八郎為朝は「九国ノ総追捕使」と僭称している。[94] また常陸国鹿島社にも惣追捕使があったらしく、「吾妻鏡」に「以鹿嶋三郎政幹、被定補当社惣追補（ママ）使」という記載がある。[95] この鹿島社の惣追捕使は「総追捕使押領使是於両総追登云狼藉於致者在之時波治之、総而神領中之事於治仁遣須使也」とあるように[96]神領の警護にあたる職掌であるが、治承五年（養和元年〈一一八一〉）のこの例は「吾妻鏡」の記載のかぎりでは源頼朝による補任である。為朝の場合も公的なものではなく私に称したのであるし、鹿島社の場合も頼朝が武神である同神宮の特殊性において私的に補したにすぎず幕府の公的な職掌とは考えられないし、また「吾妻鏡」の史料的性格からいってその存在が確実なわけではない。管見によるかぎりその早い例でかつ内容のよくわかるものに春日神社領辰市荘の惣追捕使がある。[97]

春日御供預散位藤原能季重解申進殿下政所裁事、

請被殊任解状旨、補任当社御領辰市五箇条惣追捕使職事、

右得社司等去三月廿八日重陳状偁、以新儀望申無先例惣追捕使職之条、不当事也、而先就此状弁申、如此之職以

新儀望申被補任、古今之例不可勝計、故何者、被始置正預補執行惣刀禰等職、臨時者皆是非新儀哉、而至此職許、何強可令訴申新儀不当之由哉、能季非指隣国他境之者、相伝普代之住人、只謂非社司之職許也、而依無指所職所望也、若補任之後、不随社家之所堪、致狼藉之沙汰時者、被処罪科、可被停廃所職也、次云今両年之上郡幷当郷兵士被催召事、全非能季之申行、被宛催国内一同之間、当郡通《ママ》能季之在郡也、可加共催之由、一旦雖被仰下、無先例之由、云社家云寺家、其訴件□条申上之後、□□致其□哉、然者能季申状社司陳状、各及二箇度畢、於今者早蒙裁許、被補件職、社《ママ》家相共随社家之下知、可勤行神事之状、言上如件、

寿永二年四月十一日　　散位藤原能季申文

この文書は現在天理図書館の架蔵にかかっているが関連文書が二通ある。「佐々木信綱氏所蔵文書」であって、「三月十六日」の日付をもつ木工頭平棟範奉書(98)と「寿□年三月十三日」の日付をもつ春日社神主等解(99)である。この三通のうち後二通は年次を欠いているが前一通との関連からみて竹内理三氏の『平安遺文』のごとく寿永二年(一一八三)であることはまずまちがいない。後二通のうち春日社神主等解は前半を欠いており平棟範奉書の紙背に記されたものであって、神主等解の案文の一部を利用して奉書を認ためている。

中文によって能季は惣追捕使に任ぜられんことを春日社領の領主ともいうべき藤原氏の氏長者に申請している。補任するのは藤氏長者であることが知れる。またこの惣追捕使申請は「新儀」であって「無先例」きものであった。なにゆえ能季が惣追捕使という職を思いついたかはわからないが、おそらく伊勢や鹿島・香取などの神郡における警察権の独立とその検非違使による行動とが念頭にあったのではあるまいか。しかるに神社検非違使はその補任において祭主や宮司の意向が中心であるため(100)、社家と能季との論争になる以前に社家によって阻止される可能性があった。そ

のために「無先例惣追捕使職」である必要があったのではなかろうか。

申請した能季の存在形態は「相伝普代之住人」であって「相伝所従」が彼のもとにいた。また添上郡と辰市郷の兵士が催された時には添上郡が「能季之在郡也」という理由でこれに協力することを求められているが、社家(春日社)・寺家(興福寺)の主張によって協力はしなかったようである。寿永元年(一一八二)から二年(一一八三)のはじめといえばまだ平氏が都にいて、北陸道義仲、東海・東山道頼朝と三者鼎立の時期である。そのなかでこの大和国国内一同の兵士役は平氏によって源氏追討のためにかけられたものであり、それが辰市郷では春日社との関係で藤原氏を通じて課されてきたものである。能季が郡司であったかどうかは不明であるが、兵士役を徴発することを要請されていることからも郡司クラスの在地領主であったことはまちがいない。惣追捕使の申請の際の意識にしても「被始置正預補執行惣刀禰等職、臨時者皆是非新儀哉」という論理を使うところなどは従前の律令制的な法第一主義の意識を脱しており、まさにこの時期の在地の論理として現実性をもった主張として出てくる。それが具体的に能季の行動として出てきた時には「虜掠神領、不恐神慮」ということになるのは当然である。だからこそ社家は強力に反対するのである。しかもいくら私的に藤氏長者から任命されるものとはいえ、院政下での藤原氏は現実には国政の一部をになっているのであって、そこから任命された惣追捕使も春日社の意向とは異なった行動を行なうことになるのは当然のことであった。能季にしても単に春日社領の荘官になるだけならば惣追捕使という職になる必要はなかったであろうし、その目的は国家公権につらなりうる職について自己を高めることであったと思う。春日社領に力を持ちそれを春日社との関係で認めさせようとしただけでなく、国家公権との関係でも源平内乱の間隙をぬって有利な地位をえようとしたのである。「今両年之上郡幷当郷兵士被催召事、全非能季之申行、被宛催国内一同之間、当郡通能季之在郡也」というように「国内一同」にかけられた兵士催にすでに能季は参加しえたのであり、さらにそれを国家公権の獲得にまで進めんがために惣追捕使の申請となったものである。いうまでもなくこの時期の荘園はそれ自体荘園領主の家産制的支配圏としてある程度の治外法権を保っており、荘園内の警察権は領主の管下にあった。それが典型として示されるのが前に挙げた神社検非違使などであるが、能季の場合は惣追捕使になることによってある職掌分野については単一の荘園の内部のみで完結しないものを荘園にもちこんだのである。「国内一同」に催された兵士役である。すでに惣追捕使となる以前にも能季が宰領しえたのであるが社家・寺家は「無先例」として反対したのであって、能季が惣追捕使となれば兵士催は春日社管下だけで実現するものでないから反対する理由が薄れてくる。単一荘園の荘官としてのみの惣追捕使であれば改替によって阻止することが可能であるが、能季の惣追捕使はそうではないのである。兵士催と称して能季の行なう行為は春日社領のみで完結するものではなく、能季の望むところもそこにあった。

4　追捕使と惣追捕使

では、なにゆえに鎌倉幕府は「惣追捕使」の呼称を使用したのか。なぜ追捕使ではいけないのか。押領使ではないのか。

追捕使にしろ押領使にしろすでに平安時代に多くの前例・先例があり、したがって当然それと意識されていた職務内容があったことに疑いはない。源頼朝あるいは鎌倉幕府が惣追捕使の設置の際にたとえ「惣」字が付くにせよ、旧来の追捕使のもっていた職務内容について考慮をはらわなかったとは、京下りの官人の存在などからしても、考えがたい。周到に国家公権に気を遣ったことは史料をあげるまでもなく明らかであって、幕府は惣追捕使設置の場合も追捕使——国追捕使、のちの守護との関係で問題になるのは国家的官職としての国追捕使しかない——の職務内容に考慮し、また公許にあたってはそれに拘束されもしたはずである。頼朝に公許された惣追捕使が国家的官職である以上、こうした平安時代以来の職務内容と完全に分離したものでないことは確かであろう。(101)

この場合、想起されなければならないのはいわゆる大犯三箇条である。「御成敗式目」第三条に

一、諸国守護人奉行事、右右大将家御時所被定置者、大番催促・謀叛・殺害人付夜討・強盗・山賊・海賊、

とあるものである。むろんこれは文治元年(一一八五)公許当時から職務内容として定まっていたものではなく、せいぜい建久初年にその骨格が固まったにすぎない。(102)しかし大枠では大番催促・謀叛・殺害人の三箇条が本来的な職務であり、当初から何らかのかたちで惣追捕使の職務内容に含まれていたと考えるのが、法制史的には自然である。

この三箇条は二つに分離することができる。

Ⓐ　大番役の催促

Ⓑ　謀叛人・殺害人の追捕

の二つである。Ⓐ大番催促はそれ自体は内裏大番役の勤仕者を徴収・引率することであるが、これは本来的には軍事指揮権・兵員統率権の問題であって、Ⓑ追捕ということとは意味を異にする。のちの守護の職権はこの本来は別であった二つの内容が結合してできあがったものということができよう。そして、すでに明らかにしてきたように、このⒶとⒷという職務内容は、Ⓐが押領使の、Ⓑが追捕使のそれに一致する。むろんそうはいっても平安時代中期以降は実体的には押領使と追捕使がほとんど同じものとしてあったことはこれまたすでに述べたとおりであるが、それは国家的官職として惣追捕使というかたちで頼朝に公許されるときにも同じものとして扱われたということを示すもので

はない。Ⓐ軍事指揮権・兵員統率権はⒷ追捕行動に付随する場合が多かったので両者が結合したのであって、本来はⒶ↓押領使、Ⓑ↓追捕使と別のものであった。では、惣追捕使が成立する過程のなかで、ⒶとⒷはどのような関係にあったのか。源頼朝の平氏「政権」との対立で問題になるのはⒶ軍事指揮権・兵員統率権であることはいうまでもなく、Ⓑ謀叛・殺害人などの追捕行動ではない。

この点できわめて興味深いのは石井進氏の所論である。(103)氏は平安時代の例などからして押領使と追捕使の類似性、また島津荘を例として「総追捕使と押領使の職務内容の親近性」を認められながらも、下野国守護に任命された小山氏の小山朝政の

近国守護補任御下文等備進之、（中略）小山左衛門尉朝政申云、不帯本御下文、曩祖下野少掾豊沢為当国押領使、如検断之事、一向執行之、秀郷朝臣天慶三年更賜官符之後、十三代数百歳、奉行之間、無片時中絶之例、但右大将家御時者、建久年中、亡父政光入道、就譲与此職於朝政、賜安堵御下文許也、敢非新恩之職、称可散御不審、進覧彼官符以下状等云々

という文言を基礎として、(104)「この場合には押領使から総追捕使、のちの守護へという移行関係がもっとも明瞭」と述べられている。むろんこの押領使から惣追捕使への移行を小山氏の場合以外にも一般化されているわけではないが、私はこれを一般的な形態と考えてもよいと思っている。すなわち、頼朝の勢力・政権にとって対平氏関係が課題であった当初の時期（頼朝軍入京まで）にもっとも重要であったのは、いうまでもなく軍事力をいかにして編成するかということなのであって、この点については平氏も同様である。この軍事力の編成はⒶ軍事の問題＝押領使であって、警察の問題、すなわちⒷ追捕行動＝追捕使ではない。たしかに両使は現実には同様のものとして存在していたことは史料

的にも疑う余地がないが、前述したようにそのことは官職の職務内容が同一であるということを示すものではないのである。つまり頼朝が当初に必要としたのは押領使のもつ軍事指揮権なのであって、小山朝政が「当国押領使」を安堵され、また「長門国守護職次第」が「長門国平家以往守護職、元者号押領使職」(105)とするのも、当初は押領使のもつ職務内容のほうが重要であったことをよく示している。頼朝が押領使と追捕使が併存するのに対して、押領使に注目するのは当然であって、押領使のもった機能を手中にするかどうかが、平氏に勝利するかどうかのカギであった。このことをさらによく示すのは石見国の押領使の場合である。いずれも、元暦元年(一一八四)五月の年紀をもつ文書である。(106)

(い)

下　石見国在庁官人等

補任押領使職事

藤原兼高

右以人為役職、一国之御家人催、無他妨可致其沙汰之状、如件者、御家人幷在庁官人等宜承知、勿違失、以下、

元暦元年五月　日

鎌倉殿御代官平朝臣
御判

(ろ)

九郎判官殿御下文

下　石見国御家人等所

可早随押領使藤原兼高下知、相具追討使事

右件御家人等、随彼兼高催、可追討平家、捽其殊功可有勧賞之状、如件、

元暦元年五月　日

源御判

(は)

下　石見国

可早打進出雲国謀叛輩岐須木次郎兄弟弐人・横田兵衛尉等事

右輩、為平家方人、昼夜飛青鳥、朝暮通鴈札、自南海襲寄者、自北嶺可進出之由状炳焉也、天譴俄来、人望早背者也者、健児・非違両直（ママ）押領使・御家人・在庁官人承諾、打越出雲国、相共彼国人御使、不日可打進之状如件、国（人カ）土宜承知、不可違失、故下、

元暦元年五月　日

追討使鎌倉殿御代官平朝臣 御判

この石見国の場合がどこまで一般化できるかはこれまた問題は残るが、「追討使鎌倉殿御代官」(は)としてこの地域に頼朝に代る絶対的な権限をもっていた梶原景時が藤原兼高を押領使に任命し(い)、この兼高に「追討使」に従って行動するべき旨の下文が西国の軍事的権限をもっていた源義経から出されている(ろ)。要するに当地方の土豪たる藤原

兼高を動員して平氏追討にあたらせようとしたものであって、その時に兼高に与えられたのは、Ⓑ追捕についての権限ではなくて、Ⓐ軍事指揮権であり、「一国之御家人催、無他妨可致其沙汰」という一元的な御家人の指揮権が付与されている。「相具追討使」というのもここから出発しているのであって、石見国御家人への軍事指揮権発動が押領使の任務であった。いま一通の景時の下文にはたしかに「謀叛輩」を出雲国まで「打進」めることが「健児・非違両直《(マヽ)》押領使・御家人・在庁官人」に命令されているが㈲、ここでは押領使がとくに主としてどの分野を分担したか不明であって、この文言からだけではⒷ追捕行動をも担当したとは断言できない。いずれにせよ頼朝政権がまさに第一に侍所を設置したことからも知れるごとく、とにかくも第一に軍事指揮権を把握し、兵士徴収を円滑化するのが重要な課題なのであって、それが石見国に追捕使ではなくて押領使が任命された理由であった。こうした観点が正しいとすれば、頼朝には押領使のみが必要であって、追捕使は必要でないということになろう。しかし惣追捕使の公許をうけた文治元年（一一八五）にはすでに現実の情況において頼朝の支配は容認されていたし、したがって課題となるのは新たな問題である義経・行家を「謀叛人」としていかにして追捕するかということであった。この段階でⒷ追捕行動が必須の権限となったのであって、Ⓐ軍事指揮権に、Ⓑ追捕行動が加わり、しかも公許を得る理由は「謀叛人」義経・行家の「追捕」であったことはいうまでもなく、そうだとすれば申請しうる官職は押領使ではありえず、追捕使ということになろう。

おわりに

惣追捕使の「惣」はではどういう意味なのか。国内一円に追捕権をもつという意味にはちがいないのだが、しかし平面的な意味での惣ではなくて、荘園・公領という政治的次元を越えた一段高い国家的な次元での「惣」なのである。鎌倉幕府・頼朝によって設置される惣追捕使はそれ自身は「追捕使」でよいのではあるが、すでに述べたごとく追捕使は国衙の官職として、また荘園内の所職として存在するのであって、いわゆる不輸・不入権をもった荘園に対しては効果がないし、後者はまた当然のことながら公領には介入できない。荘園と公領が対立して併存し、各々が独自の自立した権力圏たりうる政治環境をそれとして認め、そのうえで支配を行なおうとするのならばそれでもよいが、少なくとも全国的政権をめざす限り、公領しかあるいは荘園しか介入・支配しえない追捕使では困るのである。国内を一円に支配するという志向をもたないかぎり、政権としての幕府の前途は暗かった。だから義経・行家を追捕するためには、追捕権のうえで荘園・公領ともに介入しうる「惣」追捕使を設定する必要があったのである。しかもこの内乱期には他の職ではなくて、兵士徴収権を前提としてさらに義経・行家を追捕できる「惣追捕使」でなければならなかった。もっとも、前節でふれた石井進氏の見解を批判して上横手雅敬氏が述べられたように「この考え方を押し進めると、平家没官領・謀叛人所帯跡以外では一国惣追捕使（守護）は成立しないことになる」[107]のであるが、惣追捕使はまさに平氏の残党と義経・行家を追捕する追捕権の問題として設置されるのだし、それは領地の種類が私領か公領かまた没官領かそうでないかとは本来的に関係なく「惣」追捕権をもった官職であったと考えてよいと思う。

（1）　たとえば、「朝野群載」天暦六年三月二日越前国司申文、など。
（2）　「吾妻鏡」文治元年十二月二十一条
（3）　なお、和田英松氏に「追捕使考」（『如蘭社話』二七号）があるが（同氏著『国史話苑』の著述目録）、まだ読んでいない。
（4）　諸橋轍次氏著『大漢和辞典』当該項

(5) たとえば、「賊盗律」強盗条、「捕亡令」追捕罪人力不能制条、など。
(6) たとえば、「賦役令」有事故条、「捕亡令」有盗賊条、など。
(7) 「職員令」大国条
(8) 「文徳天皇実録」仁寿二年二月二十七日条
(9) 「日本三代実録」貞観四年五月二十日条
(10) 「日本紀略」寛平七年六月六日条
(11) 「日本紀略」昌泰三年五月二十八日条
(12) なお、追捕とよく似た概念を示すものとして「追討」という用語がある。これも令の中に出てくるし、ほぼ追捕と同じ内容をさし示す用語として使用されている。しかし実際の用例はかなりちがったものであって、追捕使と追討使のちがいを予測させる。

たとえば、奈良時代の例として恵美押勝の乱におけるものがある(「続日本紀」天平宝字八年九月十一日条、同八年九月二十九日条など)。この時の追討の主体は「官軍」である。国家を乱すものを対象として使用されている。またのちの時代の例では新羅の侵寇した時のものがある(「日本紀略」寛平五年五月十一日条、同五年閏五月三日条など)。この時の追討の主体は大宰帥・大弐とある。

この両者に共通するのは、追捕という概念よりは対象が大きいということであろう。単に警察的行動ではなく、国家機構そのものをゆるがすような対象を予想しており、むしろ、追討という言葉はより軍事的な行動を表わしているといえよう。
(13) 「貞信公記」承平二年四月二十八日条
(14) 「日本紀略」承平四年十月二十二日条
(15) この過程については、第三章第一節を参照されたい。

(16)「貞信公記」天慶二年二月十二日条
(17)「本朝世紀」天慶二年六月七日条
(18)同右
(19)「本朝世紀」天慶五年閏三月一日条
(20)「貞信公記」承平二年四月二十八日条。また「日本紀略」承平四年十月二十二日条
(21)「貞信公記」天慶二年十月三日条
(22)「本朝世紀」天慶二年六月七日条
(23)「将門記」(むろんその史料性に問題はあるが)によれば経基の密告は天慶二年(九三九)三月二十五日のこととなっている。
(24)「日本紀略」天慶三年正月一日条
(25)「日本紀略」天慶四年正月十六日条
(26)「本朝世紀」天慶四年八月七日条
(27)「日本紀略」天慶三年十月二十二日条
(28)「扶桑略記」承平四年七月二十六日条
(29)「日本紀略」天慶四年五月十九日条、また「本朝世紀」天慶四年八月十八日条、また「日本紀略」天慶四年十一月二十九日条、など。
(30)「日本紀略」天慶三年正月一日条
(31)「日本紀略」天慶四年正月十六日条
(32)「日本紀略」天慶三年十月二十二日条

(33)「日本紀略」天慶三年正月十四日条
(34)「本朝世紀」天慶四年十一月二十九日条
(35)「日本紀略」天慶四年五月十九日条
(36)この点については、本書第三章第一節を参照されたい。
(37)「純友追討記」
(38)「日本紀略」承平四年七月二十六日条
(39)「日本紀略」天慶三年十月二十二日条
(40)「日本紀略」天慶三年八月二十二日条
(41)「師守記」貞和三年十二月十七日条
(42)「貞信公記」天慶三年正月十六日条
(43)「本朝世紀」天慶四年十一月五日条
(44)「日本紀略」天慶四年五月十九日条
(45)「貞信公記」天慶三年二月二十七日条
(46)「貞信公記」天慶三年四月六日条
(47)「本朝世紀」天慶四年十月二十三日条
(48)「本朝世紀」天慶四年十一月五日条
(49)「貞信公記」天慶三年二月二十三日条
(50)「貞信公記」天慶三年四月六日条
(51)「師守記」貞和三年十二月十七日条

(52)「本朝世紀」天慶四年十一月二十九日条
(53) この点については、本書第二章第一節、また同章第二節を参照されたい。
(54)「続日本後紀」天長十年十二月一日条
(55)「続日本後紀」嘉祥元年八月六日条
(56)「扶桑略記」延長四年十二月十九日条
(57)「政事要略」天暦元年六月二十九日太政官符
(58) もちろんまったく存在しないわけではない。「小右記」永観三年三月二十日条には「追捕左兵衛尉藤原斉明使」という文言がみえている。
(59)「朝野群載」天暦六年三月二日越前国司申文
(60)「朝野群載」天暦十年六月三日太政官符
(61)「西宮記」（臨時一、裏書）に「応和二年十二月廿六日、令国光朝臣給左大臣（実頼）、大和国司申以大掾巨勢忠明、為追捕使左大将令申、依請」とある。
(62)「小右記」永祚元年四月六日条
(63)「小右記」正暦元年九月十一日条
(64)「類聚符宣抄」正暦三年十月二十八日太政官符
(65)「高野山文書」正暦五年九月二十七日紀伊国在田郡司解案（『平安遺文』三六〇号）。ただし、この場合の追捕使は「被載応任旧例、為不輸租田、停止検田使入勘、右大弁宅所領石垣上下野并参箇庄田畠状」という文書内容が示すように石垣荘の荘務に関する国符を申請しており、しかも郡司として署名しているから、あるいは石垣荘の荘園追捕使である可能性もあるが、判断できる史料がほかにないのでしばらく措く。

なお、荘園追捕使についても荘園押領使と同じく存在したことに疑いはないが、その成立の事情はよくわからない。正暦五年（九九四）のものがそれだとすると初見史料ということになるが、これ以外に荘園追捕使のみえるのは平安時代末期のことである。仁平二年（一一五二）の名張郡司に牒した仁平二年三月十八日神戸司牒案（「興福寺本信円筆因明四相違裏文書」・『平安遺文』二七五七号）に神戸司の構成員として神戸公文・惣刀禰・郷長などと並んで「追捕使馬工宗俊」なる文言がみえ、また仁安四年（嘉応元年〈一一六九〉）の文書たる仁安四年二月十一日大和国榅本荘住人等解（「興福寺本信円筆因明四相違裏文書」・『平安遺文』三四九二号）には榅本荘の田堵を殺害した犯人の一人として「友清丸字居去追捕使」とあり、友清丸は在地住人層に属し、荘園追捕使であった可能性が強い。中世に至って荘園追捕使（荘園惣追捕使）が多くみられることについては後述するところを参照されたい。

(66)「光明寺古文書」久寿元年十二月二十七日沙弥某田地売券（『平安遺文』二八〇五号）

(67)「北山抄」巻六。

ただ近江の場合には天暦十年（九五六）に追捕使が官符によって任ぜられている（「朝野群載」天暦十年六月十三日太政官符）。すなわち近江国から国解が出されてそれを官符によって承認している。「北山抄」は藤原公任の手になり、十一世紀はじめに成立したものであるが、この天暦十年（九五六）の制度がその時期までに変化したものであろう。検非違使別当まで歴任した公任であるからまちがったものとは考えられない。十世紀末には中央国家が畿内のみではなくて近江までを自己の膝下たりうる国として指定したものであろう。逆にいえばそれ以外の国は追捕使の補任に限っていえばその主体的権利を放棄したのである。

(68)「類聚符宣抄」正暦三年十月二十八日太政官符

(69)「高野山文書」正暦五月九日二十七日紀伊国在田郡司解案（『平安遺文』三六〇号）

(70)「朝野群載」天暦十年六月十三日太政官符

(71) 竹内理三氏等編『日本古代人名辞典』第三巻
(72) 同右。また西岡虎之助氏『荘園史の研究』下の一「古代における武士の荘園」など。
(73) 太田亮氏『姓氏家系大辞典』による。
(74) 「三条家本北山抄裏文書」長保元年七月十五日検非違使別当宣（『平安遺文』三八四号）
(75) 上横手雅敬氏「武士団成立史の一齣」（『史窓』九号）
(76) 「権記」長保四年三月十二日条
(77) 竹内理三氏等編『日本古代人名辞典』第二巻当該項
(78) 「光明寺古文書」久寿元年十二月二十七日沙弥某田地売券（『平安遺文』二八〇五号）
(79) 「朝野群載」天暦十年六月十三日太政官符
(80) 「類聚符宣抄」正暦三年十月二十八日太政官符
(81) 「朝野群載」天暦六年三月二日越前国司申文
(82) 「三条家本北山抄裏文書」長保元年八月二十八日大和国司源孝道解（『平安遺文』三八五号）
(83) 「朝野群載」天暦六年三月二日越前国司申文
(84) 「三条家本北山抄裏文書」長保二年三月二日検非違使別当宣（『平安遺文』補七号）
(85) 史料には「（前略）事之真偽、暗以難知、宜仰下山城追捕□播美相奉、息長信忠□□慥尋捜実誠、令□進其輩者（後略）」とあって若干の欠字がある。「追捕」の下の一字はまず「使」であろうし『大日本史料』第二編第三巻も「使」をあてている。「信忠」の下二字は不明であり、「山城追捕使」を息長信忠にまでかけるかどうかが問題になるが他の例からみて一国に追捕使が二人居たとは考えられない。たとえば前述した天暦十年（九五六）近江国司あての官符では近江追捕使は代々一人であったことが知られる。

(86)「田中忠三郎氏所蔵文書」永承五年七月二十二日太政官符案（『平安遺文』六八二号）

(87)「三条家本北山抄裏文書」長保元年七月十五日検非違使別当宣（『平安遺文』三八四号）

(88)上横手雅敬氏「武士団成立史の一齣」（『史窓』九号）、および『日本中世政治史研究』第一章第一節「武士団の成立」

(89)「九条家本延喜式裏文書」長久四年七月十三日右看督長水田某解文（『平安遺文』六〇六号）

(90)「類聚三代格」昌泰四年閏六月二十五日太政官符

(91)その著名な例として丹波大山荘に対する丹波守高階為章と在庁官人との意見の対立がある。在庁官人が大山荘収公を主張するのに対して為章は任終期になって寺領確認を行なう（西岡虎之助氏『荘園史の研究』下の一「荘園制における官省符荘の変質」参照）。

(92)「春記」長久元年四月十三日条

(93)堀池春峰・田中稔氏編『高山寺遺文抄』（のち、該当文書は高山寺典籍文書綜合調査団編『高山寺本古往来・表白集』に収載）に載せられた古往来に見える押領使。

(94)「保元物語」はいうまでもなく後世の作になる物語であって、その史料性は疑わしく、為朝が実際に官職としての総追捕使であった可能性は少ない。

(95)「吾妻鏡」治承五年三月十二日条

(96)「鹿嶋神宮補任記」

(97)「天理図書館所蔵文書」寿永二年四月十一日散位藤原能季申文（『平安遺文』四〇八三号）

(98)「佐々木信綱氏所蔵文書」寿永二年三月十六日平棟範奉書（『平安遺文』五〇八〇号）

(99)「佐々木信綱氏所蔵文書」寿永二年三月十三日春日社神主等解案（『平安遺文』五〇七九号）

(100)渡辺直彦氏「神社検非違使」（『神道学』四九号、のち同氏著『日本古代官位制度の基礎的研究』第四編第四章「神社検非違使の研究」）

(101) もっとも、周知のように公許の文治元年（一一八五）以前にも惣追捕使の名称は存在する。一は前引の治承五年（養和元年〈一一八一〉）の例で、一は同じく前引の寿永二年（一一八三）の例である。また義江彰夫氏はこれに合せて元暦元年（一一八四）・文治元年（一一八五）の合計四例をあげておられる（同氏「頼朝挙兵時代の惣追捕使と守護人」『日本歴史』三七〇号）。少なくとも治承五年（養和元年〈一一八一〉）・寿永二年（一一八三）の場合は荘園追捕使であって、幕府設置惣追捕使とは系譜を異にする。

(102) 佐藤進一氏『鎌倉幕府守護制度の研究』「結言」

(103) 石井進氏「『文治守護地頭』試論」（『史学雑誌』七七—三）、および『日本中世国家史研究』Ⅰの第二章「幕府と国衙の一般的関係」

(104) 「吾妻鏡」承元三年十二月十五日条

(105) 住吉神社本「長門国守護職次第」（佐藤進一氏『鎌倉幕府守護制度の研究』所引）。なお、「続群書類従」本は、意が通じない。

(106) (い)「益田家什書」元暦元年五月梶原景時下文案（『平安遺文』四一七五号）、(ろ)同元暦元年五月源義経下文案（『平安遺文』四一七七号）、(は)同元暦元年五月梶原景時下文案（『平安遺文』四一七八号）

(107) 上横手雅敬氏『日本中世政治史研究』第二章第三節「文治の守護・地頭」

第四節　源氏と平氏――棟梁の成立

はじめに

源頼朝によって樹立された政権が、日本における武家政権の成立としてきわめて重要な意味をもつことはいうまでもないだろう。平清盛による平氏「政権」にしてもことは似たようなものである。以後、近代に至るまで数百年にわたって継続する国制の伝統が、このときにきずかれたのである。戦国の争乱を統一した織田信長が平氏を名乗り、これを継いでいく徳川家康が源氏を主張するのは、まさに源頼朝なり平清盛なりが政権を造りあげたときの轍をふんでのものであるし、頼朝や清盛が個人としてではなく、源氏あるいは平氏の棟梁として政権を樹立したという前例によっている。本節で述べようと思うのは、この源平両氏という武家の棟梁によって形成された武家政権が、その成立においてどのような特質をもっていたのかという点である。棟梁として頼朝や清盛がもっていた軍事的特質と政治的伝統が武家政権を成立せしめたと考えるからであり、それを追求することによって武家政権成立の歴史的意味を探ろうとするものである。

1　源平両氏族の成立

源氏が成立したのは、平安時代初期のことである。源氏といってもその流派は多く、「尊卑分脈」には嵯峨源氏・

仁明源氏・文徳源氏・清和源氏・陽成源氏・光孝源氏・宇多源氏・醍醐源氏・村上源氏・花山源氏・三条源氏・後三条源氏・順徳源氏・後嵯峨源氏・後深草源氏・亀山源氏・後二条源氏の合計十七流をあげている。このうちでもっとも早く成立したのが嵯峨源氏で、弘仁五年（八一四）のことである。この年、嵯峨天皇は詔文を発し、

詔、朕当揖譲、纂践天位、徳愧睦迩、化謝覃遠、徒歳序屢換、男女稍衆、未識子道、還為人父、辱累封邑、空費府庫、朕傷于懐、思除親王之号賜朝臣之姓、編為同籍後従事於公、出身之初一叙六位、唯前号親王、不可更改、同母後産、猶復一例、其余如可開者、朕殊裁下、夫賢愚異智、顧育同恩、朕非忍絶廃体余、分折枝葉、固以天地惟長皇王遁興、豈競康楽於一朝、忘彫弊於万代、普告内外、令知此意、

弘仁五年五月八日

と述べた。(1) 要するに、自分には男女が多くあって、彼らが皇族として封邑を領し、それは「府庫」の費《ついえ》となるから、「親王之号」を除いて「朝臣之姓」を与えたい、というわけである。たしかにその「出身之初」は六位であるから、親王として皇族籍にとどめておくより財政支出ははるかに少なくてすむ。詔文で主張されている賜姓降下の理由はこの一点だけであり、著名な藤原緒嗣と菅野真道の天下徳政論争をあげるまでもなく、平安時代初期は「軍事と造作」を中心として厖大な財政支出がなされた時代であったから、親王籍除去という措置の歴史的必然性はよく理解できる。「源朝臣(中略)信等八人、是今上親王也、而依弘仁五年五月八日勅賜姓、貫於左京一条一坊、即以信為戸主」(2) と記された皇族賜姓の前例としての源氏はこのようにして生れた。

嵯峨源氏につぐのが仁明源氏である。仁明天皇の皇子たちが降下しており、その筆頭である多が嘉祥二年（八四九）に无位から従四位上に叙されているから、(3) この前後に仁明源氏は成立したらしい。文徳源氏は文徳天皇の皇子たちが

源姓を賜わったもので、仁寿三年（八五三）のことである。「皇子能有・時有・本有・載有・皇女憑子・謙子・列子・済子・奥子等、賜姓源朝臣、隷左京職、行前日詔也」とある。(4)陽成源氏は陽成天皇皇子の清蔭らが延長三年（九二五）に源姓を名のり、(5)光孝源氏は「散位従四位下元長王、（中略）十四人、賜姓源朝臣、（後略）」とあって貞観十二年（八七〇）の賜姓である。(6)宇多源氏は宇多天皇皇子の斉中親王たちからはじまり、(7)敦実親王の男子の雅信・重信たちが政界に活躍している。醍醐源氏は醍醐天皇皇子の盛明親王が「先賜源姓後為親王」と記され、(8)兼明も「賜源姓任左大臣」とあり、(9)高明が左大臣となって村上天皇の天暦の治をよく輔佐したことはいうまでもない。延喜二十年（九二〇）に高明・兼明・自明・允明・兼子・雅子・厳子の七人が「（前略）而依去年十二月廿八日勅書賜姓、貫左京一条一坊、宜以高明為戸主者、（後略）」と記され、(10)臣籍に降下している。村上源氏は村上天皇皇子の昭平親王が「賜源姓之後為親王」とあって、いったん源姓に降下している。(11)応和元年（九六一）のことで、「（前略）件皇子、宜依去年十二月廿九日勅書賜姓者、（後略）」とある。(12)花山源氏以下はあまり勢力をもたなかったのでここではいちおう除外しておく。

源氏の各家系を大きく公家流と武家流に分けることが可能であるが、ここにあげたものはいわば公家流源氏である。宇多源氏のいくつかの流派のように武家をだした家系もありはするが、基本的には公家社会に生きたといってもよかろう。嵯峨源氏では、良房と親しかった信（左大臣が極官、以下同じ）、その弟の弘（大納言）、常（左大臣）、定（大納言）、融（左大臣）などがいる。うち、融の子孫がもっとも繁栄する。仁明源氏では、多（右大臣）、冷（参議）、光（右大臣）、興基（参議）、文徳源氏では、能有（右大臣）、その子当時（中納言）などがいる。陽成源氏では清蔭（大納言）、光孝源氏では貞恒（大納言）、是茂（中納言）、清平（参議）、正明（参議）、宇多源氏では雅信（左大臣）、重信（左大臣）、庶明（中納言）、時中（大納言）、扶義（参議）、道方（権中納言）、経長（権大納言）、経信（大納言）、醍醐源氏では兼明（右大臣）、高明（左大臣）、重光（大納言）、重

資（中納言）、伊陟（中納言）、俊賢（大納言）、経房（中納言）、顕基（中納言）、資綱（中納言）、家賢（権中納言）、隆国（権大納言）、俊明（大納言）、俊実（大納言）、能俊（大納言）、などがいる。

これらは「尊卑分脈」を電覧してとった名前であるが、多くの議政官を源氏が輩出したことは容易に知れる。さらにこのことをよく示すのは村上源氏の例である。具平親王の子孫が栄え、師房（右大臣）、俊房（左大臣）、顕房（右大臣）、雅実（太政大臣）、雅定（右大臣）、雅通（内大臣）といった大臣をだしたばかりでなく、多くの公卿を輩出した。とくにこの家系が重要な歴史的役割を果すのは、周知のように、院政下においてである。院政の統治形態や執政権者については論点があってまだ定説をみていないが、(13)この政権の誕生に源氏が大きな位置を占めていたことは疑いない。そしてその源氏は村上源氏が中心となっていた。院政という政権は、卑俗な言い方をすれば、藤原摂関政治に対抗して皇族が権力回復のために造りだしたものといえるが、そのために白河天皇は上皇となって執政した。上皇は源氏の勢力を藤原氏抑圧のために登用し、政議に参与せしめる。院政開始の翌年の寛治元年（一〇八七）、参議以上の公卿は二十六人で、うち源氏は八人（村上源氏七、宇多源氏一）であった。寛治七年（一〇九三）には藤原宗忠が源氏の進出を述べて、

左右大臣、左右大将、源氏同時相並例、未有此事、今年春日御社頻恠異、興福寺大衆乱逆、若是此徴歟、加之大納言五人之中、三人已源氏、六衛府督五人已源氏、七弁之中四人也、他門誠希有之例也、為藤氏甚有懼之故歟、

と記しているように、(14)藤原氏が「懼」をいだくほどの進出ぶりであった。これを白河上皇の個人的な身びいきの結果としてのみ考えることはできない。院政最盛期である鳥羽天皇即位の天仁元年（一一〇八）になると、公卿は二十三人でうち源氏は十二人（村上一〇、宇多・醐醍各一）となり、公卿の半数を占めるに至る。

平氏にも桓武平氏・仁明平氏・光孝平氏・文徳平氏などがある。やはり武家流と公家流があり、桓武平氏では高棟

（大納言）、惟範（中納言）、伊望（大納言）、時望（中納言）、時忠（大納言）、親宗（中納言）、仁明平氏では随時（参議）、などが公卿として活躍した。平氏についての考察はここでは省略するが、源氏・平氏ともに公家流のそれは多く政治にかかわっている。これらからして、源氏・平氏について三つの特色が指摘できよう。

㈠　公卿となって政議に参与しうること。

㈡　その参与が行なわれるのは天皇・皇親政治をささえるためであること。

㈢　参与しうる根拠は源平両氏が皇族から臣籍に降下したからだということ。

の三点である。たしかに賜姓降下の理由を明確に示した弘仁五年（八一四）の詔には財政支出軽減がうたわれてはいるが、いまひとつかくされた理由があったのであり、それは九世紀以降にとみに衰退する天皇と天皇政治を支えるということであった。むろん、たとえば源高明は臣籍に降ったときわずか八歳であって、当初から高明個人に兄の村上天皇を輔佐するという役割が期待されていたわけではない。しかし嵯峨源氏からはじまる源平両氏の皇族からの降下は、全体としてやはりそうした意味がこめられていたことは否定できないであろう。

　以上は公家流の源平両氏についての考察であるが（といっても公家流・武家流という区分は後世になって分けられるということであって、降下の当初から区分があったわけではない）、源氏政権を論じる場合に問題となるのは清和源氏である。貞観十五年（八七三）に長猷・長淵・長鑒・載子の四人が源姓を賜わったのにはじまるが、(15)武家として隆盛を誇るようになるのは貞純親王の子経基王が天徳五年（応和元〈九六一〉）六月に源姓を名のり、(16)その子満仲以降のことである。この経基の場合、賜姓の情況は他とかなり異なっている。つまり皇族だからというのではなくて、果した功績に報いるための賜姓なのであった。彼が「天性達弓馬長武略(17)」といわれて将門・純友の乱の鎮圧に活躍することはよく知られているが、その手柄によって源姓を与えられたのである。しかし経基王は清和天皇の三代にすぎず、父の貞純親王も経基王が六孫王とよばれるごとく六男であったから、得た官位は高くはなかった。そのことがまさに清和源氏貞純親王流が地方社会において武家として生きていく情況をつくったのであって、中央政界に活躍するほどの官位を賜姓によって得ることはなかったのである。

桓武平氏についてもことは同じである。葛原親王の長男高棟王は天長二年（八二五）に平姓をえて臣籍に降下し、[18]大納言・正三位にまで至っているが、弟の高見王は無位にして死去し、[19]したがってその子で平姓を名のる高望[20]は、上総介・従五位下であったにすぎない。つまり桓武平氏高見王流も中央政界で生きる途はなく、必然的に地方在地社会に進出せざるをえないのである。清和源氏・桓武平氏ののちに武家として展開する家系はいずれも低い官位で降下したのであり、政界での高い出世は望みうべくもなく、地方に土着した。これが幸運にも武家として繁栄することになったのであって、はじめから中央政界での源平（公家流）と地方社会での源平（武家流）が区別されていたわけではない。結果としてそうなっただけなのであって、武家流の源平、とくに源氏政権を構成する清和源氏を考えてみる場合にも、この点には十分に注意する必要があろう。前に述べた三つの特性は頼朝政権にも清盛政権にも、本来的にはあてはまるのである。

2　「源平相並」の例

養和元年（一一八一）八月、九条兼実はその日記に源頼朝が後白河法皇に対して密々に奏した書信を書きとめている。[21]養和元年（一一八一）八月といえば、頼朝の挙兵から一年後、関東での勢力を強めていたし、一方平氏は京都にはいるも

の平清盛はすでに亡く、源氏と平氏の力は対等に近くなっていた。頼朝の密奏はこうした時点でなされた。その趣旨は、

全無謀叛之心、偏為伐君之御敵也、而若猶不可被滅亡平家者、如古昔源氏・平氏相並、可召仕也、関東為源氏之進止、海西為平氏之任意、共於国宰者、自上可被補、只為鎮東西之乱、被仰付両氏天、暫可有御試也、且両氏孰守王化、誰恐君命哉、尤可御覧両人之翔也、

というものであった。すなわち、自分頼朝の挙兵は朝敵を伐つためであって、もし平氏を滅すというのがいけないのなら昔のように源平両氏がならんで朝廷につかえましょう、というのである。むろんこの密奏は頼朝が朝廷と平氏にかけた揺さぶりであって実際に実現する可能性はなかったが、それでもこの提案をきいた平氏はいちおうは「此儀尤可然」と答えているのである。源氏・平氏がともに朝廷に相ならんでつかえるというのは、源氏にとっても平氏にとっても納得のできる提案であったのであり、しかもそれは「古昔」からの習いとして定着していたのであった。

こうした伝統の形成は、院政期においてなされている。院政のとりくまなければならなかった軍事的課題は多かったが、にもかかわらずこの政権は明確で整然とした軍事組織をもっていなかった。官制上においてのそれは律令諸制度の衰退とともに利用価値は減少し、軍団・衛府の制度は使うにたえなかった。そこで創出されるのが院の私的機関の武力を育成するということであり、北面の武士などはこうしてできたものであった。つまり、まずあるのは院と武士との関係であって、公的な官制上の位置は二の次なのである。「源平院ノ兵仗ヨリハジメ、院内・宮中守護シタテマツリ」という文言は(22)、その間の経緯をよくあらわしている。源氏・平氏が院政の軍事的基盤としてならびたつのは、このときにはじまる。

たとえば、すでに早く延久元年(一〇六九)には「令前駿河守平維盛、検非違使左衛門少尉源家宗等、追捕大和国釜摩多山強盗」とあって(23)、源平がならんで追捕のことにあたっている。この場合、たしかに源家宗については検非違使としての職務を遂行したまでであるが、平維盛については官職は前駿河守という地位にすぎず、彼が追捕にあたるべき官制上の根拠は存在しない。平氏であり、輩下に多くの武力を保持していたという主従制的属性によって私的に動員されたものなのである。「源氏・平氏相並」の萌芽をここにみることができよう。彼らは、むろん軍事関係の官職に任命されることもあったが、むしろそうでない場合のほうが多かった。前述したように官制上の根拠をもたないのであって、「治天の君」として、「政天下上皇御一人也」といわれ(24)、また「敢不拘人之制法、必遂之」といわれた院政で(25)あれば、むしろ官制上の拘束をうけない存在のほうがつごうがよかったのである。官制上の位置はなくとも、国制のうえでは重要な配置にあったことに注意するべきであろう(26)。「検非違使・武勇之輩」(27)・「天下弓兵之士」「武勇之輩」(28)・「京武者」(29)などとあるように「武勇之輩」「京武者」などとよばれて、検非違使などとならんで事にあたったのであり、現実に国家の命令をうけ、国制上の位置を構成していたのである。

氏族団体としての源氏・平氏もこれと同等の位置を占めていた。承暦三年(一〇七九)六月に大衆が蜂起したときにこれを鎮圧するべく人々が遣わされる。

遣前下総守源頼綱・甲斐守同仲光・検非違使大夫尉平季衡・尉平季国・紀章成・志宗国・信良・府生安倍頼重幷右衛門尉平正衡・同宗盛等於堤下令防之、

とあって(30)、十人の名前が知られるうち、平季衡以下は検非違使庁・衛府の官人であって大衆鎮圧に動員される官制上の理由をもっていたが、冒頭に記された二名の源頼綱・源仲光は前下総守・甲斐守という国司であって、大衆鎮圧とは官制のうえではまったく無関係であり、たとえば頼綱でいえばほかに参河守・下野守などを歴任してはいるが頼国の子で多田源氏を継いだ武家の棟梁であるという氏族的属性によって二人は動員されたのである。また同じ永保元年（一〇八一）九月、山門と寺門が抗争し、「園城寺僧徒数百口率兵士、登台山南大挙、放火警固小屋山僧合戦」を行なったとき、朝廷の派遣したのは「検非違使・武士」であって、(31) これはまた「廷尉并源平両氏之五位以下諸衛府」とも記されており、(32) 山門・寺門の抗争を鎮圧する「武士」は「源平両氏」であった。検非違使は官制体系を経由する命令によって動いたことはいうまでもないが、「源平両氏」はそれをもたないにもかかわらず国制の中に登用されているのである。さらに、天仁元年（一一〇八）四月、比叡山延暦寺の僧兵が日吉社の神輿をかついで数千人ばかりで強訴のために入京せんとした。このときそれを禦いだのは「公家所指遣之検非違使并源氏平氏天下弓兵之士武勇之輩数万人」であった。(33) また、天永四年（一一一三）四月、南都興福寺の僧兵の入京を宇治で禦いだのは「武士丹後守正盛以下、天下武者源氏平氏輩」であった。(34) また久安三年（一一四七）の大衆蜂起に際して「戈桙如林、士率満巷」という情況で白河御所を固めたのは

　河内守源季範、左衛門尉同光保、同近康、同季頼已上三人、五位尉、同為義已上四人、廷尉、隠岐守平繁賢、前右馬助同貞賢等、

であって、彼らは「源氏平氏之輩」と言い換えられていて、(35) とくに源平両氏の冒頭に記されている源季範・平繁賢は各々河内守・隠岐守であってこれまた官制上に大衆を鎮圧するべき根拠をもたない。また保元の乱に際して「皆悉率随兵被候于鳥羽殿」とあるのは「源氏平氏輩」であり、(36) 源氏であり平氏であるという氏族的属性でもって鳥羽院政の守護にあたっている。これらの例は枚挙にいとまなく、ともにかれらが源氏・平氏という氏族集団に属しているということを表象として国制上の位置を得ていたということを示すのであり、それは換言すれば院政の当主たる上皇・法

皇との関係で発生したものなのである。

3　武士と三使

こうした武士が政治権力を手中にするに至る過程で注意しなければならないのは、国家公権とのかかわりである。その際中心になるのは検非違使・押領使・追捕使の三使と武士との関係である。すでに述べたところと重複する箇所もあるが、いま一度武士との関係に焦点を合せて考えてみたい。

検非違使は九世紀初頭に成立し、はじめ衛門府の兼帯で独立していなかったが、承和元年（八三四）に検非違使別当が任命されて機構としての検非違使庁が成立する。この検非違使と武士とのかかわりを明らかにするのは容易ではないが、検非違使は犯罪人の逮捕や種々の警察的職掌にあたるところから、その職務の執行には一定の武力・軍事力を必要とする。武士をこれに登用するのがもっとも便利なことはいうまでもない。むろん、検非違使の当初の構成の中に武士の登用などということが考えられているはずはない。あくまで官人によってになわれるもので、本来私的な存在、つまり国家公権との関係以外のところで武力を形成している武士を登用するということは、そしてその武士のもつ私兵集団を利用するということは、律令国家が健在なかぎりその官僚体系とはまったくなじまないものであった。

しかし、こうした律令国家の政治理念とは別に、犯罪と十分に対処しようと思えば、現実のものとしてどうしても強力な武力が必要である。律令国家の綱紀がゆるみ地方住民の成長が進んでいくにつれて犯罪も大規模となり、広域化・多様化していく。とくに地方の国々ではそれがひどく、はじめは中央にのみ置かれていた検非違使が続々と地方に置かれるようになってくるのはこのことに関係している。たとえば、九世紀の末に「僦馬之党」と呼ばれる運送業者が国家の規制を破って関東一円に活躍することは周知のところであるが、これはひとつの国の内部では処理を完結することのできない広域的なものであって、そのようないわば社会情況の変化によって検非違使は変化するのである。律令国家の官職としての職務範囲内での検非違使のみでは、九・十世紀に盛んとなる群盗・海賊の横行には対抗することができず、検非違使庁以外の人間を使用せざるをえなくなってくる。

天徳四年(九六〇)、すでに将門・純友の乱も終っていたが、その首謀者である平将門の息子が京都に入ってきたという風説が流れ、勅が出されてその逮捕が命じられた。検非違使の出番である。ただちに行動を開始した。しかし検非違使のみではなく、注目すべきことに

右大将藤原朝臣奏云、近日、人々曰故平将門男入京事、勅右衛門督朝忠朝臣、仰検非違使令捜求、又令延光仰満仲・義忠・春実等、同令伺求者、

とあるように[37]、律令制度上の警察的官職と無関係の源満仲たちも同じく命令によってその逮捕に向かった。

永祚元年(九八九)の例はもっとはっきりしている。この年の七月、滝口の武士の藤原貞正と越前国人の三国行正が争い、貞正は行正を京都粟田口のあたりで射殺した。貞正を捕えるために朝廷が派遣したのは、「公家差遣検非違使并武芸人等令追捕云々[38]」とあるように「検非違使并武芸人」である。つまり、武芸人が検非違使と別に登用され、事にあたっている。この武芸人は、前にみたように武芸に通じた、つまり貞正の射術に勝てるような技術をもった人ということで徴発されたのであった。

実体についてはどんなものかそれ以上に史料はないが、先の天徳の例や、また天延元年(九七三)に宣旨によって強盗を捜査したのは「堪武芸之輩」とあり[39]、正暦五年(九九四)の例では同じく京内・地方の盗人を探索したのは「武者

源満正朝臣・平維将朝臣・源頼親朝臣・同頼信等」であったともいい(40)、これらから考えて後世の武士につながるような人物がこの頃から中央・地方の軍事・警察的機構の中にくいこんできていたことは疑いない。律令国家が衰退し、摂関政治が成立するころである。

武士たちが検非違使に任命されるようになるのはいつ頃からか。たしかに武士たちは検非違使とともにすでに公権を付与され、追捕行動にのり出している。しかしこれは単に武士が臨時的に国家に利用されたということだけで、公権を恒常的に我がものとして権力を拡大していったということにはならない。実際に検非違使に任命され、たえずその権力を発動できる状態、つまりは官制上の地位の獲得は、どのようにして行なわれたのか。たとえば桓武平氏と清和源氏についてみると、平氏ではすでに貞盛の子の維叙・維将などが十世紀の後半期に、源氏では同じ頃に満仲・頼光などが検非違使となっている。武家の棟梁として持つ軍事力を注目されて彼らは登用されたのであるが、まだこの段階で検非違使庁機構を利用しての彼らの勢力拡張は行なわるべくもなかった。

だが、十世紀の後半期に後世の武士家系につながるような人物の検非違使就任がみられることは、中央の場合のみであるが、この頃から身分としての武士が定まりはじめたことを意味するのではないか。むろんまだ摂関家の護衛者などという低い立場や蔑視の対象ではあったが、そうした私的位置や意識の問題は別にして、公的な存在としての武士は、その端緒をこの頃に求めてよいと思う。

中央での武士身分の端緒を検非違使を例証として求められるとすれば、地方ではどうか。これもそうはっきりと時期を確定することはできない。そしてまた諸国検非違使は渡辺直彦氏も述べられるように中央とは異なり「国司の申請に基づき、裁可を得て、その都度臨時に置かれたため、官人としての身分上の処遇は、はっきりとしたものではなかった」[41]から、中央よりもよけいに武士身分を探索するのは困難である。

そのなかでひとつの手がかりになるのは検非違所である。「所」とは在庁官人が国衙の機能を分担するものとして作り出した一種の分課であるが、検非違所は一国内での警察的権限執行にもとづいてきずかれた「所」である。律令国家の衰退に伴ってそれぞれの「所」は成立するが、検非違所の場合とくに国々の存在そのものにかかわる警察・軍事を分担するから、武士が早くからこれを担当していたはずである。

この検非違所がはじめて見えるのは康保二年（九六五）のことである。[42]つまり十世紀頃に諸国に成立してくるのである。具体的に検非違所にいた人名の判明するのはかなり時期的に遅れるが、たとえば平氏の基礎をきずいた平正盛は加賀国検非違所に補任されていたし、[43]鎌倉幕府の有力御家人であった千葉常胤は下総国千葉郡検非違所、[44]長谷部信連は安芸国検非違所であった。[45]彼らに代表される武士たちがここを拠点として行動を起し、公権を最大限の武器として勢力を拡大していく。

この京都と諸国と、どちらの検非違使も重要であるが武家政権という一個の政治権力への道を中心にすれば、中央のそれについてより詳しくみる必要があろう。いまもみたように京師検非違使に武士が登用されるのは十世紀中頃からであるが、時代を経るにしたがってこの傾向は強くなる。むろん使庁の構成のすべてが武士によって占められるということではないが、その警察・軍事的な権力の行使は武士が主としてになうようになるのである。とりわけそれが強くなってくるのは院政期、つまり十一世紀末以降のことである。院政という一個の新しい政権の武力として、検非違使が使われたということに対応しており、武士の側も積極的に検非違使になることによって自己の地位を政治的に上昇させていこうとしたし、その両方の志向の一致によって、この時期の検非違使はどの時代にもまして活躍が著しい。

検非違使が何をこの時期にその活動の対象としていたかということは、当時の歴史の本質にかかわる課題であるが、そのひとつに寺院勢力があったことは確かである。この時期、南都・北嶺と呼ばれた興福寺・延暦寺を中心として僧兵が広く興起し、春日・日吉の神木を押したてて院政に強訴し、裹頭《かとう》の僧侶たちが大刀・長刀などをもって武力を行使した。彼らの利害関係は必ずしも院政と本質的に対立するものではなかったけれども、直接的にはしばしば院政と抗争するところとなり、極端に手を焼かされていた。かといって院政自身には有力なそれに対抗する軍事力を現実にも組織上にももたないから何かを利用するしかない。

しかし、この利用は通常のルートでは不可能である。なぜならば、検非違使と院政(上皇・法皇)とは何の公法上の関係もないのだから。検非違使が院政の命令を守る理由も義務もない。ではどのようにして院政は検非違使を動かしたのか。それは端的に言えば、院と私的な関係においてある種の家産制的な「主従」関係にあった人物を検非違使に送りこむことによってである。たとえば、寛治六年(一〇九二)正月に三人に検非違使たるべき宣旨が下ったが、その一人は兵衛府の官人であって、ふつうは衛門府官人が任命されるからきわめてこれは異例であり「希代の例」だと称されたことがある。(46) この一人が検非違使になった理由は「院辺追捕賞」ということであり、つまり院に対する手柄によって任命されているのであって、その強力な推挙を得てのものであることは想像に難くない。

こうした手段を通じて院との関係者を使庁に送りこみそれを基礎として、ついで今度はその命令系統を院の自由にしようとする。院政は武士を検非違使に送りこみ、みずからの支配下におさめようとしたのである。院との私的な関係を基礎として検非違使の活動がなされる以上、そしてまた官職としての検非違使そのものよりも、任命された武士のもつ武力のほうが目的であった以上、逆に律令制上の官職として検非違使庁は衰退の一途をたどるということになる。武士が多く任命された尉・志などはそれぞれの地位において行動するけれども、長官の別当・次官の佐などはまったく無力となり、使庁そのものも本来の官庁としての役割を果せなくなってくる。

こうした情況は、任命される武士にとってはどう作用したのか。武士たちは、院との私的な関係から出発したものであったにしても、検非違使に任じられるということは、国制上の地位を獲得することであり、その公的な権限を我がものとするということにほかならない。むろんその程度については各種各様であって、任じられたからといってその権限のすべてを私的に執行できたなどと考えることはできない。条件によってそれが可能となったということなのである。その条件は、いまもみたように院と使庁上層部とのあいだにおいて形成されはじめており、別当・佐などが無力化することによって尉・志の立場にある武士たちが私的に活動しえたのである。しかしながら、だからといって武士たちが検非違使を媒介としてただちに政権の座に到達したというわけではない。

その典型は検非違使の職を長くつとめた武家の棟梁源為義にみることができる。保安四年(一一二三)にこの職に任じられてより三十数年、保元元年(一一五六)に保元の乱で敗死するまで職にあり続けたし、祖父義家によって確立され、父義親によって挫折した源氏の勢力を、その公権を利用して回復しようとしたことは疑いないが、結局のところ五位にとどまったし、政権の座など望むべくもなく、崇徳・後白河の争いにまきこまれて敗北してしまう。検非違使という官職についたからといって政権につけるわけではないし、あくまでも自己のもつ家産制的な経営を拡大するのに役立ったということにすぎないのである。

検非違使とならんでさらに重要なのは、これもすでに述べた押領使と追捕使である。

押領使の官職名がはじめて史上にみえるのは延暦十四年（七九五）のことであり、九州の防人たちを平安京にまでつれてくる役目をおっている。戦闘とはまったく関係がない。九世紀になっても何例かの押領使の活躍が知られるが、そのいずれをとっても直接の戦闘とは関係がなく、戦地に兵士を移送しているだけである。前章ですでに述べたように後世に一般的となる軍事指揮官としての性格は平安時代前期にはまったくみることができない。

ところが、こうした性格は十世紀に起った将門の乱を契機として一変する。押領使に東国地方の土豪を任命し、そのもっている配下の武力を動員させ、戦闘にあたらせることになったのである。この段階で押領使は単なる兵士の移送者・統率者としてのみではなく、実際にその兵士を率いて戦うことが要請されるようになる。

これ以後、押領使は各国に続々と設置されていく。中央政府の衰退は激しく、在地土豪として勢力のある人物を登用し、官職を与えて治安を担当させようとするのである。武士の側にとってもこれは国司によって公認されて、堂々と武力を発動できるということであり、自分の勢力を容易に拡大することにつながってくる。

追捕使についても情況はほとんど同じである。この職がはじめて設置されるのは承平二年（九三二）のことである。まだ将門の乱は起っていないが、西海地方に海賊が広範囲に活躍していた時期である。この動きが純友の乱の基礎となるわけであるが、はじめてみえる追捕使はまさにこの海賊を制圧するために設定されたものであった。

本格的な追捕使は、将門・純友の乱が大々的に展開する、天慶三年（九四〇）の任命である。東海道・東山道・山陽道・南海道・西海道といった乱の広がっている地域に設置されている。任命されたのは藤原忠舒・小野維幹・小野好古・在原相安といった人々であったが、出身に差があるといえいずれも当時の都の中・下級貴族である。しかも乱当時に任命されたその対象地はすべて〇〇道という一国を越えた広い地域であって、中央政府によって任命され、広域的に展開した純友の乱の鎮圧のための使として登場してくるのである。乱が終って以後、十世紀後半から十一世紀にかけて、追捕使のこうした性格はやはり変化してくる。一国ごとに設置されるようになり、押領使と同じくその国の軍事的権限を掌握し、行動するのである。両者のちがいははっきりと史料上に確かめることはできないが、押領使はその生成の過程からみて軍事的権限を、追捕使はやはりその設置の事情からみて警察的権限を、それぞれの任務とし、各国衙内部で少なくとも当初は職務の分担があったはずだが、現実の具体的な行動を考える場合にこの両者の区別が明らかにできるはずがなく、やがては同一のものと考えられてしまう。両使の権力の発動と任じられた人物の私的な行動とが重なりあうという現象のもとでは当然のなりゆきでもあった。

追捕使の場合も武士が進出するのは押領使と同じく十世紀中頃からである。国司・郡司では処理できないような軍事・警察的事態に対応するものとして設置されようとしている。いいかえれば、任命される土豪たちがそのような事態に有効に対応できるような軍事力・警察力をもっていたということであろう。また同時に、このような在地土豪が任命されるということは、その官制上の地位を利用して自己の勢力を拡大できるということである。これらの人物のすべてを武士であるといいきることはできないが、その多くが武士であったことは疑いない。

このように、押領使・追捕使は、各国に続々と任命され、その軍事的権限を最大の武器にして武士たちが大きく政治的に浮上していく。

おわりに

以上、源氏と平氏という武士団とその棟梁について、氏族発生の情況と執政の伝統、および両氏を代表とする武士団の権力の形成過程について考えてみた。両氏の国制の中での位置やそこに至るまでの政治的経過はほとんど同一といってもよいものであり、ともに武家政権への一階梯を形成しているといえる。もちろん本考察において、両氏のよって立つ基礎構造・基盤の視点を欠いていることは承知しているが、武家政権の成立を考える場合に、源氏政権と平氏政権との共通性に注意する必要があるということを述べたかったのである。平氏政権は、治承三年(一一七九)十一月クーデタ以後はともかくとして、それまでは独自の機構をもたない貴族的なものであったというのが通説であり、[47]源氏政権は独自の組織と基盤をもったもので平氏「政権」を克服して成立したとされる。だが、先行する旧政権たる院政からみた場合、むしろ源氏政権は武家政権としての平氏政権との同質性のほうが強いように思える。源平両氏はともに院政のなかでその政治的位置を得たのであって、院政は源氏政権・平氏政権の同一母体ともいえる。両者にとってともに克服すべきは院政なのであって、事実、軍事的接触は別にして、清盛の治承三年(一一七九)クーデタ、頼朝の後白河上皇とのかけひきなどは、そのことをよく物語っていよう。頼朝もとくに平氏のきずいた政治的前例を意識的に破壊しようとしたふしはなく、軍事的制圧に力をそそいだ。政治権力との関係で源氏政権を考えればこうなるのであって、執政の伝統・権力の形成過程ということでは平氏政権と同質であり、ともに武家政権といえる。そういう意味で、院政↓(平氏政権↓源氏政権)という図式とは別に、

院政→平氏政権(武家政権)
　　→源氏政権(武家政権)

という図式をたてることも必要ではないかと考えている。

(1)　「類聚三代格」弘仁五年五月八日詔

(2)「新撰姓氏録」左京皇別
(3)「続日本後紀」嘉祥二年正月七日条
(4)「文徳天皇実録」仁寿三年六月十一日条
(5)「尊卑分脈」陽成源氏条によれば延長三年五月二十日のこととなっている。
(6)「日本三代実録」貞観十二年二月十四日条
(7)「尊卑分脈」宇多源氏条の斉中親王の箇所に「賜源姓」と記されている。
(8)「尊卑分脈」醍醐源氏条
(9)「尊卑分脈」醍醐源氏条
(10)「類聚符宣抄」延喜二十一年二月五日太政官符
(11)「尊卑分脈」村上源氏条
(12)「類聚符宣抄」応和元年二月十九日太政官符
(13)この点については橋本義彦氏「貴族政権の政治構造」(『岩波講座日本歴史』古代4所収)が参考になる。
(14)「中右記」寛治七年十二月二十七日条
(15)「日本三代実録」貞観十五年四月二十一条
(16)「尊卑分脈」清和源氏満政満季満快流条
(17)同右
(18)「日本三代実録」貞観九年五月十九日条
(19)「尊卑分脈」桓武平氏条、また「平家物語」巻一
(20)「源平盛衰記」巻一によれば寛平元年(八八九)五月十二日の賜姓であるという。

(21)「玉葉」養和元年八月一日条
(22)「大夫尉義経畏申記」
(23)「扶桑略記」延久元年八月一日条
(24)「長秋記」保延元年五月一日条
(25)「玉葉」寿永三年三月十六日条
(26)この点については、本書第三章第二節を参照されたい。
(27)「中右記」天仁元年三月二十三日条
(28)「中右記」天仁元年四月一日条
(29)「中右記」天永四年四月三十日条
(30)「為房卿記」承暦三年六月二日条
(31)「為房卿記」永保元年九月十四日条
(32)「為房卿記」永保元年九月十五日条
(33)「中右記」天仁元年四月一日条
(34)「中右記」天永四年四月二十日条
(35)「本朝世紀」久安三年七月十八日条
(36)「長秋記」保元元年七月五日条
(37)「扶桑略記」天徳四年十月二日条
(38)「小右記」永祚元年七月二十一日条
(39)「日本紀略」天延元年三月二十四日条

(40) 「本朝世紀」正暦五年三月六日条
(41) 渡辺直彦氏『日本古代官位制度の基礎的研究』第四編「検非違使の研究」
(42) 「西宮記」臨時一
(43) 「源平盛衰記」巻十四
(44) 「吾妻鏡」承元三年十二月十五日条
(45) 「吾妻鏡」文治二年四月四日条
(46) 「為房卿記」寛治六年正月二十五日条
(47) たとえば、田中稔氏「院政と治承・寿永の乱」(『岩波講座日本歴史』古代4所収)を参照されたい。

第三章　軍事編成の研究

第一節　将門の乱と中央貴族

はじめに

平安中期十世紀中葉近くに起った将門の乱は、種々の意味で古代社会に与えた影響が大きかった。(1)

本節の対象とするのは中央の軍事編成、および政治形態に与えた変化という側面である。「内乱」という国家的危機は、当然のことながらそれまでの政治形態・収取体系の矛盾の反映であり、全社会構造の統一的把握をもって自己の存在の必須条件とする歴史上の国家にとって、当然処理せねばならぬ大きな問題である。そしてその「内乱」の原因が従来の矛盾から生れている以上、これまた当然のことながら何らかの形式でもって従来の矛盾に対処しえなくなった体制を再編成せざるをえない。詳しくは後に考えるが、将門が中心となって引き起した「内乱」はそれまでの中央権力の座の奪取のみが目的となる叛乱とは異なり、その背後に新しい権力のありかたを模索していた社会関係が存在しており、そのうえにそこから生じてくる従来の古代国家の支配体系への反撥が実際の武力として表現されたところにその特殊性がある。単に中央で志を得なかった者が地方に下って、中央での貴種性・権威性を背景として武力のみを組織したという表面的な叛乱ではないのである。中央政府の構成員が積極的に乱そのものを見直すことによってのみ、利用することによってのみ新しい対処の仕方、吸収の仕方があったのである。

これに加えて、中世武家社会を成立させる要因としてこの「内乱」がそのうちにもっていた武士団成立史上の役割がある。この乱に関係する将門・貞盛をはじめとして、それぞれ自身の問題として政治的な意味での地域的統治権をいかにより広範な政治支配に至るまでに発展させていったかという課題は、もちろん前の問題とも重要にかかわりあってくる。武士団を規定するものが、安田元久氏が言われるように独自の「戦闘組織」であるという以上、当然のことながら武士団はその「戦闘組織」を現実のものとして編成するための支配体系を所有していなければならない。その支配体系が負担を出させるために有効にはたらいて、武士団成立期の古代国家と対立してひとつの統治圏を形成しているはずである。その時にはじめて「武士団」と呼びうるわけであるから、そうした成立史の過程のどこに将門の乱を位置づけ、将門の側の権力編成をどう評価するかというのはそれ自体独自の問題として重要なものであろう。もちろんこの方法に対しては、単に武士団成立史の表面だけではなくて、この時代全体にわたる政治史のなかから将門の乱の意味を把んでゆかねばならないという批判があった。(3) それに対して全面的に賛意を表するが、なおかつ上のような方法も中世的特質をもった武家政権としての鎌倉幕府の成立を明らかにする場合、武士団の権力の集中されていく過程をも十分に明らかにし、そのうえで古代権力との接触を考えていくという面でかなり大きな意味を残していると考える。

こうした将門の乱という「内乱」をめぐる課題のなかで本節が目的とするのはその前者のみであって、「内乱」がいかにして「律令国家」に打撃を与え、また国家はいかにしてそれに対応し、その政治形態を変質せしめていったのかという問題である。統一された体制としての古代国家が、国家としての整合性を変質せしめられ、その変質が新しい国家形態たる領主階級のための封建国家への道にとって何をもたらしたのかということを追求する。

1　乱の発生

従来の将門の乱に関する研究は比較的盛んであって、大森金五郎氏の研究[4]以来かなりのものが残されている。しかしそれらは乱の直接的当事者側の分析にのみ力点がおかれ、乱が東国のみではなくて全社会構造の中でどのような位置を占め、全政治形態にどのような影響を及ぼしたのかという問題はあまり分析がすすんでいないように思える。この乱は、古代国家が崩壊して封建国家が成立するという過程の大きな画期になるものなのであり、それゆえに国家形態の移行期における古代国家独自の問題としてもより多くの追求がなされて然るべきであると考える。すなわち、それは以前にも述べたようにその当時・その地方の古代国家の権力体系と対立するものが、その対立を背景として政治的に起ち上がったという「内乱」の観点である。

将門の内乱は、在地の側からの抵抗が権力・武力の面にまで昂まって、国家権力による武力の発動と相争うというところに特色がある。在地における社会関係の変化・「律令国家」とは異なる新しい支配領域の出現をその背景にもって将門は存在する。その理由のゆえにこそ、乱が新たに展開する天慶三年（九四〇）に至って、京都に居住し生活していた貴族たちによって「開闢以来、本朝之間、叛逆之甚、未有此比[5]」というようなきわめて驚くべき事件として把握されるのであった。同時に

抑一天之下、寧非王土、九州之内、誰非公民、官軍黠虜之間、豈無憂国之士乎、田夫野叟之中、豈無忘身之民乎、[6]

として「王土」という国家そのものの存立にかかわる領土の問題として、また「公民」という律令制的支配の根本にかかわる問題として、貴族たちの考えねばならない政治的事件としての色彩を帯びてくるのである。それゆえに律令国家は自己の存立を安からしめるために、きわめて律令制的な方法であるが、将門や興世王という叛乱者の将を殺したものには「募以朱紫之品、賜以田地之賞」(7)という褒賞を行なわざるをえなかった。将門の勢力が律令国家権力と異質であればあるほど、逆にこのような律令制的対処を強調せざるをえなかったのである。支配者層であった貴族たちが、将門の乱を新たな社会関係をもった支配領域の出現として、支配の対象として、これを捉えないかぎり将門の乱は何度でも起りうる可能性のあるものであったろう。そうした新しい事態に対して新たに従来とはちがった形式で国家を社会から超越させないかぎり、支配は継続していけるはずがなかった。

結果的に新しい社会関係に基礎を置いた将門たちの国家は実現しなかったにせよ、彼将門を存在させた要因は旧来の国家とは相容れなくなった社会関係であった。在地段階での出発点はそこにあり、古代国家に代って支配者につくことによって自己の「内乱」の目的を達したというようなものではなかった。あくまでも古代国家と質の異なる体制をうち立てるところにその目的の達成があった。もちろん、結果としては将門による「内乱」が成功していたとしても、彼が「新皇」となり、国司などを補任することによって創造しえたものは、小独立国という律令国家とちがった支配領域以外に何もなく、単に古代国家の政治領域を小さくしたものを造りえたにすぎなかった。また将門の「内乱」が古代国家の支配を桎梏と感じる在地の状況を背景にしている以上、それと同じものを造ってふたたび在地を支配しようとする「新皇」の国家が継続しうるはずもなかった。

しかしそのことで将門の「内乱」の意義が尽されたわけではなく、たとえ将門の目指したものが古代国家の再現であったにしても、石母田正氏も述べられるごとく「もしそれが関東において樹立されたならば、それはそれだけで古代国家の滅亡を早めることであり、進歩である」(8)ことはいうまでもない。一つは在地の新しい社会関係を律令国家権力との関係で表現しようとした側面において、一つは古代国家から中世国家へという歴史上の発展を援けたという側面においてである。言い換えれば経済的側面と政治的側面ということにでもなるのであろうか。全体的にこの乱を平安時代の中に位置づけるとき、やはり武家政権への基礎をきずいたとするべきであり、現実の乱の進行は、後の武家政権につながるような勢力――貞盛・秀郷等々――が遂行したのであった。

乱の経過については多くはふれない。東国において承平五年（九三五）に平将門が伯父平国香や源護らと争いこれを破るところから乱は出発し、下総介平良兼および国香の子貞盛がこれに介入して、将門と対峙して事件は大きくなる。ついで常陸国の在地土豪藤原玄明と国衙との争いに将門が介入して国家機構に関わる乱として展開し、やはり在地土豪の藤原秀郷が平貞盛とともに将門追討にあたり天慶三年（九四〇）に将門を敗走せしめて乱は終熄する。この乱において中央貴族はいかにこれに対応していくであろうか。

前述したように、将門の乱がいかに乱として空間的に拡がろうとも、質として「新皇」という古代国家を侵略してみずからの新しい権力構造をうち立てるところにまで進んでいかないかぎり単なる地域的叛乱にすぎない。「内乱」として政治的に表現された社会関係は、質的に古代国家の体系と異質なものを造ってゆくという立場にまで進んでいくことによってはじめて意味をもちうる。事実、この乱がはじめて中央に伝えられたときに、中央貴族はみずからが構成する国家と対立する「内乱」としてではなく、単なる個別的な強盗・群盗のごときものとして捉えており、追捕の方法についても何らそれと変ることのない「追捕官符」を各当該国衙に下すことによりその国々に事を委託し行なわせた。承平七年（九三七）十一月五日には武蔵・安房・上総・常陸・下野の各国に将門追捕の官符が発せられ、それには「介良兼、掾源護、幷掾貞盛、公雅、公連、秦清文、凡常陸国等、可追捕将門官符、被下武蔵・安房・上総・常陸・下毛野等国也」[9]とある。また将門の暴威が武蔵権守興世王や郡司武芝を通じて国衙の掠領にまで進んでいた天慶元年（九三八）十一月三日には

可追捕平将武之由、給駿河・伊豆・甲斐・相模等国官符四通

とあって、[10]駿河以下の四国に将門の弟将武追討の官符が下されている。加えて天慶二年（九三九）六月二十一日という、すでにそれ以前に武蔵介経基王の「奏謀叛之由於太官《（太政官）》」という将門謀叛の密告、[11]またこれに対して将門は「取常陸・下総・下毛野・武蔵・上毛野五箇国之解文謀叛无実之由」を言上するという経過のあったことによって、[12]「京中大驚」[13]した後においても、「可追捕件国々群盗官符」が橘是茂・小野諸興・藤条などに下され、[14]また「下東海・東山道・丹波国弁山陽・西海等府国、祈仏神可勤警固官符五通捺印」[15]とあって神仏への加護を祈るという対応しかなされてはいない。いずれにしても前述したように国家の基底を動かすような「内乱」に対処するという意識はまったくでてこないのであって、この期に至るまでの地域的・流動的な群盗追捕の方法を量的に拡大したというのみにとどまっている。こうした行動様式は、当然国衙の存在が中央政府の地方機関としての機能を果していたという認識に負っていた。いかに効果が少なくなっていたにせよ一定の兵員組織は編成しえたという期待からくる委任感ともいうべきものが根底にはたらいていたわけである。

最初のあらわれ方はかくのごとく単なる盗賊のようなものであるのだが「将門記」によるともうひとつそこに重要な記事が記されている。関白太政大臣藤原忠平の登場である。

将門之私君太政大臣家、可挙実否之由御教書、以天慶二年三月廿五日寄於中宮少進多治真人助真所、被下之状、
同月廿八日到来、

とあるように[16]いまだ中央政府が国家的問題として策を施していないときにあって、すでに太政大臣家では将門の「私君」であるという私的側面においてこの乱に首をつっこんでいる。もちろん忠平は一貴族であり忠平家は一権門であるにすぎない。しかし、この時期の中央政府の全体をみた場合「太政大臣家」の位置は単なる一権門としてだけではなくて、「摂関政治」体制の成立という観点で捉えねばならず、将門が「太政大臣家」と接触したということは、忠平が望みさえすればただちに将門の謀叛は中央国家の問題となりえたであろうことを意味する。出発は忠平対将門という個人的なものであっても可能性としては国家的なものに転化することが予想されねばならない。

この表面的には私的な「太政大臣家」との接触の後の中央の政策と、この可能性とは深い関係がある。中央の提出する独自の諸対策が遅れていることもこの最初の関わり方によっている。つまり最初の時点では国家の重鎮であった藤原忠平と私的に関係があったとしてもそれはひとつの権門内部での問題であり、忠平の勢力圏内の事象として考えられ「内乱」とは認識されるに至らなかった。したがって、その対策は私的な意味での太政大臣「家」の範囲外には出ず中央政府独自の対応はなされてはいない。すなわち、注目せねばならないのは忠平家が国家機関の中で占めた位置である。武蔵介でありしかも清和帝三代の王子経基王が任地より上京して太政官に謀叛を奏し「京中大驚」しているのに、つまり国家の政治的機能を統括している太政官にまで情報は達しているにもかかわらず有効な手段はとられていない。これは太政大臣忠平のこの乱の受けとり方に関係があり、それを私的な範囲内にとどめておいたということに関係していると思う。忠平にとってこの時点ではいまだ国家段階にまで引き上げてこの乱を考える必要はなかっ

た。自己の権門勢家としての個別支配にもとづいて中央政府での現実の存在を維持していくうえで、天慶二年(九三九)三月の段階では将門のうち立てようとする秩序を破壊する必要はなく、また将門の意図したものが当時の国家権力とは異なった政治的支配領域をうち立てようとするものであると正確にうけとめられなかったのである。もちろん将門が明らかに忠平家の支配と衝突するような段階になれば鎮圧の方向に向かうことになる。

伏案昭穆将門已柏原帝王五代之孫也、縦永領半国、豈謂非運、昔振兵威取天下者、皆吏書所見也、(中略)相国摂政之世不意挙此事、歎念之至、不可勝言、将門雖萌傾国之謀、何忘旧主貴閣、且賜察之甚幸、

というように、[17] 将門が「領半国」したり「萌傾国之謀」したりする段階になれば明らかに当時の忠平の政治権力も国家の支配領域も危うくなってくるから、国家権力は何らかの対応を示さねばならない。そこで天慶三年(九四〇)に入ってから中央政府の対策が大きく転換する。

2　乱への対応

天慶三年(九四〇)になって施される中央政府の新しい対策の最初は推問使の補任である。天慶二年(九三九)六月七日に任ぜられ、長官右衛門権佐源朝臣俊とそれに伴う判官・主典があった。[18]

推問使の登場はこれがはじめてではない。天慶推問使にしても、

召大外記公忠宿禰、仰云、依密告幷群賊事、遣推問追捕使例勘申者、即昌泰二年・延喜元年四月等例勘申了、

とあるように、[19] それ以前の昌泰二年(八九九)、延喜元年(九〇一)等にその例があったと記されている。

またそれより前、[20] 平安時代初期において貞観十二年(八七〇)十一月には、大宰府に「推問密告使」が派遣されてい

る。[21] 長官は従五位下行大内記安倍朝臣興行であり、判官・主典がこれに加わる。筑後権史生であった佐伯真継が「奉進新羅国牒、即告大宰少弐従五位下藤原朝臣元利万呂与新羅国王通牒欲書国家」という事態に対してその実否を糺させんがために推問密告使が遣わされている。新羅という外国権力に対しての事件であってその意味では純粋に国内的なものではないが、「勅」によって大宰府に元利万呂以下の追禁が命ぜられ、同時に推問使が派遣されている。

元慶七年（八八三）六月には筑後守であった都朝臣御酉が群盗によって殺害され財物を掠奪される。[22] この事件に対して「推問使」が筑後国に派遣されている。[23] 長官は従五位下左衛門権佐藤原良積であり、以下判官・主典各一人が構成員であった。この長官は後に弾正少弼従五位下安倍肱主に代っている。[24] 判官は巡察弾正六位上菅原朝臣宗岳、主典は左衛門少志大初位下桜井田部連貞世であって、実際に現地に赴いて事を推勘したようであり、天慶八年（八八四）七月五日には肱主がその結果を奏言している。

また元慶七年（八八三）には次のごとくである。[25]

伊勢国飯野郡神戸百姓秦貞成向官、愁訴太神宮司大中臣貞世犯用神物、幷不理多気擬大領麻績連豊世故殺人事、太政官擬遣使者推問事由、左大史丸部百世検故実曰、伊勢太神宮司有犯過之時、不遣推問使、下符国司、令其推検、於是停遣使、付伊勢国宰、推察其偽、

内容は別に特異なものでもないが、太神宮司大中臣貞世の盗賊行為および多気郡擬大領麻績連豊世の殺人行為があったので、これを飯野郡の百姓秦貞成なる者が訴えたものである。これに対して太政官を構成する左大史であった丸部百世は「故実」を検じた結果推問使を遣ずる必要なしとしており、結局は従来と同じく国司に符を下して国衙行政の範囲内で事を決しようとしているにとどまっている。おそらく秦貞成なる神戸百姓は在地で新たな勢力を形成しつ

つあった有力百姓であって、彼が律令制下での在地支配の最上級機関であった国衙を越えて中央にまで上申してきた事件に対して推問使が派遣されようとする。(26)こうした在地側からの中央との結びつきは現地の意志とは反対に拒否されるが、ともあれこの場合の推問使は国衙という組織が律令政府の末端機関としての機能を喪失し、ために中央政府が国衙とは別に在地と結ぶ必要がでてくるという段階で設定されてくる官職であった。

昌泰二年(八九九)、延喜元年(九〇一)にも推問使が「密告幷群賊之事」によって東国地方に派遣された模様である。当時の東国の状勢については「僦馬之党」を中心とした三宅長兵衛氏の詳細な分析があるのでそれにゆずるが、(27)従来の在地の公民制的秩序を越えて「富豪之輩」(28)として大きな活動を示してきた存在に対して推問使が派遣されるのである。こうした存在が引き起す「強盗鋒起」を鎮めるためには、私富蓄積のための徴税吏化した「受領」の支配する国衙単位の政策のみでは不可能であった。

また正暦五年(九九四)の大宰大弐藤原佐理の宇佐宮神人闘乱事件がある。(29)正暦二年(九九一)に佐理は大宰大弐になって、この正暦五年(九九四)に闘乱事件を起して宇佐宮司により中央に愁訴される。それに対して推問使として左大史多米国平、左衛門少尉忠親、左京属尾張行親の三名が大宰府に派遣されている。(30)この多米国平は日ならずして左衛門権佐惟宗允亮に改められており、(31)法家的性格を強くしている。

この推問使が事を勘じた結果藤原佐理は大宰大弐を停められ藤原有国がこれに代っている。大弐の任免を左右するほどのデータを集める職掌として推問使は重要視されていたわけであって、「詔使」として扱われている。(32)

これからみて、推問使は法家的色彩が濃厚であるということが第一の特徴としてあげられる。「推問」という行動には当然明法家的側面が必要であり、元慶七年(八八三)の筑後国司殺害事件に関する推問使が左衛門権佐から弾正少弱に代っていることもそれを示している。もちろんそうした法家的側面のみでなく、官職としては武官的な側面もあり、衛門府の官人が多いことから想像しうる。

また人員構成については、長官一人・判官一人・主典一人であったらしく、長官は従五位下を相当としていた。いうまでもなく従五位下は衛門佐の相当位である。

第三に名称が必ずしも「推問使」という称号に一致していない。たとえば都御酉事件では「推問筑後国司殺害使」(33)とあったり「推筑後国殺害使」(34)とあったりする。宇佐宮事件のときも「遣大宰府使」(35)、「大宰推問使」(36)などと一定しない。天慶年間（九三八―九四七）の将門の乱に対する推問使にしても「推問追捕使」、「武蔵国密告使」(37)とか「問東国密告使」(38)などとある。これは推問使なる職掌がきわめて臨時的色彩をもつものであるということに大きな原因があることは確かであろうが、もっとも重要な原因は律令制的な国衙機構が、中央政府が現地を支配するための末端機関としての効果をもたなくなってきたということである。もちろん推問使はただ一つの国家段階にのみ対応するものではないが、最低明らかなことは、中央政府が国家全体を旧来の律令諸制度にもとづいてその支配範囲に収めることを放棄せざるをえなくなったということであろう。そのなかで中央政府は律令制的な国衙機構とは別に在地を掌握する必要がでてくる。その一つのあらわれが推問使だといえよう。そしてそれは「尾張国郡司百姓等解」に示されるように、在地の有力百姓たちの国衙を越えての中央政府との結びつきという傾向を密接にうけて存在している。(39)いわば在地における国司および在地土豪の動きはどうであれ、その下にいる圧倒的多数の新しい一般「公民層」(40)が中央政府の把握するべき対象となってくるのである。

将門の謀叛に際して派遣される推問使にしてもこれらの例外ではなく、天慶二年（九三九）六月七日に補任せられたそれは、長官右衛門権佐源朝臣俊[41]以下判官・主典から構成されていた。この天慶二年（九三九）六月という時期は将門が常陸国の豪族藤原玄明と国衙との争いに介入した、いわゆる将門の乱が国家に対する叛乱という公的様相を帯びる以前の時期であった。[42]すなわち将門の乱に具現されていた新しい在地での社会関係を、国家がその存在の基盤として再編成し、またそのもとにある地方民たちを新たな支配対象としての「公民」に編成しうるという可能性を求めていた時期であった。そのような国家の意志を実現するべくして推問使が東国に派遣されるわけである。

この補任を行なうにあたって、大外記三統公忠宿禰に「昌泰二年延喜元年四月等例[43]」を勘申せしめてのちに使を決定している。そして俊以下推問使たちに東国に向かって状勢の探索と推問が命ぜられている。東国の賊地に、いかに衛門府の官人として追捕活動の経験があるとはいえ、中央官僚が現地に赴いていかねばならなかったのである。拠るところとなるであろう国衙も中央の地方機関としての東国での役割は期待しえず、一歩逢坂を出ればその身は頼るものもなく、わずかな自己直属の郎等と、あるとすれば中央国家の権威のみであった。このようななかで俊らが随兵を要求したことも、また医師を随えんことを請うたのもまことに当然のことであった。衛門府の官人として中央政府においてその存在をまっとうしえたであろう人物が、いかに嵯峨「源氏」とはいうものの東国の賊地に出て自己の安全を保つためには兵士を随えることが必要であると当事者として恐怖したのは当然であろう。

それに対して中央政府は「昨日諸卿定申云、推問使申発兵事、不可然、（中略）請医師随将師事、不可給[44]」という回答を出したのであった。中央にあってしかも下級でしかありえない官人たちにとって、自己を上昇させていく活動は経済的活動としての受領化しかなかった時代である。林屋辰三郎氏も指摘されているように「かれらは多く貴族といっても、中下級の階層に属するもので、その前身は決して裕かなものではなかった[45]」のであって、在地に赴任して受領的活動を行なおうとする以上現地の動向への厳しい視野を持ち合わせていたのは当然のことであった。源俊にしてもそうであったと思う。だから彼の要求する随兵や医師のことが中央政府によって容れられなかった時に、彼は太政大臣忠平のもとに参向し来たり、「(前略)申云、依諸卿定申不発軍士事、甚有恐云々[46]」とその思うところを述べている。そして俊ら一行は命に応じずして「遅発[47]」するというきわめて矮小な抵抗をしてこれに反抗している。まさに草深き東国への恐怖なのであり、だからこそ敢えて自己の律令官人・中央貴族としての存在にかかわる中央の命へ違背までもなしているのである。そして天慶二年(九三九)十二月十九日には「推問使進今月廿八日可発申文、宣旨五枚[48]」が出されているにもかかわらず推問使たる長官源俊、次官高階良臣、主典阿蘇広遠らは出発しない。政府はこの命令を実行させうる強力性を喪失していたのである。この喪失をまねいた俊の基盤については不明ではあるが、藤原北家が主流となっている中央政府に背いても、北家と同列に並びうる他の権門に頼って生存していけるという途を知っていたのかも知れぬ。また下級官人であったとはいえ嵯峨「源氏」であるという自負だったかも知れない。俊が己れに「源氏」であるという意識をもっていたということを史料的に明らかにすることはできないが、彼の女子が清和源氏たる源満仲の妻となり頼光をもうけていることや、妹周子が醍醐源氏源高明の母(醍醐天皇の更衣源周子)であることなど[49]から、自分が源氏という一個の権門を形成しているという自覚と自信をもっており、それが推問使の拒否をさそったとも考えられよう。

とにかく俊らは事を怠って任地に赴かず、天慶三年(九四〇)一月になって当然のことながら中央政府による粛清をうける。

解却左衛門権佐源俊・左衛門尉高階良臣・勘解由主典阿蘇広遠等、已上三人為推問東国使、屢申障不発向之故也、

という結果であった[50]。源俊については「除官」、高階良臣、阿蘇広遠は「解官」という[51]、つまり全面的に中央において官人として生きていく道を奪われるという厳しい処分がなされている。注目せねばならないのはもちろんその処分自体ではなくて、前述したごとくそうした処分を覚悟してまでもサボタージュをやらねばならないという彼らの現状の認識の問題である。またそうした中小貴族の生存していかんがための抵抗の論理と抵抗せねばならない現実――それは終極的には忠平らと何ら変ることのない貴族意識から出発しているのであるが――をくみあげることすらできなかった中央政府の状態をも注目せねばならない。その状態とは、天皇を頂点としてすべての機能が整合されているという律令制的統治機構が実質的な意味を失い、天皇家をも含めた諸貴族が政治機能を共有するという段階である。忠平家にしても大きな権力をもった存在ではあっても、全国家機構を統一して把握しうるほどの独自の権力を獲得するまでには至っていなかったと考えられる。そこに将門の内乱をかくも「成功」させた原因があった。

その後官職をおわれた俊ら三人は天慶四年（九四一）末に至って恩赦に遇い、「源俊拝左衛門佐、高階良臣拝民部少丞、阿蘇広遠拝少判事」としてあり、官職を復している[52]。さらに後になって俊は山城守・近江守にもなっており[53]、かなりの復調を示している。この理由については明らかでないが、復官以後俊は皇親を中心とした勢力のなかで生きてゆくという方法をとったところにその鍵があるのではなかろうか。つまり将門・純友の乱を一段階として「摂関政治」体制が準備されてくるなかで、俊たちのような他家の勢力を阻止することによってのみ、政治的権力たりえた摂関家勢力の側ではなくて、天皇家を中心とした勢力の側に加担することによって自己をふたたび官人として再生せしめていったのであった。復官以後について、天慶七年（九四四）以後に彼は右少弁になっており、もっぱら朝廷と藤原家を結ぶ連絡役としてその地位を保持していたもようである。たとえば、天慶七年（九四四）一月には大外記三統公忠とともに師輔のもとに行っており、(54)右少弁としての職掌ではあろうが「修理勾当官人略定夾名」を師輔のもとに持ち来たったりしている。(55)また天慶九年（九四六）四月には院蔵人としてあらわれており、(56)それからも中使（＝勅使）として度々藤原家との連絡にあたったことが見えており、天皇家側の所属となることによって自己を回復していったことが想像できる。(57)

こうした源俊らの存在――とりもなおさず傍流中小貴族としてのそれ――については、天慶三年（九四〇）初頭に問題になった藤原元方の大将軍任命についての動向からもこれを知ることが可能である。

元方について残された史料はけっして多くはなく、その真の姿を知ることは困難であるがまず将門の乱以前のことについてみよう。

系譜は南家武智麻呂の子孫であり、恵美押勝の弟である藤原巨勢麻呂六代の後裔である。(58)父は従四位上右中弁で延喜八年（九〇八）十月十七日に薨じた藤原菅根であり、母は石見守従五位下藤原氏江の娘である。当時の藤原北家興隆のなかにあってけっして大貴族の中に生れたのではなくて、後にも彼の生活にかかわってくるごとくむしろ有力でない家系に生れているのである。またその子および孫の「尊卑分脈」に記されたものについてみるに正四位下―従五位下が圧倒的に多くこれもけっして高い位階とはいえない。(59)

また「公卿補任」によると延喜八年（九〇八）には越前大掾となり、延喜十三年（九一三）には式部大丞、承平二年（九三二）には大輔に進み、天慶二年（九三九）に参議となっている。その間延喜二十一年（九二一）には東大寺別当に補任されており、(60)また醍醐寺の造営にも関係したもようであって、天慶二年（九三九）頃に醍醐寺近くの笠取庄を寺家に施入しており、(61)醍醐寺延命院について「延命院、藤原元方卿造営」(62)とあるなど、当時の貴族一般の動向と少しも変るところはない。ただ延喜八年(九〇八)に越前大掾となって以降国司となったことがほとんどなく(越前大掾も現地に赴任したかどうか不明)、在京貴族としての彼の生活の仕方がそのまま彼の政治的行動になったであろうことは、天慶二—三年(九三九—九四〇)の大将軍補任事件を考えてみるとき重要なポイントになるであろう。一般的に彼の経歴をみるときけっして武官とはいえず文官的であり、少なくとも現実のものとして、元方の存在に直接かかわるものとして、在地での将門の叛乱を考えるという立場はおそらく生れてこないであろうことは予測できる。在京貴族の観点しか持ち合わせることができなかったということでは少なくとも藤原北家の貴族たちと異なるものではなかった。それゆえに中央での権謀術数が主要な自己の存在手段となってくるのであり、利害関係も衝突するのである。そのもとでのみ大将軍補任事件も、藤原師輔との間の東宮争いも生れてくるのである。

元方が参議に任ぜられる前後において将門の乱が勃発し、在京貴族としての藤原元方もこの乱の渦中にまきこまれることになる。

元方為大将軍事
又被命云、天慶征討使之時、朝議以堪其事、欲以元方為大将軍、元方聞之云、大将軍所言、一事以上国家無不被用、若被拝大将軍者、必請貞信公子息一人、為副将軍云々、因玆寝此議云々、

そのいうところは将門の乱に際して、「朝議」(63)によって中央政府が藤原元方をその任に堪えるの理由をもって、大将軍として征東に向かわせようとしたものである。これに対して元方はこのことを聞き、「大将軍の進言したことはどんなことでも国家が用いないというわけにはいかない。もし自分が大将軍として征東に行くのならば太政大臣である忠平公の子息一人を副将軍として配してほしい」ということを主張したのでこの案は中止された、というものであ

る。(64)

この内容から察するに元方は明らかに辞退・拒否を前提にして意見を朝議のメンバーに表明したと思われ、その口実として叶うはずのない他ならぬ太政大臣忠平の子息を望んで副将軍に付けることを条件にしている。大将軍というわゆる武官につき、動乱の東国に向かうことは、まさに源俊たちが推問使を辞退し怠慢したごとく、その命を賭して行なわねばならないこととして観念されていたのであって、いかに大権を奉じているとはいえ、畿内を去ることははるかな東国に赴いて自己の命運をかけることは在京貴族として生活してきた元方にとって望むところではなかったであろう。元方の女子は村上天皇の女御として入内しており、後に広平親王をもうけるごとく、天皇との縁故関係を利用して、機会さえあれば天皇の権威を背景として有力な政治権力の座につながりえた。強いて政治権力への道を東国の蛮地に求める必要はなかったのである。もちろん中央でその名をなす可能性のない貴族にとっては、東国に下り、自己を受領として発揮することはひとつの道であった。しかし危険な道であり、当時正四位下にまで至っていた元方個人は望みはしなかった。むしろ彼の念頭にあったのは、中央＝京都に居て速度は遅いかも知れないが栄進し官位を高めることであり、東国に命運をかけるよりも京都にとどまり、その範囲内で自己を高め、運がよければ天皇家内の外孫（元方の場合その女子祐姫の男子）を利用して政治の中枢に座するというのが主要な生き方であったであろう。徹底した在京貴族としてのみいままで中央でその存在を見出していた元方にとって、これからの中央での官位の昇進と、東国に下って武的に行動しその成功による飛躍した官位の昇進とを比較してみたとき、断然その重きは前者だと判断したのである。まさに元方の胸中には、元方自身のすべてを国家を支えるものとして想定するという思考は生れることはなかったであろうし、彼自身の利益にとってもそんなことは必要ではなかった。藤原北家が延喜の時平・忠平の段階を一契機として勢力を大きく伸ばしてくるなかで他の氏族は衰えてゆき、したがってそうした没落しつつある氏族を出自とする諸貴族が石母田正氏が言われるように自己の没落のなかで「国家や氏族の集団意識を喪失」[65]していくのは当然の成り行きであった。元方はまさにその典型として「個人の体験と反省が絶対的なものとなってきた都市貴族の精神」[66]でもって大将軍への就任を拒否するのである。

元方の拒否によって大将軍に就く藤原忠文の大将軍任命が天慶三年（九四〇）一月十九日であるところからしてそれから遠くない以前に補任事件のことはあったとみられる。[67]元方は前述のごとく藤原忠平の子息を請うわけであるが、忠平の子は実頼・師保・師輔・師氏・師尹・忠君の六人である。[68]実頼は当時年四十で大納言従三位右大将按察使、師輔また年三十二、権中納言従三位左衛門督検非違使別当であり、元方の官位たる参議正四位下式部大輔ということからしてこの両者は望むべくもなかったであろう。もし本当に誰かを望んでいるとすれば、当時従四位下左少将で二十八歳であった師氏か、従五位上左兵衛佐で二十一歳であった師尹かどちらかであろうが、少なくとも忠平は承知するはずもなかった。一種の「いやがらせ」として、元方家自身の存在を忠平家と同じレベルの存在であると認識させんがためにその子息を望んだとしか考えようがない。元方自身は明らかに大将軍の補任を藤原北家からの圧迫であり、忠平家の勢力拡張のために大将軍として元方を任命し、東国に行かせようとしたのであると解釈していたのであろう。よし、忠平家の意志はそうでなかったとしても、この元方の配慮によって結果的には大将軍にならずに、東国の賊地において地にまみれることなく己れの生涯をまっとうする。

元方は辞退のためにだけ忠平の子息を副将軍に望んだのではあろうが、もし副将軍に子息が充てられる場合のことについても当然考えを及ぼしていたと思える。太政大臣忠平または忠平家の中央政府全体の中に占める位置が元方によって考慮されているのであって、忠平の子息一人を東国にまで伴っていくということは、ひいては忠平の処策および藤原北家の「家」としての権力をも伴っていくということにほかならない。そのことが、藤原北家が占めている国家の重要な機能を連れて征東に向かうということにつながっているということを予想しているのである。もし東国に行くことになっても元方のみで行くのと忠平の子を連れて行くのとでは、政府自体の対処の仕方も異なってくるであろう。したがって、藤原北家というひとつの権門、すなわち当時の国家の中枢部分を現実に占めている権力を介在させるということは、現実の軍事力編成についても随分と異なった形態になったであろう。それはさきに推問使として発向せず官位を解かれた源俊らが請うた兵士と同じように、またそれ以上にはるかに強力な軍事力組織に連結するという判断が、たとえ中央貴族としての元方の感覚のなかからであってもなされたからこそ、交換条件として忠平の子息を請うたのであった。また現実に将門の乱を通じて藤原北家は国家機構の大部分を独占しつつあったからこそ、元方は没落していくであろう貴族の一人としてその判断をなしたのである。俊たちとは逆に東国の荒れた地に下向するとすれば、中央における順調な昇進の程度以上に飛躍した昇進が保証されねばならない。そのために元方は藤原北家と一蓮託生的な伏線を配した。元方にとって忠平の子息は楯としての存在であると同時に、実質的武力編成を強大に遂行するための危険負担を受け持つに十分な存在なのであった。忠平家という「家」は、すでに国制のうえで重要な位置を占めていたのである。そのような配慮があったからこそ、源俊のように官位を解却されることもなく中央政界で昇進を続け、天慶二年（九三九）の参議正四位下から以後大納言正三位にまで進んでいるのである。(69)

この元方の判断は中央貴族としては非常に正しく、自己の昇進を阻害するどんな要因も以後には残さなかったようである。元方が拒否した後に大将軍として東国に向かった藤原忠文と対照してみるときより明瞭にそのことが理解されてくる。忠文は征東大将軍として現実に東国に発遣されているにもかかわらず、乱の終熄にあたって褒賞にあずかっていない。この両者の差はやはり当時の中央政府の中で自己をいかに位置づけようとしたかという態度、現実の在地の状況をいかに自分のものとして捉えたかという姿勢にかかっているものだと考えられる。

藤原宇合六代の孫藤原忠文は当時の式家の総帥であった。元方が大将軍就任を拒否したのでこれにかわって決定され、発遣されている。

忠文の父は参議、従四位上で薨じた藤原枝良、母は正六位上息長息継の女であった(70)。父枝良は天慶七年(九四四)の太皇大后宮少進より始めて延喜十三年(九一三)に従四位上で参議となり、六十九歳で公卿に列するまで中央官人としての生活を送っており(71)、その子息忠文も中央貴族の一人として育てられていたと思われる。ただ忠文の場合は左馬頭や左衛門権佐、摂津守、丹波守や大和守などを歴任しており、どちらかといえば武官的色彩が強い。その意味では国司を歴任していることから在地の状勢にも詳しく、ある程度具体的な現地への対処の仕方があっても不思議ではなく、藤原元方よりも征東大将軍としては相応しかったと考えられる。もちろん彼の発遣されたときはすでに東国での将門の乱はその主要な部分が終っており、上横手雅敬氏も述べられているように何らなすことなく「残敵掃討の補助的なもの(72)」としての役割しか果すことはなかった。しかし征東大将軍といった場合には、中央の姿勢としては明らかに国家に対立するものに処する遣使であると考えているのである。征東大将軍が決定され、派遣されるという段階は、その対象に向かって国家権力を賭して戦わねばならぬと意識された段階であると思う。対象を打破しないことには国家支配は継続しえず、それゆえに天皇の大権を委譲して大将軍に国家を守る職掌が託されるのである。

発遣されるときの構成については詳かにならないが、大将軍藤原忠文(73)・副将軍藤原忠舒(忠文弟)以下軍監・軍曹という指揮系統の構成であった[74]。さらにこれにしたがう兵士がいたことは当然である。天慶三年（九四〇）二月に節刀を賜わって進発すると同時に「諸司所々堪兵之人」を同行させており[75]、またその翌日には「可進兵士官符、国々至進末（遅カ）報解文[76]」とあって国々から兵士が徴発されたことが解る。このように征東使一行の構成は大将軍以下の指揮系統と兵士の行動系統とから成っていた。その具体的数字は明らかにならないが京都の段階で諸司の軍事要員が徴発され、また同じく京都からの直接の命令で国々からの兵士が徴せられている。征東使の果す軍事的効果の大部分は中央の段階で、つまりは貴族層の政治的配慮によって決定するということである。それはもちろん大将軍の持つ本来の性格でもあり、また地方の国衙が中央の手足として利用できないということの表明でもあった。換言するならば在地での現実の叛乱がどうであれ、貴族たちにとっては中央の段階でいかにこれを処理し、自己の存在に関わる政治的事件として対処するかということが主要な関心事であった。その観点のもとでのみ対処の遅れや稚拙さも理解できてくる。

征東使忠文がその編成を終えて出発する以前に藤原秀郷、平貞盛は下野国に将門と戦いこれを敗走させ、さらにその半月ののちには将門自身を打ち殺している。つまり発遣された時には将門の側の敗北は決定的なものになっていたし、将門の殺された時にはおそらく忠文一行は到着しておらず決定的な役割は果していない。その後の掃討においても興世王は下野国司藤原公雅によって殺されており[77]、この報がもたらされる時にはいくら遅くとも忠文らは東国にあったと思われるのにここでも有効な役割を果すことなく国司にその効果を委ねているといった状態であった。

現地東国においては

（上略）爰官使未到間、二月一日、下野押領使藤原秀郷、常陸掾平貞盛等、率四千余人兵（一云万九千人兵）於下野国与将門合戦、時将門之陣已被討靡、迷三兵手、遁身四方、中矢死者数百人也、

という状態であって、「官使」＝征東大将軍の一行が東国に下向するまでに貞盛、秀郷らの率いる四千余人の兵によって乱の主要部の鎮圧はすんでいる。この兵は官兵ではなくて、上横手雅敬氏も言われるように「割拠的状態にある土豪」がたまたま貞盛側についたもので本来将門の編成した兵士と同質のものと断じてよかろう。だからこそ将門勢力と同等に戦いこれを破りえたのであって、中央政府の軍事編成およびその原理の適用のみでは効果はなかったであろう。将門という謀叛を起しうる人物は広範な農民の現地での支持を請けてはじめて存在しているのであり、それに対するに旧き武力編成原理をもってしたのでは一時しのぎにはなろうとも長期的対抗はしようもなかった。終極的には乱は在地段階で終熄する。そこでは中央政府のとった手段は実戦的な意味をほとんどもっていなかった。

こうした中央政府の反応については、純友の乱に対する反応の敏速性と比較して上横手氏は「内乱収拾の際における東西の差異、中央軍の到着の遅速という風な技術的な問題ではなく、古代国家の関心、在地土豪の存在形態に規定された」と言われるが、結果的に乱をみればこの指摘は正しい。しかし中央の側からの対応をみるとき、その打った対策にたしかに遅速はあるが、よく似たものである。この両乱の対策の差異は、あくまで中央政府の存在の仕方に明確に関わっているものと考えなければならない。前述したごとく、将門の乱に対する中央政府の態度は最初のうちはあくまで群盗に対する態度で、つまり警察的な対応であって軍事的な対応ではない、かろうじて諸社への奉幣という対応に貴族たちの驚きの精神が表現されているのみであって、「内乱」であるという認識はその起った東国という辺地性にもよろうが持ち合せてはいない。換言すれば、純友の乱に対して明確に対処しえたのは、ひとえに将門の乱の国家的経験のたまものであり、在地の社会構成の影響による中央政府の変化のたまものであった。そう解してのみ純友の乱への対処の敏速性も意味をもってくる。たとえば「貞信公記」の記事をみても将門の乱の関係記事が圧倒的に多く、けっして太政大臣忠平の関心は純友の乱の場合のみに集中するわけではない。京都にあって荘園領主権を確立しつつあった「摂関政治」準備期の貴族たちにとって、在地において土地所有や経営の形態にまで変化をもたらしつつあった将門の乱のほうがむしろ中心的な関心であっても、何ら不思議ではなかろうと思う。

このような古代国家の関心をうけて征東使藤原忠文は東国の現地で作戦を行ない任を終え、天慶三年（九四〇）五月に任を解かれる。おそらく現地で大将軍一行が行なったことは「摂関政治」存立の重要な要素となる国司（この場合東国を中心）の功過のための材料を集めることであったろう。

これを元方の場合と比してみよう。

乱後の征討の事に関する褒賞については、征東大将軍の一行がまだ京都の地に帰ってはいない天慶三年（九四〇）三月に

以下野掾藤原秀郷叙従四位下、以常陸掾平貞盛叙従五位下、並依討平将門之功也

とあって在地で活躍した両者に対しては敏速に褒賞が行なわれている。[82] ところが忠文に関しては「故民部卿忠文天慶征夷将軍空征東功不昇納言[83]」とあるように結局褒賞は行なわれることはなかったようであり、征東使としては現実の東国の地に自己の中央政府での官位昇進を賭したことは無為に帰し、功は酬いられない。

しかしまったく褒賞の議論がないわけではなかった。同じ藤原北家の内部でも権中納言藤原師輔は褒賞に賛成するが大納言藤原実頼はこれを良しとせず、結局実頼の主張が通り、忠文は「小野宮殿（実頼）ノ御計、生々世々忘ヘカラス、サレハ家門衰微シテ、其末葉タラン人ハ、永ク九条殿（師輔）ノ御子孫ノ奴婢ト成給ヘシ[84]」として実頼のことを深く恨むことになる。後に元方と同じように「悪霊民部卿[85]」として庶民の中に語り伝えられることになるのは、こうし

た政治的事件によって官位昇進の途が阻害されたことに対するものである。中央においての官位昇進のみが忠文の望んだところであろうし、その面からは忠文はまったく否定されている。だからこそ官位を奪われたものでないのに政治的失脚事件として世の同情を、摂関家隆盛期に起った北家の不幸と関係づけてあつめるようになるのであった。怨霊自体は肥後和男氏が指摘されたように「いづれも政治的失脚者であった点に特殊の意味(86)」をもっているのだが、忠文にしても前述の元方にしても厳密な意味での失脚者ではない。それが政治支配者間のみではなくて庶民の思想にまで浸透してくるのは、将門の乱前後の上述のような政治状況と深い関わりをもっているからである。

このことのあったのち、元方が正三位まで進んでいるのに比して忠文は正四位下のままで天暦元年(九四七)に没するのであって、式家というひとつの勢力がここでも北家と比して下降する。征東大将軍となることによって、忠文には律令制的な国家というものを守護するべき任務が課せられるのであるが、その国家というものを具体的に考えてみるとき、すでに忠平家が重要な位置を占めているのであって、国家への奉仕・服従ということが公的に忠平家の下に立つということにつながることになった。元方が忠平の子息一人を副将軍に請うことによって拒否し、忠文は受諾するということの背後に、こうした貴族層内部のそれぞれの個人感覚・処世術やまた各家系の政治的位置が影響していたのである。結果として忠文の期待していたであろう急速な官位の昇進は明らかに拒否され、式家が没落の足を早めていく。

おわりに

以上のように、将門の「内乱」に際しての中央政府の軍事的対応関係に焦点を合せて叙述をすすめてきた。もとよりこれは在地での具体的な将門らの権力のありかたの叙述を抜きにして考察されたものであり、そのかぎりで一面的である。とにかくも中央政府がいかにして内乱に対応してゆき、かつ自己の支配体制を維持せんがために国家という総体的な権力構成を変質せしめていくかということを明らかにしようとした。

本文にも述べたように将門の乱に対して従来「内乱」という視角が欠如している。石母田氏はその著(87)においてたしかに国衙を相手とするようになった段階以後反国家闘争になったとされている。しかし国衙との関係ということのみでは、それ以前の叛乱においても地方に逃げのびて、そこの国家機構の末端を利用しようとするケースがある(88)。それが「内乱」となるのは単に表面的な政治権力との関係のみではなくて、在地における具体的な社会関係を背景にしてはじめてそうなるのではなかろうか。将門の「内乱」は彼の意図はともかくとして、あくまで国家権力への抵抗なのであって、単に国家機構をくつがえそうとしたという暴力的蜂起のみの性格ではとどまりえなかった。

その将門のうけた社会関係とは、まさに農村に成立しつつあった農奴制的生産関係である。河音能平氏が述べられるように「王朝国家体制のもとにおいては公田請作者としての田堵が体制内被支配身分＝公民(89)」なのであって、すでに律令に規定された班田農民クラスの農民を被支配身分として措定することはできなくなっていた。当然そのことによって国家は収奪の対象を変える必要がでてくるし、また国家機構の編成の仕方をも考えねばならない。その時に国家の側が選んだのは、概念としては依然として「公民」を使用することによって支配を続けていこうとする途であった。そこで主たる問題になっているのは「公民」が税を出しうるという事実(90)なのであって、その農民がいかなる経営形態をとることによってそれを可能ならしめているかということは問題ではなかった。換言すれば、国家はもはや農民経営の変容によってそうした具体的な生産の場所にまで至って支配を続けられなくなっていたのである。

将門や貞盛・秀郷といったいわば私営田領主の側は、これに対して農民を農奴制的原理でもってその傘下に組み込むという権力組織を行なう。つまり農奴制的権力編成の仕方でもってその外側にある自立的な小経営農民をも従属させる。そのもとで従類・伴類を基礎とした軍事力を編成し、また私的に国司を任命したりすることによって自己の権力を築きあげ、また古代国家の上述のごとき権力編成と対置することによって自からを新しい政治的権力たらしめようとするのである。通常将門の種々の政策からいわれるその古代性とは、権力を現象形態として行使する側、つまり将門ら支配者の個々の結合の仕方が古代的なのであるということであって、それ自体は将門の意識の守旧性を問われるにしてもけっして体制自身の古代性を物語るものではない。あくまで将門の編成しようとした権力の構造は、私営田経営を中核とする農奴制的原理であったというところにこの「内乱」の特色があり、かつ重要性もあると考える。そこに農奴制に権力編成の基礎を置いた封建的政治勢力へのはじめての道があるのではなかろうか。

そしてその道を示したものは律令制下にあって国家の末端機関であった国衙であった。本来それ以外の何物でもない国衙が、領主制の登場・発展によって領主たちの政治的に結集する権力機関に化す。在地領主が在庁官人などになることによって国衙機構を構成するようになり、それによって権力が国衙を中心に分散するという石母田氏の言われた一種の封建アナーキー(91)の初期的様相が展開される。国家は逆に国衙に支えられることによってその命脈を保つ。この「内乱」において国衙の争奪が大きな意味をもったことや将門の私的な国司任命などはそれを示す。もちろんこの段階はいまだ領主が政治権力を奪取するまでには発達せず、国衙という国家の機構が在地領主権を支える政治的機能を持つという段階にとどまっている。将門の乱という「内乱」は中央国家に対して、こうした国衙の本来の機構的側面を破棄せしめ、地方ごとに分散的に出現してくる在地領主を個別に捉えるしか支配の方法がないということを知らしめるという作用をもったのではなかろうか。この乱以後こうした個別的な領主制を統一するべき武家の棟梁が全国的政治権力への指向性をもって登場し、国衙を有力なよりどころとして展開・成長していく。

(1) 実際に将門の乱の影響は後世にまで現実にもまた人々の意識のうえでも続いた。嘉保元年（一〇九四）の「筑前国観世音寺資財帳案」（「内閣文庫所蔵観世音寺古文書」『平安遺文』一三六六号）には資財を勘録した文言のなかに「以去天慶四年為賊被掠取也」とあり、長承四年（保延元年〈一一三五〉）には「依将門乱坂東八ヶ国済二ヶ年公事」なる文言（「中右記」長承四年正月二十五日条）がある。このような実害以外に貴族階層の精神情況に与えた影響も大きかった。永久元年（一一一三）の大衆強訴に対して「開闢以来未有如此、更如将門乱逆者」といい（「永久元年記」永久元年四月三十日条）、また治承四年（一一八〇）の源頼朝挙兵に関して藤原兼実は、

又伝聞、謀叛賊義朝子、年来在配所伊豆国、而近日事凶悪、去比凌礫新司之先使時忠卿知行之国也、凡伊豆・駿河両国押領了、又為義息一両年来住熊野辺、而去五月乱逆之刻、赴坂東方了、与力彼義朝子、大略企謀叛歟、宛如将門云々、

と書いている（「玉葉」治承四年九月三日条）。

(2) 安田元久氏「武士発生史に関する覚書」（同氏編『日本封建制成立の諸前提』所収）

(3) 石母田正氏『古代末期政治史序説』第一章第三節「古代末期の叛乱」、など。

(4) 大森金五郎氏『武家時代の研究』第一巻（大正十二年〈一九二三〉）

(5) 「本朝文粋」天慶三年正月十一日太政官符

(6) 同右

(7) 同右

(8) 石母田正氏『古代末期政治史序説』第一章第三節「古代末期の叛乱」

(9) 「将門記」

(10)「本朝世紀」天慶元年十一月三日条
(11)「将門記」
(12)同右
(13)同右
(14)「本朝世紀」天慶二年六月二十一日条
(15)同右
(16)「将門記」
(17)同右
(18)「貞信公記」天慶二年六月七日条
(19)「本朝世紀」天慶二年六月七日条
(20)斉衡二年(八五五)には「推訴使」なるものが大宰府に派遣されている(「文徳天皇実録」斉衡二年閏四月二十八日条)。日向守嗣岑王の叛乱に関してである。また讃岐守弘宗王が百姓等に訴えられたときにも「推問虚実」せんがために使が派遣されている(「文徳天皇実録」天安元年正月十六日条)。この両者も推問使と同じ範疇に属するものであっただろう。いずれも「詔使」として記されている。
(21)「日本三代実録」貞観十二年十一月十七日条
(22)「日本三代実録」元慶七年七月十九日条
(23)「日本三代実録」元慶七年十月十日条
(24)その理由は不明であるが、源俊のように職務怠慢によるものではないだろう。良積はのちの仁和三年(八八七)に美濃介に任官している。

(25)「日本三代実録」元慶七年十月二十五日条
(26) 国司に対する民衆の反抗については、延喜二年（九〇二）九月二十日（「日本紀略」）に「遣推問使於越後国、彼国守紀有世為藤原有度落髪着鉗」とある。この有度は他のところ（「春記」長暦四年五月一日条）では「州民」と記されている。このような状況の中での国司の存在については吉村茂樹氏『国司制度崩壊に関する研究』第三編第一章附載「地方庶民の困憊について」に詳しい。
(27) 三宅長兵衛氏「将門の乱の史的前提」（『立命館文学』一一二号所収）
(28)「類聚三代格」昌泰二年九月十九日太政官符
(29)「日本紀略」正暦五年十月二十三日条
(30)「日本紀略」正暦五年十一月三日条。このときは「遣太宰府使」とあるが、後の記事からみて推問使であることは確かである。
(31)「日本紀略」正暦五年十一月七日条。いうまでもなく惟宗允亮は「政事要略」の編者として著名な法家。
(32)「権記」長徳元年九月二十八日条
(33)「日本三代実録」元慶八年四月二十六日条
(34)「日本三代実録」元慶八年七月五日条
(35)「日本紀略」正暦五年十一月三日条
(36)「御堂関白記」寛弘元年十一月二十七日条
(37)「本朝世紀」天慶二年六月七日条
(38)「本朝世紀」天慶五年閏三月一日条
(39) 吉村茂樹氏『国司制度崩壊に関する研究』第三編第一章附載「地方庶民の困憊について」

(40) 「彼等(農奴的小農民—筆者)はこの王朝国家体制のもとでは各田堵公民に個別的に包摂された存在として位置づけられていたにすぎず、体制的秩序の中に独自な位置を持つものではなかった。」(河音能平氏「中世社会成立期の農民問題」『日本史研究』七一号、のち同氏著『中世封建制成立史論』第一部第四章)と言われるときの「公民」層。

(41) 右衛門権佐源俊は嵯峨天皇四代の孫であり、父は左衛門権佐、右大弁を歴任した源唱、母は信濃守橘善基の女であった。また俊の妹周子は源高明の妻であり、弟泉は少納言、子の把は大宰少弐、豊後権守を歴任している。嵯峨「源氏」とはいえけっして周囲の者も高官には就いていない。

(42) 石母田正氏『古代末期政治史序説』第一章第三節「古代末期の叛乱」

(43) 「本朝世紀」天慶二年六月七日条

(44) 「貞信公記」天慶二年十月三日条

(45) 林屋辰三郎氏「平安京における受領の生活」(同氏著『古代国家の解体』所収)

(46) 「貞信公記」天慶二年十月二十二日条

(47) 「貞信公記」天慶二年十一月十二日条

(48) 「貞信公記」天慶二年十二月十九日条

(49) 「尊卑分脈」醍醐源氏条

(50) 「日本紀略」天慶三年正月九日条

(51) 「貞信公記」天慶三年正月九日条

(52) 「本朝世紀」天慶五年閏三月一日条、同天慶五年閏三月二十日条

(53) 「政事要略」天暦五年十月一日太政官符、および「日本紀略」天徳二年十一月二十七日条

(54) 「九条殿記」天慶七年正月二十四日条

(55)「九条殿記」天慶七年二月四日条
(56)「九暦」逸文　天慶九年四月二十八日条
(57)「貞信公記」天慶九年九月六日条、同十二月八日条、天暦元年七月一日条、同四月十七日条、「日本紀略」天暦元年三月十一日条、など。
　高階良臣・阿蘇広遠については管見のかぎり明らかにならないが、基本的には源俊の場合と同じであったと考えられる。たとえば、阿蘇広遠は天慶四年（九四一）の復官以後天慶九年（九四六）には従七位下右少史として官符を奉行しており、（「別聚符宣抄」天慶九年八月十三日太政官符）、天暦三年（九四九）には左大史として官符や官牒を奉行している（「類聚符宣抄」天暦三年七月二十五日太政官牒、「別聚符宣抄」天暦六年九月十一日太政官符、等々）。
(58)「尊卑分脈」南家武智麻呂孫
(59)致忠―従四位下、陳忠―正五位下、由忠―正五位下、尚忠―不明（正七位上カ）、克忠―従五位上、全忠―従五位下、懐忠―従二位、則忠―従五位下。
(60)「東南院文書」延喜二十一年三月八日太政官牒（「東南院文書」一櫃四箱）
(61)「三宝院文書」康和二年四月二十五日醍醐寺延命院検校頼昭解（『平安遺文』一四二八号）
(62)「醍醐寺縁起」
(63)このときに朝議を構成していたメンバーは摂政太政大臣藤原忠平以下、忠平の兄仲平が左大臣、子実頼が大納言、師輔が権中納言、などであって、後に勢力をもつ源高明でさえ参議正四位下にすぎない。
(64)「江談抄」
　この史料の事実は「江談抄」以外には管見のかぎりみえていない。当然「江談抄」の史料批判が必要になってくるのであるが、元方に命ぜられたのはおそらく内命の段階であったろうし、他の「貞信公記」等に残らなくても不思議ではない。朝議によって元方が候補にあげられ、あらかじめ正式の任命以前に内交渉があって、その段階で元方は以下の条件を持ち出して拒否したのであろう。

(65) 石母田正氏『中世的世界の形成』第四章第二節「中世的世界」

(66) 同右

(67)「日本紀略」天慶三年正月十九日条

(68)「尊卑分脈」摂家相続孫。このうち師保は早く出家し、忠君は幼少であったと思われる。

(69) 延喜十七年(九一七)に従五位下に叙されて以降延長七年(九二六)に従四位になるまで十三年間を要し、同年に正四位下になって事件のある天慶二年(九三九)までを十年間正四位下で過した。この後三年後の天慶五年(九四二)には従三位・中納言となり、九年後には正三位・大納言・民部卿となり、源俊のごとく官位を奪われることもなく中央でその地位をまっとうし、天暦七年(九五三)に卒している(「公卿補任」等による)。

(70)「尊卑分脈」式家宇合孫

(71)「公卿補任」による。

(72) 上横手雅敬氏「承平天慶の乱の歴史的意義」(『日本史研究』二三号)

(73)「日本紀略」天慶三年正月十九日条

(74)「扶桑略記」(天慶三年二月八日条)によれば副将軍として忠舒の他に藤原国幹、平清基、源就国、源経基を記している。また軍監橘定平(「貞信公記」天慶三年二月二十六日条)、平公連(「扶桑略記」天慶三年二月八日条)、軍曹清原滋藤(「江談抄」)を知りえた。

(75)「貞信公記」天慶三年二月八日条

(76)「貞信公記」天慶三年二月九日条

(77)　公雅は下野守であり興世王の殺されたのは上総国である。公雅はこれに先立って天慶二年（九三九）十二月十一日に将門により国衙を追い出されて上京している。「一代要記」の記載をとると二月十九日に興世王は殺されており、大将軍一行の進発は二月八日であり、十日ばかりで動乱の上総まで行けたとは考えられないので、公雅は単身東国に戻っていたことになる。しかも叛乱軍の副将的存在であった興世王を誅する力をもっていた。ともあれ公雅はいったんは中央に逃避・庇護を求めるが叶わず、単身自己の編成しうる郎等および在地で国司として形成しつつあった武力編成でもってみずからの窮地を脱しようとするだけの自覚をそなえていた。在地で受領として私富を貯えようとする彼にとって、すでに中央政府は頼りうる存在ではなかったのである。

(78)　「扶桑略記」天慶三年二月八日条

(79)　上横手雅敬氏「承平天慶の乱の歴史的意義」（『日本史研究』二三号）

(80)　同右

(81)　「貞信公記抄」自体は当時のままに忠平の手になるものではないがその子実頼によって作られたものであり、実頼もこの抄本の作られた時期には師輔と並び廟堂を構成した人物であって将門の乱当時の貴族層の関心と同様であると考える。また抄出の態度についても問題は残ろうが「特定の記事に限定せず、全巻に亙って重要事項を抄出」（大日本古記録『貞信公記』解題）したものと思われる。いずれにせよ十世紀の摂関政治成立期の藤原北家の関心のあり方からはずれるものでないことだけは確認できる。

(82)　「日本紀略」天慶三年三月九日条

(83)　「帝王編年紀」天暦元年十一月条

(84)　「源平盛衰記」巻二十三

(85)　「帝王編年紀」天暦元年十一月条

(86) 肥後和男氏「平安時代における怨霊の思想」(『史林』二四—一、のち同氏著『日本文化』所収)。なお、怨霊については拙稿「御霊信仰の成立と展開」(『奈良大学紀要』五号所収)を参照していただければ幸いである。
(87) 石母田正氏『古代末期政治史序説』第一章第三節「古代末期の叛乱」
(88) たとえば広嗣の乱。「一切の官人的条件を利用して」、「みずから筑前国遠珂郡の郡家において軍営をつくり、烽火をあげて国内の諸軍団の兵士を徴発する挙に出た」(北山茂夫氏「七四〇年の藤原広嗣の乱」『日本古代政治史の研究』所収)。
(89) 河音能平氏「中世社会成立期の農民問題」(『日本史研究』七一号、のち同氏著『中世封建制成立史論』第一部第四章)
(90) 大山荘の「堪百姓」(「市島謙吉氏所蔵文書」承平二年九月二十二日丹波国牒、『平安遺文』二四〇号)のような例がそれである。
(91) 石母田正氏「封建国家に関する理論的諸問題」(『古代末期政治史序説』所収)を参照されたい。

第二節　院政政権の軍事的編成

はじめに

本節でとりあげるのは、十一世紀の終り頃展開する、いわゆる院政期と呼ばれる時代の軍事力の編成の仕方である。もちろん、この時代のすべてにわたっての分析は簡単にはできないし、また軍事力全体の構成に至るまで論じ及ぶことも不可能である。したがって、いちおうここでは時期的には十二世紀なかばの、武家の棟梁とふつう称される存在が政治権力の座に登壇するまでの期間を対象とした。保元・平治の乱から治承・寿永の乱にかけてについては、必要上これらの時期の史料を使ってもいるが、それらについては十分な分析をしていない。また軍事力における存在の場所についても、本書がいままでとり扱ってきたものは中央におけるそれであって、本節においても分析対象になるのは主として中央である。もちろん、これも必要なかぎり地方の軍制にまで説き及んでいるが、それらについては十分な分析を加えていない。(1)

1　院の武力

院政期における武力の問題を述べるにあたり、必要なかぎりにおいて院政の政治的な構造について明らかにしておくことが前提となる。まず院政の政治的構成の問題がある。いまこのことについて分析をすすめている余裕も能力もないのでしないが、ごく大ざっぱに言えば、国政をかなり独占的に左右する専制君主としての院＝上皇と、それをまわりから支えかつそれによって利益を得ている近臣＝受領たち、この二つの階層を主たる政権荷担者とする権力とみておきたい。もちろんこの背景にさまざまの社会的・経済的背景があることはいうまでもない。

院＝上皇は、いうまでもなく天皇の譲位したものである。天皇が、譲位したということを前提にして退位してからもなにゆえに院政を行なわねばならなかったのかということについては、いままで和田英松氏の研究からはじまって多く追究されているところである。いまは、摂関政治の時期における（いわゆる「前期摂関政治」をも含めて）煩雑な天皇の行動規制などによる天皇の政治力の後退を打解するために退位してのち政治を行なうようになった、とだけしておく。これは親王などの皇族たちにおいても同じことであり、全般的に皇室・天皇の政治力・経済力が後退するのを防ぐ必要があった。ただしこれは、あくまで摂関家の政治権力などと比較したときの相対性の問題であって、院政成立のすべての要因ではないけれども、譲位ということを前提にするに至った大きな原因ではあろうと思う。受領についても林屋辰三郎氏の詳しい指摘と歴史的性格の分析があることは周知のとおりである。(2) 国司とはいうものの、令に規定されたような国司ではない。本来、国司は律令国家の地方行政機関の長官にすぎないが、それがやがて地方支配の中心のような性格を帯びてくる。摂関家中心の貴族政治＝摂関政治の中で、下級にしかすぎなかった貴族たちが、みずからの地位の向上をめざしてまず経済的な致富を行なう。この致富を前提にしてきずいてきた自分たちの身分を、院という新しい政治権力者に集中して自分たちを抑圧していた摂関政治体制を克服しようとした。

この院と受領、その比重には時代によって変化があるが、基本的にはこの二階層によって構成される政権が院政である。比重に変化があるというのは、たとえば初期にあっては院＝上皇の政治力は弱く、摂関政治体制の余映・太政官機構の機能は強く残っているし、受領たちの力のほうが相対的には強いと考えられる。しかし時代を経るにしたがって、院御領の増加や源氏(村上源氏)の登用などによって政治力を高めていき、やがては受領補任や官職任命などに専制的政治性を発揮し、専制君主としての地位を確立するに至る。これがいつであるかは判断に差のあるところであるが、たとえば大治四年(一一二九)七月の白河法皇死去時の中御門宗忠の記載にはそれがみとめられる。(3) 宗忠の記載がどこまで客観的であるかは疑問ではあるけれども、そこに書かれた内容には専制君主としての白河法皇の姿を彷彿とさせるものがある。

いちおうこのように院政の政治を考えてみると、院政軍事力の対象は院・受領との対立者ということに一般的にはなる。もっとも、こうはいっても具体的な軍事力の発動ということになると、多くの階層・階級間の配置の問題が複雑にからんでくるので単純に規定するわけにはいかない。しかし全体的・総体的には、院・受領の政権に主として対立するのは荘園領主とみてさしつかえなかろう。もちろん院そのものは荘園領主としての側面をもっているし、またある場合には受領たちすらも荘園領主であることもあるけれど、院と受領の連合の政権であるというところから、院の荘園領主という経済的属性は顕著には表面化していない。院政の武力がもっとも多く発動されたのは大荘園領主である寺院の武力＝僧兵に対してである。

院・受領の組織した武力というも、外観としては、武力的に院政政権の武力として受領たちの武力があらわれてくる場合は少ない。あくまで院政の武力が院政を守るというかたちをとり、連合武力というようなものは形成されない。しかし、たとえば、北面などの組織を通じて武力が院政に集中されるところとなる。北面に登用することによって、その受領のもっている武力をとりこもうとする。北面の輩に組織して（ほかの職でもよいが）軍事力を編成しようとするのではなくて、既成の軍事力を北面というような、なかば公的な制度を通じて国制の中に吸収しようとする。したがって、院政における軍事力の主たる部分は、外皮としては官制を通じている場合もあるけれども、基本的には院の家産制的な編成となる。

次に、院政の軍事力の具体的な構成の問題を論じねばならない。院政期における院の武力は、以上述べたように、院の家産制的な編成をとるということ、およびその武力は外皮として官制を通じて組織される場合もあるということを念頭に置いて、院の軍事力の各部分を考えてみる。

まず、直属武力。そのうち、なかば私的な編成をとるもののひとつに北面の武士がある。北面の武士を構成する要素のひとつは受領である。(4) 長承二年（一一三三）に組織された鳥羽院の北面の輩のなかには、加賀守顕広・相模守隆盛などの受領がまじっており（在京であった可能性が強い）、受領を北面に登用することによってその受領たちの持っている、組織しうる武力を吸収しようとしたものである。いまひとつの要素は平忠盛などの著名な例をひくまでもなく武士、それも地方武士である。ほかの武的な官職に就いている武士たちを、その持つ武力（その官職を通じての武力でもよい）に注目して北面として登用するのである。はじめから純然たる地方武士を北面に組織するということは、院個人の政治的なありかたからしても多分なかったと考えられる。武士たちの就いている官職の公的権限の行使の強大さに注目して吸収するのである。中御門宗忠が「只今候北面人々郎等、及千余人」と表現した「北面」とは、(5)こうした武士たちの武力のありかたをとらえたものである。

このふたつの要素のいずれであったにせよ、北面は大きな軍事力を構成しえたはずであった。

加えて、院の侍がある。これはまったく私的な存在であって、院に近侍して小間使い的な仕事をするものである。たとえば上皇の御幸に随ったりというもので、(6)史料の枚挙にいとまがないほど貴族たちの日記に多く見えている。しかしこの院の侍は、存在の仕方によっては大きな武力になったであろうことは疑いない。永久元年（一一一七）、南都の僧兵たちが京都に強訴を企てることがもっとも激しくなるが、このとき上皇の居所鳥羽殿に警護の武士が置かれる。これを中御門宗忠は「鳥羽殿宿直人、従河内参上」と表現している。(7)この「宿直人」はほかのところでは「兵士」と表現されており、さして大きな武士でなかったことだけは確かである。鳥羽殿という院の宿所に宿直する武士が河内から参上していたということは興味がある。河内地方出身に多くみられる検非違使とも思えず、あるいは河内源氏の棟梁が官制を通じて院の輩下となって家産制軍隊に組織され、こうした宿直兵士を出したものかも知れない。それが時期を経るにしたがって棟梁と「宿直人」との関係よりも院と「宿直人」との関係のほうが強くなったものであろうと思う。したがって、この「宿直人」はまったく官制を通さない私的な奉仕の関係となっている。鳥羽殿侍については康和二年(一一〇〇)にも「鳥羽殿侍百人北殿七十五人、南殿十七人、泉殿八人」とあって、[8] 鳥羽地域の各殿舎に所属して存在していたことが知れる。元永二年(一一一九)に見えている「候六条殿侍」というのも同様であるし、[9] 治承三年(一一七九)の「祇候白河殿之輩」も同類であろう。[10] 院の起居する殿舎、すなわち院政の執行される院御所を警固する武力が存在していたことは疑いない。

さらに院の私的武力として院武者所の武士がある。武者所に地方武士が多く任命されて武力となったことは、「尊卑分脈」をひもとくだけで明らかとなる。これについては指摘するまでもない。北面とほぼ同質であり、私的な侍よりは規模が大きい。実例としては東国武士平山武者所季重をあげるだけで十分であろう。

以上がなかば私的な編成をとる武力であるが、ほかに公的な編成をとる直属武力がある。そして直属武力のうちで中心的なのはむしろ公的編成による武力のほうである。公的編成という場合の官職は、むろんそれにあたるものがいくつもあるだろうけれども、もっとも中心的でかつ規定的なのは検非違使である。この院政期における検非違使については不明なところがきわめて多いが、検非違使または検非違使庁の行動の原則なり理念ということでは「使庁政ハ是為断罪也」[11] ということが通用していたことと思う。これは、中御門宗忠がちょうど検非違使別当に在任しているときの別当みずからの声であるからまちがいない。しかし現実の存在形態ということになると、おそらくこれとはかなりちがったものであることも確かであろう。これは主として、のちにも述べるように武士たちを検非違使武力に採用せねばならなかったという事態からきている。

検非違使に任ぜられた者の活動が、検非違使庁からかけはなれたものになってきていたということを示す史料は多くある。使庁という役所が、その本来の機能であるはずの検非違使の統制という職能を慢性的に果しえないのである。

たとえば、寛治八年（嘉保元年〈一〇九四〉）、前天台座主大僧正良真の房に強盗が乱入して種々の物を取った。[12]犯人は逃亡したが、そのうちの一人を疵つけて捕え、尋問したところ源光国の郎等であった。光国はこのとき検非違使であり、いうまでもなく美濃源氏の「棟梁」である。したがって武士団としての武力がそのまま検非違使の武力の構造的な属性となっていたことは確かであるが、使庁は検非違使源光国についてはほぼ完全に把握していたとしても、その必須の武力である検非違使の輩下については統制することができていないのである。

また、大治二年（一一二七）晩年の白河法皇が大和御幸に出かけるときの検非違使の役割について興味深い記事[13]がある。源師時の日記「長秋記」のものである。御幸の行路において、検非違使成国が「和河」に橋を架けることを命じられた。このこと自体は別に珍らしいことではなく、天皇や上皇たちの旅行の行路の警備は検非違使の仕事であって、記するには足りないが、焦点はそのあとの叙述である。この架橋が大和国の「国内大亡之愁」であるといい、続けて成国について、

成国、日来住此国、称夫功号橋料責平民、已庄園所得巨多云々

と、その存在形態について述べている。成国は大和国に居住する武士で、荘園（所領）を持っており、しかも日常は大和に居住しているという武士である。大和の国検非違使かとも思えるがほかの史料では在京して検非違使の職務に携わっていたことがわかるし、[14]それから考えて大和と京都の両方に居住し、本拠地は大和であるという、ある意味で典型的な畿内武士であり、その点においては上の源光国とは性格が異なっている。この「長秋記」の記事は、成国が上皇の行動に伴う架橋という作業に携わり、それによって自分の富を増大させていったということを如実に物語っている。夫功と称し橋料と号して平民を責めるという行動は、上皇御幸という行為に伴って現実となったものであり、明

らかに院から恩恵をこうむっているのである。この成国の行動が彼自身の富の増大と所領の拡大につながったことは疑いない。

検非違使に任期がないということもこうした傾向に拍車をかけた。いったん任命されればよほどのことがないかぎり解任はされず、官職に伴う利点は検非違使供給雑事を徴収することぐらいであるが、成国のように公権行使に伴うさまざまな事象を通じて自己を拡大していったはずである。解任できないということは、使庁が使庁としての独自の武力・警察力を構成できなかったことに関係し、ほかに利用することのできる有力なものが登場してこないかぎり当然解任は不可能である。そしてまた、このことは使庁の行政能力が多大に検非違使個人のありかたに左右されるということの原因でもあったのである。ちなみに、元永二年(一一一九)に没した著名な検非違使中原資清は二十余年間にわたって検非違使を務めていたという。(15)

このような院政期における検非違使の存在の段階は、かつてのように「依城外、中庁移文(16)」というような形式的な情況はほとんどなかったであろう。こうした形式は摂関政治における諸行政の煩雑な形式に似ており院政期にはふさわしくない。形式にとらわれない行動が展開できるからこそ検非違使が院政の武力に転化・利用しえたのである。では具体的な院政と検非違使との関係はどうか。結論から先に言ってしまえば、時期的に浅深はあるが、院が形式的にはともかく実質的に検非違使権力をとりこんでいくのが院政期の検非違使のひとつの重要な傾向であろうと考える。以下、いくつかの史料を検討してみる。

寛治六年(一〇九二)正月、この月二十五日の除目によって、合せて三人に検非違使宣旨が下された。(17)そのうちの一人が兵衛府の官人であったのである。検非違使については、ふつうは衛門府官人が使宣旨をこうむるのを常とするが、このときは特別の例として兵衛尉が加えられていたのであった。藤原為房はこれを「希代之例」と記した。しかもこの左兵衛尉為俊が宣旨をもらうに至ったのは「院辺追捕賞」によってである。院が為俊を保護し、これを検非違使に強力に推薦したことは疑いなかろう。院政期にとくに特色的にあらわれる情況である。

永久元年(一一一三)、蔵人左衛門尉為忠の従者がその宅内に追捕されたとき、当然の経過として検非違使宗実なる者が遣わされる。(18) ところが「不被仰下別当」ずに事ははこばれたのである。本来ならば、院が使庁の官人を動かそうとする場合、院→検非違使別当→使庁官人と命令が下達されるのが官制上ではふつうのありかたである。しかしこのときは、院から検非違使別当中御門宗忠に命令が下らず、直接に白河法皇の指示をうけて官人が動いているのである。そしてこの検非違使宗実は「候院者」であった。検非違使個人と院との私的関係を前提として院は使庁の権限にまでくいこみ、院→使庁官人という命令系統を作りあげたのである。検非違使別当宗忠はこのことを「衆人不出詞、只以目許也」と記して院への批難に代えている。院は検非違使権力利用に関して、まったく別当という命令系統を通じることなしに事を処理しているのである。

同じ永久元年(一一一三)に、南都大衆が大挙して京都に上ろうとし、宇治のあたりにまで至ったというニュースが朝廷に伝えられた。(19) これに対して僧兵の上洛を防がんために軍勢が派遣される。「武士丹後守正盛以下、天下武者源氏平氏輩」が主な構成要素であったが、その中には検非違使である平正盛・源重時・平忠盛などが含まれていた。この派遣に関し史料は次のように述べる。

是依群議院所指遣也、但検非違使可被仰別当也、而今度不被仰別当、頗雖不得心、被射興福寺大衆了、予不仰下、何事之有哉、

つまり、この派遣は「群議」を経てはいるが実質的には「今度不被仰別当」とあるように院が指示したものであって、明らかに院が主導権を握って検非違使の武力を駆使している。もちろん、このときの検非違使の武力は、検非違使という官職を通して公的には組織されたものではあるけれども、命令系統においては官制上のルート、すなわち検非違使別当を経ていないのである。「何事之有哉」という別当宗忠の嘆きは、まさにそのことであった。いうまでもなく別当がすべてにわたって検非違使の活動を統制できたわけではないが、永久二年(一一一四)の宗忠別当当時の彼の日記「中右記」をみてみると、検非違使庁官人と別当との接触はきわめて頻繁であって、多くのこまかい命令を出している。そうした別当の権限を無視して院が検非違使を駆使できるほどの力を持ってきていたのである。

こういう、院による検非違使権力の利用が可能なのは、政務を決定する種々の場所に(たとえば上述史料の「群議」)院近臣やそれに準ずる勢力がはいりこんできていたからである。そしてさらに検非違使庁の官人構成についていえば、佐クラス・尉クラスを院政が把握しているということがあろう。院とのあいだに発生したさまざまな私的な関係を基礎として、使庁上級官人に送りこまれるわけであり、今度はその当人が職務権限を帯びて院との私的な関係で行動するのである。いま佐について一例をあげると、大治二年(一一二七)に起った比叡山勢力と検非違使との間における問題がある。[20]問題といってもさして特筆するようなことではないが、山上にまで検非違使が行くかどうかということであり、延暦寺に問うたところ、「兵使」は山上に上らせないのが原則だといい、検非違使は兵使ではないけれども山下に留められ、別当のみが登山するのが前例であるという。これは寺域治外法権問題のからむ複雑な要素をもっていたけれども、結局は佐(権佐)が別当に准じるということで登山している。この権佐は藤原顕能である。彼は「夜の関白」と呼ばれて白河院政を支える中心的人物であった葉室顕隆の次男で、この時には備前守でのち院別当にもなって院政を支える重要な人物であった。こういうかたちで佐の権限を高くしていき、さらにその佐を院勢力の側から出すということによって、実質的に院が検非違使を自由に動員できるようにする。こうした結果、本来院とは関係のない検非違使という公的組織が国制のうえにおいてその膝下に入ったような情況となるわけである。

こうして検非違使庁・別当は徐々にその固有の権限を縮小していく。元永二年(一一一九)二月、前夜に治部大夫時忠が強盗のために切り殺されたことを宗忠に報じた検非違使成国は、「凡京中連夜強盗入人家、被殺害者甚多、大略使庁力不及歟」と嘆いている。(21) これを聞いた宗忠は「只天下之滅(亡脱カ)也、可然時歟」と言った。三年前まで検非違使別当であった宗忠は、こうした情況をもたらすところとなったひとつの原因が、院による恣意的な検非違使利用であったことを知っていたのではなかろうか。

長承二年(一一三三)九月、左衛門督・検非違使別当であった源雅定は、両職の辞任を申し出た。(22)

居別当漸及両三年、有恐上、近日多重犯、然而不御沙汰候、且是別当運尽由、所令存候、又検非違使等一人無勤庁事之者、是又身不覚故也、如此毎事無面目故、強所令辞退申也、

というのがその理由であった。つまり京中の犯罪がきわめて多いにもかかわらず「御沙汰」(院の沙汰ということか)がなく、検非違使別当としての職務が遂行できない。あまつさえ検非違使は一人として庁事を務めず、これは不徳の致すところであるから辞任したい、というわけである。院がさまざまなかたちで検非違使庁の政務に介入し、実質的に使庁を私していることに対する抗議でもあった。そして具体的に「御沙汰」のなかった事例として二つのことをあげた。そのひとつは、美作国から上洛してくる者があり、その主従三人が白昼に捕えられ大江山で首を斬られて殺された。それは右兵衛督顕頼の家人の仕業であった。顕頼はいうまでもなく葉室顕隆の長男で、みずからも鳥羽院政を支える

有力な近臣であった。このことの処置について院に申したけれども沙汰はされなかった。いまひとつは、検非違使源為義の郎等が丹波国で殺人を犯し、この処置を求めたことについても結局沙汰されなかった。顕頼も為義も院にはきわめて近く、その保護をうけた家人に対してすら検非違使庁は手を出せなかったのである。こうした検非違使庁、検非違使別当の無力を見せつけられるような例を眼前にして、

皆是一身不叶器量故也、可然人居此職、定如此事断絶歟、

と嘆いた。「長秋記」の筆者源師時は美福門院得子の伯父にもあたり鳥羽院政と近かったからその師時に対して雅定がどの程度のところまで言いえたかは問題であるけれども、かなりの皮肉をこめて考えるところを述べたのではないか。雅定が「可然人」と師時に言った然るべき人というのは、「御沙汰」を獲得できるような院に近い人——院近臣——が別当をやればすべてうまくいくだろうという皮肉である。院は官制のうえでは検非違使別当や検非違使庁に対する命令権は持たないけれども、国制のうえにおいてはこれを左右していたという事実に注意するべきであろう。

このように院政は検非違使という公的官職の武力を吸収しようとし、それに成功する。検非違使は、本来国家機関の公的な武力であるが、それを公的にではなく私的に利用することを可能にした。検非違使庁の官人となる人物たちとの間に私的な主従関係を持ち、それを通じて公的な武力をとりこんでいくのである。したがって、院という天皇の退位した人物が中心となり、公的機関をその下に集中して軍事力・武力としたという図式は考えられない。

2　諸権門とその武力

院政期の中央の武力のありかたをめぐって、次に貴族たちのもっていた武力について論じ及ばねばならない。

貴族の私的兵力については、かなり古くから存在していたはずで、系譜としては貴族に与えられた帳内資人のようなものを先駆形態としているであろうと考えられる。その実例は多く、とくに律令国家が弱体化し、その保護をうけられなくなってから貴族たちは私的兵力を持ちはじめる。初期のうちは出かけるときの警衛とかいったような帳内資人制の系譜の活動が多く、武力的に注目するようなものではなかったと思う。荘園の支配や国司としての支配を通じて関係のできた在地の有力百姓クラスを登用するのが主なものであった。百姓たちのほうもそのことによって勧農機能や国司支配権力の末端に位置しうる可能性が出てくるし、あわよくばその主人とあおいだ貴族の政治的な能力によって下級の中央の官職に就くことも可能なことではあった。

承平四年（九三四）には、式部卿宮侍として伴友高たる者がみえている。(23) 名前からしても在地の土豪であることは疑いない。しかもこの友高は伊賀国名張郡夏見郷の刀禰であった。安和二年（九六九）には、右大将家（藤原伊尹）侍として布勢壱城なる人物がある。(24) これは山城国紀伊郡深草郷の刀禰であった。

この時期の貴族の武力のありかたについてはすでにふれたが、長徳二年（九九六）正月に起った藤原伊周が花山院を射たときの事件にみることができる。(25) 内大臣であった伊周が失脚する著名な事件である。伊周は廷内に「多養兵」っており、また家司菫定の宅内を検非違使たちが捜査したところ、八人の兵と弓箭二腰を発見したという。首謀者はすでに逃げ去ったあとでの捜査であるから、もっと多くの兵力が貯えられていたことは疑いない。この「兵」は、さきにみたような在地有力農民たちを供給源とする侍が主たる構成要員であった。しかし中央貴族たちの地方支配はさして強いものではないし、したがって一国内を動乱の情況に追いこむというような強い武力とはなりえなかったであろう。侍所という武的家産機関が貴族の経営の中にあったけれども、この時期にあっては上記のような刀禰クラスの人人がまったく現地を離れて完全な武力提供者になったとも思えず、畿内近国の在地有力農民たちが主として貴族の武力となった。もっとも、将門が忠平に名簿を捧げたという有名な事例があるように、東国のような遠い地域から京に上って貴族に武力奉仕をすることもありうることではあった。

院政期になってからも、たとえば「左衛門督侍三人」だとか、(26)「九条殿侍」とかいうようなかたちで存在しており、(27)侍所があってそこに組織されているのである。また侍所以外の家産機関を通じての武力の編成ということもあったと思う。たとえば保元元年(一一五六)八月には、藤原忠通の御厩預に右衛門尉源資経が任命されている。(28)彼はまた検非違使であって、(29)検非違使としての公的な武力のある部分が忠通のもとに編成されたわけである。また、康治二年(一一四三)に相対立して合戦を企て宇治雙子墓辺で陣を張った源頼盛(字檜垣太郎、「尊卑分脈」では檜坂太郎)と源惟正(字辻二郎)は、ともに入道大相国藤原忠実に「祇候」する者であった。(30)「源家末葉」として両者ともに「仮武士名」るところであった。「祇候」の具体的内容が不明ではあるが、忠実がこれらの武士を武力として頼んでいたことは疑いない。もっともこの戦いは「児子之戯」と称されている。

いまひとつ貴族の私兵の存在について史料をあげる。藤原明衡が、ほぼ同時代の手紙を集めたといわれる往来物の一種「明衡往来」に収載されている史料である。(31)

可被給精兵一人

右明日可参長谷寺侍、奈良坂之間、有梁上公之恐、雖非猿臂、只少有武備許也、謹言、

九月八日　　参議藤原

前将軍幕下

謹兵士一人事

右兵士事、謹以奉之候畢、可令参勤之由、中舎青侍一人畢、定令参勤侍歟、指非精兵、重代名物也、頗可謂一人当千歟、奈良坂素奇恠之所也、尤可有御用意也、以此旨可然之様、可令披露之状如件、

即時　　　　　　　　　　　　　　　　　　　　　　平

要するに、参議藤原某が兵士を借るべく前将軍平某に発した手紙である。往来物のことであるから、この「藤原」が誰であったのかは知る由もないが、彼が大和国長谷寺に詣るのに侍がほしいという。京から大和に行くとき、奈良坂を越えなければならないが、奈良坂辺は古来盗賊の出るところとして有名であった。藤原某も「梁上公」（盗賊の異称）の恐れがあるから「武備」をしておくというわけである。発信者は参議であるから侍所も持っていたであろうが、よい兵士にめぐまれなかったか、もしくはその侍所の侍はほとんど儀礼的な役割しか果さなかったということであろう。

これに対する返信として、前将軍平某は兵士を貸すという。その派遣兵士の役にあたったのは平某の「青侍」一人であった。この青侍は、さしたる精兵ではなかったけれども、重代の名物といい、「頗可謂一人当千歟」と称されるほどの武技のすぐれた人物であった。この表現にみるかぎり、平某の持っていた青侍は明らかに強力な武力につながっており、しかも「重代名物」と言われているところからして侍身分が家として固定していた。「明衡往来」は平安時代末の成立といわれており、ほぼこれを院政期の情況とみてもよいだろう。十一世紀頃、それぞれの地域において、国衙との関係で地方の武士身分が成立・進行しているのとほぼ平行して、京都においても貴族家産制の中という枠っ

きではあるけれども、侍身分・侍の家といったものが成立していたのである。

「明衡往来」に見えている「青侍」というのは、貴族に仕える下級武士のことをいう場合が多い(32)。もちろん地方ではかなりの規模を誇る有力武士であって、それが中央貴族の家に仕えて官職就任の機会の斡旋と到来を待つわけである。さきにも引いた藤原忠平と平将門の関係がその典型ともなろう。

青侍をも含めて、貴族の武力の具体的な存在形態はどうであったか。「袋草紙」の次の記載はその点について興味ある材料を提供してくれる(33)。

俊綱朝臣家ニ、詠水上月歌講之、而田舎兵士中門辺ニ宿テ聞此事、青侍ニ語云、今夜ノ題ヲコソツカウマツリテ候ヘト云々、侍云、有興事也如何、兵士詠云、

水や空々や水ともみえわかすかよひてすめる秋のよの月

侍来テ申此由、万人驚歎テ詠吟メ、且感且耻テ、各退出云々、

この「袋草紙」は、歌人としても有名な藤原清輔の手によって成った歌学書のひとつであるが、その成立はおおよそ保元元年(一一五六)の頃とされており、院政期の情況を反映していることは疑いない。内容は、橘俊綱家において催された歌会のことについて述べたものである。ここに「青侍」と「田舎兵士」の二つのことばが出てくる。この「田舎兵士」は俊綱の廷宅の中門の辺りに宿しており、偶然に歌会のもたれることを聞いた。この「田舎兵士」の実体が何であるかはよくわからないが、「田舎」というのは、大治五年(一一三〇)の大江仲子の解文にも「京都之家地、田舎之庄園」とあるように(34)、地方・荘園といったような意味かと考えられる。すなわち、地方＝荘園から何らかのかたちで徴発された兵士が「田舎兵士」の内容であるように思う。のちにみる荘園兵士の例からして、この「田舎兵士」

は荘園から一定期間を徴用され、中門の警衛にあたったのである。それが歌会のことを聞いて、青侍に題は何かと尋ねている。つまり俊綱家の家産機関の中では、青侍が俊綱と「田舎兵士」との中間に位置するわけである。この青侍はまた単に「侍」とも表現されている。そこで青侍から歌をきいた兵士が一首詠み、一同が感歎するという筋であった。

これにより、俊綱―青侍―田舎兵士、という円がひとつ描ける。寝殿造の貴族の廷宅を思いうかべたとき、その中心となる寝殿とその周辺は青侍が守り、その外側の部分の警備が田舎兵士に与えられるわけである。京極殿を守っていた兵士(35)や押小路殿を守っていた兵士(36)などもこうした田舎兵士であったのだろう。記録には姓名はまったくあらわれていない。

しかし、純然たる都市貴族とこの青侍との関係はそれほど強いものとは思えない。その証拠には、京都においてもまたその他の地においても、荘園領主軍は展開しない。武力編成の主体はあくまで武士層にあり、それに対して院のような強力な政治力が展開できないのである。地方武士たちの奉公をうけた貴族たちは、彼らをしかるべき政治的地位に就かせてやれるかどうかということで危険があった。就職推薦はその貴族の政治的地位と能力による可能性にすぎず、したがって青侍たちも主従制的・家人的な強力な奉公をする必要がなかったのである。

貴族たちが必要とした武力は、さきにも引いた奈良坂での警衛のようなものが中心であって、武力的に強力に自分を守るものとしては中央政府の軍事力をたのんでいた。自分個人を単位として強力な武力組織を持つ必要はなかった。たとえ組織しても、政府内部における政治的地位の変動によっては、一個の武力としてはほとんど意味をもたない。また、現実に貴族の輩下として武力をになった武士たちは、べつに特定の貴族である必要はなく、より多くの御恩をもたらすほうにつくわけである。そうした意味でその結合のタイプは単純なものではなかったと考えられる。「明衡往来」にみえた前将軍平某の「重代」の青侍のようなものばかりではなかった。むしろその貴族の政治的地位の変動ということを考慮に入れれば、あまり強い関係を結ばないほうが有利であったという場合もありえた。これもよく引かれる史料であるが、藤原頼長と源為義との関係において、為義は、「未称臣于余、以臣于禅閤、所傭具也」と表現されているように、(37)現実には頼長に仕えていたけれども名簿を捧げて臣下になっていたわけではなかったという。父忠実と為義との関係をそのまま引きついで「傭具」していたにすぎなかった。為義にとっては、むしろこうした軽い関係のほうがよかったという側面をもそこにうかがうことができると思う。あくまで武力編成の主体的条件は武士のほうにあったのである。

貴族の武力に続いて、寺院の武力についてみる。この時代の寺院の武力がきわめて大きなものであったことは断わるまでもなく明らかである。まず第一は僧徒たち自身の武装による武力であるが、これについては平田俊春・日置昌一・勝野隆信各氏の研究をはじめとしていくつかのものがあり、(38)僧兵の制度的なことについては明らかにされているのでここではふれない。寺院は発生のほぼ当初からある程度の武力を備えてはいるが、平安時代中期、寄進地系荘園制の成立と前後して寺院の権門化が進行し、それと同時に武力も整備され、僧兵が起る。

この僧兵のほかに、一般の兵士が居た。当時の歴史的用語にしたがって「俗兵士」とよんでおく。永久元年（一一一三）、南都大衆が蜂起したときの記事にいくつかの事例がみえる。四月、合戦によって京から派遣された兵士によって僧徒三十余人が射殺され、「俗兵士」九人（異本では九十人）が疵つけられた。(39)五月には、合戦によって「俗兵士」四人を検非違使が召しとった。(40)これは他の箇所では「俗兵」とも表現されており、この「俗」は「僧」に対立する概念であり、明らかに僧徒の武力とはちがった兵力を示している。この時期の有力寺院が一般的にかかえていた兵士であり、僧徒の武力とあい補って寺院武力を構成していた。

　俗兵士のなかには二つのタイプがある。そのひとつは武士層を登用したものであって、これは傭兵という形式をとるのがふつうであった。仁安三年(一一六八)の大伝法院の解状によると、高野山の武力を形成した一要素として「雇集武士於隣国比郡」という文言があり、[41]武士を傭っていたことがわかる。「今昔物語集」にも「□ノ公正・平ノ致頼ト云フ兵ノ郎等共ヲ雇寄セテ、楯ヲ儲ケ、軍ヲ調テ」とあって、[42]このことが確かめられる。すでに存在している武士の武力をそのまま傭兵として駆使しようとする。そのとき何が彼らに与えられたかは知れないが、寺領荘園内の所職とか、寺院のもっていた流通機構の一部とかが委譲されたのかも知れぬ。いずれにせよ寺院のために戦う武士にも何らかの利益はあったはずである。こうした武士の傭兵化のほかにも、何らかの宗教的契機によって寺院の武力をかって出る場合もある。源為義は、保延六年(一一四〇)に伝法院の外護者たるべく誓状を差し出すが、誓状そのものに為義が伝法院の武力荷担者になる旨は記されてはいないけれども、現実に伝法院が寺家の武力を貯えていくなかで為義が兵力となることは不思議なことではない。

　俗兵士のいまひとつのタイプは、荘園兵士として徴発されたものである。預所・下司などを通じて、荘園の所役として徴収されたものであろう。永久元年(一一一三)の南都兵力のなかに、「大和国土民庄民携弓箭之輩」とか、[43]「大和国并金峯山寺所領住人」とかあり、[44]また、これよりのちの史料ではあるが、「催上政所之所司住人等」[45]「催末寺荘園之武士」[46]などともあって、荘民・土民が武力となっていることがわかる。こうした傾向は院政期になってからのものであり、もちろん荘園制(いわゆる寄進地系荘園制)の展開と密接不可分のものである。「土民」も基本的には同じく荘園制の展開と関係している。荘園の本免田・出作田については、いちおう領主の支配地であるから荘民が兵士役として徴発されたことはまちがいない。個人にかけられる力役の一種であって、上にあげた兵士についてもこうした形式のものであったことは疑いない。預所や下司によって直接に徴収された課役であった。しかし、恒常的な寺院の武力としてはさして大きなものではなかったはずである。たとえば興福寺は強訴を起して京に上ろうとしたりするときには興福寺領荘園に臨時に大きな武力負担を課したりするが、のちにみる醍醐三宝院や長講堂の例のように、たえず上番して寺に勤めている兵力の人数は少なく、また兵士家のようなものも成立していない。

ところで荘民が基本的には課役として徴兵されたとすると、「土民」はどういう手続きによって徴兵されたのであろうか。それは同じ課役という形式以外には考えられないと思う。しかし土民は荘外の民衆であるから、荘民とまったく同じ手続きでは不可能である。おそらくは加納田・余田といったような、荘園との経済的な関係で徴兵したのではなかろうか。宗忠はそれを「土民」と称したのであろう。加納田とは、本田以外の地で荘民以外に耕作されている土地のことであり、余田とは、領主直轄の新開田である。この両種の地は本来は国衙に官物を納めるべき地であって、ここを荘園領主の論理でもって貢納させるように関係を作りあげ、それにもとづいて荘民としての論理を適用して兵士をも徴発するのであろう。

次に荘園と兵士のことについてふれたい。これについては、詳しい十分な分析がなされているとはいいがたいが、相田二郎・中村直勝・清水三男各氏による論考などがあり、(47) 荘園に兵士が存在したことは疑いない。

平治元年（一一五九）の宝荘厳院領の注文には、備中国多気保の課役として「月別兵士二人」とある。(48)「醍醐雑事記」の中には、寺領曾禰荘の雑事として、「宝蔵兵士五人　九十両月幷十二月下旬内九介日　庄家役」とあって、兵士が荘家役として負担されている。また同じく三宝院宿直兵士のことについて、正月から十二月に至るまで寺領荘園に五人ずつ割り当てられている。(49)仁安四年(嘉応元年〈一一六九〉)、賀茂荘の伝馬・人夫等が注進され、その中に「兵仕五人」「庄司二人幷余住人等兵士」とある。(50)

建久二年(一一九二)の長講堂領の注文の中には、(51)各荘園の負担が詳しく書きあげられており、そこに「門兵士」「御倉兵士」「兵士」などが多くの荘園の負担として書かれている。「門兵士」は二〇—三〇日ほどの期間で三—六人であり、「御倉兵士」は一箇月ほどで一人である。このほか守備範囲の明示されない荘園兵士もあるわけである。(52)ほかにも例はいくらもあるが、こうしたものが荘園兵士である。いずれも寺領ばかりであるけれども、貴族領・院領なども同じパターンであることはまちがいない。

このほかに、荘園年貢の運上・警備にあたる運上兵士ともいうべきものがあった。これも諸荘園に多く存在したはずである。東大寺領大井・茜部荘関係の文書の中に、文永元年(一二六四)、茜部荘の年貢・絹運上者のうちとして「アフリヤウシ大夫」が書かれている。(53)これは戸田芳実氏などの明らかにされた官米押領使の系譜をひくものである。(54)文永五年(一二六八)の両荘年貢運上兵士として「兵士弘真」「兵士来尊」などの名がみえており、(55)文保二年(一三一八)、大井荘の手掻会料絹が「兵士国恒」に付して送られている。(56)これも同様例は多くある。

また、東寺領の太良荘関係についてもこの兵士の存在を示す史料は多くある。弘安六年(一二八三)の文書の中に、「弘安五年分御米未進支配事」とあり、その中の除分雑用四石余りのうちに「兵士米」が含まれている。(57)これは未進年貢を運上した兵士のための米である。嘉元三年(一三〇五)には「太良庄点定物支配事」とあって、すべて四貫六百文、その除分の中には五十文が「中山兵士用途」とある。(58)また、正和三年(一三一四)にも太良保の正和二年(一三一三)年貢の送文の中に除分雑用として「兵仕米」一斗がある。[59] これらも運上兵士に給されたことはまちがいなかろう。

貴族の荘園については、さきにも述べたようにあまり材料がなく、よくわからない。ただ、「今昔物語集」にみえる話は興味がある。[60]

今ハ昔、長門ノ前司、藤原ノ孝範ト云フ者有キ。其レガ下総ノ権守ト云ヒシ時ニ、関白殿ニ候ヒシ者ニテ、美濃ノ国ニ有ル生津ノ御庄ト云フ所ヲ預カリテ知ケルニ、其御庄ニ紀遠助ト云フ者有キ。人数有ケル中ニ孝範、此ノ遠助ヲ仕ヒ付テ、東三条殿ノ長宿直ニ召上タリケルガ、其ノ宿直畢ニケレバ、暇取セテ返シ遣ケレバ、美濃ヘ下ケルニ、勢田ノ橋ヲ渡ルニ、

（下略）

以下、遠助の美濃への道中と美濃での奇怪談が語られるわけである。これによると、長門前司藤原孝範が下総権守であったとき、関白殿に仕える者であって、美濃国生津荘を「預知」していた。この「預知」の内容がはっきりしないが、預所的なものであることは確かである。その孝範を通して荘園の紀遠助なる者が東三条殿の長宿直、すなわち警衛にかり出されたのである。ほかの荘園でも、またほかの貴族領においても同様のパターンで兵士が徴発されたことはまちがいなかろう。「関白殿」（領家）→藤原孝範＝「預知」者（預所）→紀遠助（荘民）という命令系統となるわけである。また、ある貴族の廷宅を「宿直」していた「若キ侍ノ兵士タル」人は「田舎人」であったという記事もあり、[61] この場合も田舎＝荘園から貴族の家産兵士が徴発されていたことが理解できよう。

荘園の兵士が、兵乱にあたって徴兵されたということは、保元の乱のときに、

今日蔵人頭左中弁雅教朝臣、奉　勅定、以御教書仰諸国司云、入道前太政大臣幷左大臣、催庄園軍兵之由有其聞、慥可令停止者、

とあり、(62)また

今日頭弁奉　勅、仰下諸国司云、宇治入道猶令催庄々軍兵由、有其聞者、件庄園幷左大臣所領、慥令没官、可令停止彼奸濫朝家乱逆、已当此時、国司若致懈緩者、可有罪科者、依綸旨、執啓如件、

ともあって、(63)乱にあたって忠実や頼長が自分の荘園から兵を催したことははっきりしている。源平の内乱のときにおいてもやはり、

為左少弁行隆奉行、女院御庄々、幷余方領等、皆悉可召進武士之由、被仰下、天慶例云々、

とあって、(64)平氏が、左少弁藤原行隆を媒介として八条院領・藤原兼実領から官軍に荘園兵を徴している。「天慶例」とあるように、それが事実であったかどうかは別として天慶の将門・純友の乱に荘園兵士徴発の正当性が求められており、両乱が軍事制度のうえにいかに大きな影響を与えたかが理解できる。

具体的な命令系統は不明であるが、荘園の課役として荘官が徴発したものと思われる。醍醐寺領の例にみえた荘家役とか、生津荘の預所役のような形態であったろう。

寿永二年(一一八三)の記事によれば

此日奈良僧正被来、去廿五日夕所被上洛也、依院召云々、仍廿七八日両日参上、然而全無殊仰云々、大略催大和国兵士等、可被用意平氏強者、可差遣之故云々、始可催衆徒之由有仰、而若可発大衆者、決定悪僧等得力、致濫行非法、歟、当時者随分奔走、殊無大衆狼藉之聞、今漏承此院宣趣者、衆徒之濫吹、全不可叶制法、此条依重仰、可致沙汰、為後日之恐、所申仔細也云々、重仰云、所申可然、大衆之条、可随重御定、先只以寺家之力、催末寺荘園之兵士、可致其用意云々、

とあって、(65)「寺家之力」をもって「末寺・荘園之兵士」の徴収が院によって興福寺に命令されている。この場合は「院召」によって「上洛」した「奈良僧正」に伝えられたものであり、しかも「全無殊仰」とあるように、事のついでに出た会話にすぎないということになっている。にもかかわらずそれは国制上の軍事命令として成立しているところに注目しなければならない。

時代はかなり遅れるが、徳治二年(一三〇七)の文書に次のような文言がある。(66)

不断経兵士条々

一諸庄兵士、皆以可為正員、但於其身、或現病、或禁忌出来者、捧厳重起請文、以子息并親類、可立代官、若無親類者、可立如身代官事、

一登山兵士、七日申具定、於年預坊、可合着到、於参不之注文并誓状者、為番沙汰人之役、自七日戊(戌)時、渉番々可有披露、若年預不渡注文於番沙汰人者、可令沸大湯屋之湯、若又番沙汰人請取無披露者、罪科同前矣、

一於不参輩者、縦雖為一人乃至十人、同可差金堂礼堂畳事、

以前条々如斯、毎年守此旨、可令参勤、若於背此条輩者、可改易所職者也、依諸衆評定、所定置如件、

徳治二年丁未七月六日　行事入寺祐金

年預入寺澄忍

「諸荘兵士」は必ず其身を奉仕し、病気・禁忌などのときには起請文を捧げて子息・親類を代理に立てよという。きわめて強力な支配と徴兵組織をもっていたことを示している。具体的な徴兵者は書いてないが、「若於背此条輩者、可改易所職」とあるから、預所か下司かが荘官としての徴兵を行なったことは確実である。兵士役については、「大

山庄兵士役[67]」、「合力等兵士役[68]」とある。応永三十一年(一四二四)の文書には鞆淵荘の下司範景が「自名之百姓外、対惣庄之百姓、致多数非例之中、殊更号勤軍役、背往古之掟」とあって、下司が軍役を徴する役目であったことを示している。

これらの荘園兵士が貴族・社寺の軍事力であったことは以上のように確実であるが、院政の直接的な軍事力・武力として動いたという史料は見つけられなかった。しかしながら、構造的には院領荘園も同じようなものであったと思うし、いままでにあげた例のみでいえば、長講堂の例が論じるにふさわしい。長講堂が後白河院によって建てられ、長講堂領が院政の大きな基礎になったことは有名な事実であるが[69]、そうだとすれば、長講堂領にみえた兵士たちはいったん事があれば当然後白河院武力の下級の構成員になったことはまずまちがいなかろう。

3 院政の対応

院政が、一個の政権としてとりくまなければならなかった直接的軍事対決の最大の相手が僧兵であったことは周知のところである。この僧兵との関係で武家棟梁が政界上層部に進出してくることも事実であり、僧兵問題は武力的に院政のとりくまなければならない大問題であった。

この僧兵に対して中央から鎮圧に派遣されるものとして絶えずみえるのは検非違使であり、これは前にもふれたとおりである。天仁元年(一一〇八)に「神人衆徒」が群集したとき、「爰又為相禦、公家所指遣之検非違使幷源氏平氏天下弓兵之士武勇之輩数万人」とある[70]。また、元永元年(一一一八)には同じような事件に、「於今者遣武士検非違使幷下人等於河原、可被禁歟」とあり、「只今候北面人々郎等及千余人、皆遣河原了」ともある[71]。この場合には、検非違使という公的機関と、北面という半公的機関とが行動しており、院政の公的活動の側面を示している。これに対して院のまったく私的な武力の発動もある。もっともこれも完全に私的な編成をとるわけではなく、何らかの関係において公的機関と接触して編成されるが、院が国政の機関である以上これは当然なことである。しかし、基本的には院との私的な関係を基軸として組織されるということが大切なところである。上に引いた「源氏平氏天下弓兵之士武勇之輩」というのは、院または院政の私的な編成であり、国家機関・官制のどこにも位置づけることはできない。

こうした院との私的な関係を基礎として存在し、院の武力の中心となった規模の大きい武士たちは、「京武者」という言葉で称されている。

今日申時許　南京大衆於宇治一坂南原辺与京武者已合戦、各死者、互蒙疵者多云々

と記されているように[72]、一方で院などの重要政務機関を守り、また一方で宇治などへ派遣されて僧兵を防ぐわけである。

派遣の仕方としては、永久元年(一一一三)にみえる「天下武者・源氏・平氏」は、さきにも引いたように院の群議によって遣わされたものである。そこに院の私的な意向をくみとることは容易であろう。少なくとも従来の官制上の機関に属した武力ではない[73]。その中には、当然こういう事態に公的な働きをしてしかるべき検非違使もまじっているが、これも使別当宗忠を経ない私的な動員であり、また同時に派遣された出羽守源光国など、本来の官職からいけばこの事件とは何の関係もない。源光国の持つ美濃源氏としての武力が利用されただけであり、いわばまったくの院の私兵としての活動をするわけである。もちろんその過程において、検非違使や出羽守としての公権が何らかのかたちで武力編成に影響を及ぼしたことは当然である。しかし、官制のうえにおいて院政とは何の関係もない武士たちが京武者

として国制のうえに位置づけられるところにこの特色がある。もちろんこれは院と武士たちの私的な関係が基礎となって、さらに武士による公権の利用ということにつながっていくことはいうまでもない。

京武者は「国武者」に対する概念であろうと思われる。国武者は石井進氏[74]の言われる「国ノ兵共」にあたろう。国衙との関係で武士身分を獲得した武士たちで、かつ一定の意味で国司の支配から独立していた。「国武者」の話のみえるのは「吉記」であり、次のごとくである。[75]

前兵衛尉国尚、為備前守行家随兵下向西国、自途中送書状云、去九日、三位中将重衡為大将軍、以三百余騎勢、令寄備前国東川之間、当国検非違使所別当惟資、国武者相共合戦、惟資負手、武蔵国住人□四郎介并子息被打取了、仍惟資引国府入□了之後、惟資自西川、以千騎許勢、申刻許令寄之間、平氏兵勝了、少々物具脱棄云々、件日暮了、明暁已令寄之由、国人雖令申、検非違〔使〕所別当即時令寄之間、酉時許押寄合戦、平氏方五十四人被打取、源氏方国人雑人廿人許被打了者、

源氏（義仲）と平氏の、備前国をめぐっての戦いについての叙述である。すでに義仲軍は備前国衙を支配下においたのちのことであった。平重衡を大将軍とする平氏軍三百余騎が備前国にまでまき返し、これに対して備前国検非違所（検非違使所）別当と国武者が対戦した。このとき検非違所別当は国府に籠り勢力の再編成に国人とともにふたたび戦い、平氏方五十四人を打ちとり、源氏も国人二十人が打ちとられたというものである。ここに登場することを図式化すると上のようになる。

- 義仲軍
  - 検非違所別当（＝国衙軍）
  - 国武者
- 源氏方国人
- 重衡軍
- 平氏方国人

石井氏の整理された地方軍制の概念との関係でいえば、検非違所別当は

在庁官人、国武者は「国ノ兵共」、国人は地方豪族軍、ということになろうかと思う。「国ノ兵共」は、石井氏の言によれば、「国司直属軍とは一応異なる、国司の下に組織されつつあった地方豪族軍」であるという。京武者もまさにこうしたもので、院との関係で中央において武士身分を獲得し、ある程度自立しながらも国制上においては院に属している武士が京武者であった。

これは在京武士というのとほぼ同じ概念であるが、在京しているということのみではなく、院と何らかの私的な関係を有しているというところがポイントである。院と京武者との関係は本来はまったく私的なものではあるけれどもそれによって京武者たちの持っている官職の動員にまでつながってゆくのである。在京の武家棟梁たちは、結局こうした院との関係を基本として権力を拡大してゆくのである。

京武者は、単に京武者個人の持っている兵員を動員するだけでなく、官職に付属する兵員をも動員する。しかしこれ以外に、たとえば海賊追討などが命ぜられれば、国々の兵士が付けられるのは当然である。これを指揮する権限を与えられねばならないのもまた当然である。そしてこのことは、容易に国々の兵士への支配権、すなわち国衙の軍制のある部分の行使につながってくるはずである。この段階では京武者は国衙の軍制へのある種の命令・指揮権を持つようになってくるのであり、中央のみではなく地方にも軍事的基盤を国家公権の行使によってきずきえた。これがすなわち武家棟梁である。地方軍制との関係でいえば、下からの軍事権の奪取が在庁官人の武士化なり武士の在庁化なりとすれば、上からの奪取が棟梁への道ではなかろうか。この場合の棟梁の国衙軍事権の奪取は、一国にとどまることはなく多数の地域にわたる。国衙を軍事的に指揮する権限を国家から与えられるわけである。したがって、国衙という範囲を越えて起る軍事問題――叛乱とか海賊とか――に有効な役割を果しえたのであった。たとえば、前九年の

役のときに源頼義は「請賜官爵、徴発諸国兵士、兼納兵粮」と表現されている。(76)

この棟梁を通じて、国家は地方軍制と有効にかかわった。一方で近臣受領たちと院との個人的な関係を基礎として中央は地方軍制と接触をもつけれども、こういう関係のもちかたはきわめて個別的なものであって、地方軍制の横のつながりとはならない。院は、受領たちの政治的結節点ではあっても、軍事的組織として国衙軍を恒常的な兵力として組織はできない。それを可能にするものとして作り出さざるをえなかったのが棟梁であった。

おわりに

以上述べきたったところを図式化してみると下のようになる。

院政政権の武力は、やはり直属軍と同盟軍とに分けることができよう。これとは別に荘園から徴集する兵士があったことは、すでに述べたとおりである。

- A院直属軍
  - a直属軍
    - α私的従者
    - β家産的従者
  - b「京武者」
    - α棟　梁
    - β在京武士
- B同　盟　軍

Aの院直属軍は、やはりa直属軍とb「京武者」とに別けておいたほうがよさそうである。aは院個人にまったく直属するもので、河内から鳥羽殿に宿直に上っていた「宿直人」のようなα私的従者と、院に付属する北面・武者所のような家産的付属機関から供給されるβ家産的従者とに分けられる。b「京武者」は、院に準直属ともいえる。ほかの官職を持つ場合が多く、彼らは院との私的な関係にもとづいてそのもとに官職を通じて組織しうる武力を動員して国制上の位置を確保する。α棟梁は国衙軍制に接触する。国司を経験して、ある程度自分自身の手によって在地に基盤をきずいており、京都においても当然武的官職についていた。それが院宣などを与えられて国衙軍制の指揮権を獲得する。β在京武士は国衙軍制にまでは接触せず、αほど規模が大きくない。しかし在地ではもちろんかなりの武士団の長であって、京都でも検非違使を中心とした武的官職についてみずからを裏打ちしている。

さらにこれを武力の存在する場所との関係でいえば、第一は私的武力。第二は京都において組織する京中武力。第三は地方における国衙武力。

Bにおいては、同盟軍としての貴族・寺社の武力がある。これは原則的にいえば院政軍と同格の存在であって、ときには敵対し、ときには同盟する。南都北嶺の僧兵が敵対の具体例であり、同盟は保元の乱のときに典型としてみることができる。

この私案の図式がどう発展するかは今後の課題であるが、大きなネックとなるのはbαの棟梁である。院政は、中央においては相対的にかなり大きな武力の中心となりえた。しかしながら地方における軍事力との接触は受領を通じてしかないし、またそれは個別的な関係にすぎず、より有効な横の連絡をもった院を頂点とする集約的・広域的な武力とはならない。この矛盾を解決するためには、院みずからが軍事力の頂点となるべく新しい政治組織を考え出すか、それともすでに存在しているものを利用するかのどちらかである。院政はこのうち後者を選んだ。そこで作り出すのが棟梁であり、それに地方＝国衙の軍事的指揮権を付与したのである。たとえば大治四年(一一二九)に海賊追討を命ぜられた備前守平忠盛について、次のような史料がある。(77)

検非違使移　山陽南海両道国衙

欲被令備前守忠盛朝臣搦進海賊吏

右　院宣偁、如聞者、頃日海路之間、凶賊滋蔓、乗数十艘之船、浮百万里之波、或殺略往反之旅客、或却奪公私之勝載、積悪弥長、宿暴日成、寔惟諸国司等、各憚驍勇、無心捉搦之所致也、宜令忠盛朝臣搦進件輩者、欲被早任院宣、令搦進彼賊徒之状、依別当宣、移進如件、乞衙察状、故移、

大治四年三月　（連署略）

忠盛に、海賊を追討するべき旨の白河院の院宣が発せられ、これをうけて検非違使庁が山陽道・南海道の国々の国衙に、軍事的指揮を忠盛に仰ぐようにとの移文を出したのである。海賊などという広域的反体制武力に対しては、到底国衙のみの単独の軍事力では対抗しえず、受領とか国衙とかの範囲を越えた軍事力を備えたものが必要であった。

このような軍事的指揮権は、時と場合に応じて容易に拡大する。この権限は当初は与えられたものにすぎないけれども、具体的な行使の過程においては付与者の思惑を越えて独立的になってくる。国衙との関係ではないが、すでに久安三年（一一四七）、播磨守であった平忠盛は、延暦寺が訴えた祇園社での闘乱事件の下手人を、「無仰以前」に捕えて院庁に召し進めている。(78) そして犯人は院庁から検非違使に引き渡されている。この忠盛の行為は、院の意向を先取りしてのものではあろうけれども、もうすでに院の命令を越えて軍事的に行動するという様式が萌しはじめていたのである。

また、単に臨時的に棟梁の権限として与えられた国衙の軍事的指揮権は、主従制的結合を生みだすところとなり、これが命令権といった支配関係に転化する。加えて中央においてもその関係を基本として地方出身の在京武士をも自己の支配・命令のもとにくみこむ。在京武士たちは、地方においては武士団の長であるから、地方武士団への支配にもなる。こうして出現するのが武家棟梁であり、平清盛はこのようにきずいた権限を拡大し、遂には武力的に院政を

しのぎ、平氏政権を形成するところとなる。かくのごとくして作りあげた政権であるから、独自の特徴的な政策があるわけでもなく、必然的に軍事独裁的であらざるをえないのである。

こういうふうに棟梁を軍事的に理解すると、棟梁は自分の支配していた現地については在地に至るまで支配を貫徹しうるが、大部分のところについては武士団の長しか直接の命令の対象にできないということになる。平氏政権の崩壊は、結局その間の矛盾が露呈したものであって、個々の武士団の長たちはそれぞれ在地での支配のありかたなどにもとづいて頼朝を新しい棟梁として戴いたのである。頼朝の貴種性とか清盛の貴族化とかいうことは、棟梁に必然的に付属せねばならなかった要素なのであって、それが武士たちに対する号令の権利の出ずるところであったのである。

(1) 地方の軍制については、いうまでもなく石井進氏の「中世成立期軍制研究の一視点」(『史学雑誌』七八―十二)というすぐれた研究をはじめとして、いくつかのものがある。
(2) 林屋辰三郎氏『古代国家の解体』に収められたいくつかの論文がある。
(3) 「中右記」大治四年七月十八日条
(4) 吉村茂樹氏「院北面考」(『法制史研究』二号所収)
(5) 「中右記」元永元年五月二十五日条
(6) 「中右記」永長元年二月二十二日条
(7) 「永久元年記」永久元年四月十八日条
(8) 「為房卿記」康和二年八月十二日条
(9) 「中右記」元永二年三月十一日条
(10) 「山槐記」治承三年正月二十三日条

(11)「中右記」永久二年八月二十四日条
(12)「中右記」寛治八年九月一日条
(13)「長秋記」大治二年十一月一日条
(14)「中右記」元永二年二月三十日条
(15)「中右記」元永二年七月二十三日条
(16)「九条家本延喜式裏文書」長元四年六月日左看督長清原兼時解（『平安遺文』五二〇号）
(17)「為房卿記」寛治六年正月二十五日条
(18)「永久元年記」永久元年四月三十日条
(19) 同右
(20)「長秋記」大治二年十一月二日条
(21)「中右記」元永二年二月三十日条
(22)「長秋記」長承二年九月十五日条
(23)「光明寺古文書」承平四年十二月十九日伊賀国夏見郷刀禰解案（『平安遺文』二四四号）
(24)「仁和寺文書」安和二年七月八日法勝院領目録（『平安遺文』三〇二号）
(25)「小右記」長徳二年正月十六日条
(26)「長秋記」長承三年十一月十一日条
(27)「陽明文庫所蔵兵範記裏文書」年未詳二月二十八日某書状（『平安遺文』三一四〇号では永暦二年二月二十八日頼□書状となっている。）
(28)「兵範記」保元元年八月十六日条

(29)「兵範記」久寿三年三月十日条、ほか。
(30)「本朝世紀」康治二年六月十三日条
(31)いうまでもなくこの史料は西岡虎之助氏「王朝時代の武士の発達概観」(歴史地理学会編『日本兵制史』所収)をはじめ、多くの論考にあつかわれている。
(32)たとえば、刑部卿当時の平忠盛に仕えていた青侍源季遠は若狭国の「住人」であった(「尊卑分脈」清和源氏満政満季満快流条)。
(33)「袋草紙」巻四
(34)「大江仲子解文」大治五年大江仲子解案(『平安遺文』二一七七号)
(35)「本朝世紀」久安五年九月二十二日条
(36)「台記」久安六年五月三十日条
(37)「台記」康治二年六月三十日条
(38)平田俊春氏『平安時代の研究』、日置昌一氏『日本僧兵研究』、勝野隆信氏『僧兵』、など。
(39)「永久元年記」永久元年四月三十日条
(40)「永久元年記」永久元年五月一日条
(41)「根来要書」仁安三年八月二日紀伊国大伝法院僧徒解案(『平安遺文』四八六〇号)
(42)「今昔物語集」三十一―二十四、「祇園、成比叡山末寺語」
(43)「永久元年記」永久元年四月十四日条
(44)「永久元年記」永久元年六月五日条
(45)「根来要書」仁安三年八月二日紀伊国大伝法院僧徒解案(『平安遺文』四八六〇号)

(46) 「玉葉」治承四年十二月十二日条
(47) 相田二郎氏『中世の関所』、中村直勝氏『荘園の研究』、清水三男氏『日本中世の村落』、など。
(48) 「東寺百合文書」平治元年閏五月日宝壮厳院領荘園注文（『平安遺文』二九八六号）
(49) 「醍醐雑事記」巻十一
(50) 「興福寺本因明四相違裏文書」仁安四年正月十八日賀茂荘伝馬人夫召仕注進状（『平安遺文』三四八六号）
(51) 「島田文書」建久二年十月長講堂所領注文（『鎌倉遺文』五五六号）
(52) 「九条家本延喜式裏文書」長元九年正月九日六条二坊三保刀禰解（『平安遺文』五五六条）
(53) 「東大寺図書館所蔵東大寺文書」文永元年十二月十九日茜部荘年貢絹送状
(54) 戸田芳実氏「国衙軍制の形成過程」（日本史研究会中世史部会資料部会編『中世の権力と民衆』所収）
(55) 「東大寺図書館所蔵東大寺文書」文永五年十一月十四日茜部荘年貢絹綿送状
(56) 「東大寺図書館所蔵東大寺文書」文保二年十月二十日大井荘三職連署年貢本袈裟料絹送状
(57) 「東寺百合文書」弘安六年二月二日前年未進分支配状
(58) 「東寺百合文書」嘉元三年分若狭国太良荘年貢支配状
(59) 「東寺百合文書」正和三年三月十二日若狭国太良保領家年貢送文
(60) 「今昔物語集」二十七―二十一、「美濃国ノ紀遠助、値女霊遂死語」
(61) 「今昔物語集」三十―四、「中務大輔娘、成近江郡司婢語」
(62) 「兵範記」保元元年七月八日条
(63) 「兵範記」保元元年七月十七日条
(64) 「玉葉」治承四年十二月五日条

(65)「玉葉」寿永二年十月二十九日条
(66)「高野山文書」徳治二年七月六日高野山諸衆評定置文案
(67)「東寺百合文書」年未詳（正和三年か）若狭太良・丹波大山両荘等事評定書案
(68)「高野山文書」年未詳阿氏河荘下司非法停止陳状
(69)八代国治氏「長講堂領の研究」（同氏著『国史叢説』所収）
(70)「中右記」天仁元年四月一日条
(71)「中右記」元永元年五月二十五日条
(72)「永久元年記」永久元年四月三十日条
(73)なお、これらの点については本書第二章第四節を参照されたい。
(74)石井進氏「中世成立期軍制研究の一視点」（『史学雑誌』七八―十二）
(75)「吉記」寿永二年十一月二十八日条
(76)「陸奥話記」
(77)「朝野群載」大治四年三月検非違使庁移文
(78)「本朝世紀」久安三年六月二十六日条

第三節　鎌倉幕府成立期の武士乱行

はじめに

紀伊国高野山は今に至るまで多くの古文書を伝えており、したがって高野山領荘園の研究も非常に盛んである。寺院経済・荘園経済を語る場合、東大寺と並んで金剛峯寺の位置は大きいものである。

こうした平安時代・鎌倉時代研究をつらぬく荘園史の立場に対して、鎌倉幕府成立の問題はどう考えるべきなのであろうか。幕府をもって封建国家の成立と考えるにせよ、また封建国家への過渡的政治形態として考えるにせよ、それが在地領主連合的な政治態様をとる以上、その在地領主＝武士に対して幕府という政治組織がどうあらわれたかということは至極自然で重要な問題である。家産組織としての幕府または頼朝家はたしかに一荘園領主にすぎないかも知れないが、それを支えた在地領主層を荘園領主といいえない以上、在地領主層の利益団体たる幕府が旧来から存続している公家・寺社とその荘園に対していかなる政策を示しえたかということは、幕府の国家段階を考えるうえで大切なことである。換言すれば幕府という政治組織が政権の主体として旧来の荘園にどう政治的に介入して在地領主層を援けたかということであり、また武家の棟梁たる頼朝がどう武士たちを援けて公家政権の基盤たる荘園を克服していったかということなのである。

もっともこうした幕府政権と公家政権を対立したもの、抗争せねばならないものと把える方法は古くから示されている。それが具体的な問題としてあらわれた最大のものは地頭の設置・停止をめぐる研究である。すなわち、幕府は旧来の政権=院政に対して国家公権獲得の段階として、文治元年(一一八五)に地頭を設置するが、すぐ翌年には一部地域を除いては院政側の圧力によって停止せざるをえなくなったというものである。たしかにこの問題は旧権力に対して幕府が自己の政治権力を守るために展開した大いなるかけひきであろう。しかしこれを現実の在地領主層の政治基盤・経済基盤たる在地レベルで考えてみると少しく疑義がでてくる。地頭設置・停止問題の直接の影響範囲にあるのは地頭になりうるような御家人階層なのであって、その他の――おそらく数の上では大多数の――武士にとっては、この問題に限っていえばあまり現実の意味をもっていなかったというのが、本当のところではなかろうか。本節で問題にしたいのはそうした中小武士が軍事力編成のうえでどのような存在形態をとり、またさらに幕府というものにどこまで期待を寄せえたのか、また逆に幕府はこうした武士を旧権力に対してどこまで政治的に保護していたのかということである。

こうした視角からみるとき、従来の高野山領荘園の考察は一つの欠点をもっている。それは個別荘園史という域を出ていないということである。たとえば荒川荘をとりあげた場合、荒川荘の生成展開について、高野山領支配全体のなかで占めた位置とか、金剛峯寺という荘園領主の経済構造のなかで荒川荘がどういう機能を果していたのか、などという研究はすこぶる多い。その視角は在地領主層の活動との関係でいえば、高野山もしくは荘園という政治組織・経済単位にとって武士・武士団とは何かという考察視角となってあらわれてくる。すなわち、ひとつのまとまった政治・経済機能たる荘園領主にとって武士とはいかなる存在であって、どう排除していかねばならない対象であったかという視角しかでてこない。したがって、荘園経営の合理性・正統性を実現するうえでは荘園領主の意に随わない武士は邪魔者以外のなにものでもないわけである。本節では佐藤仲清・能清父子を例としてその軍事的立場を考察し、ひいては武士・武士団にとって、また鎌倉幕府にとって高野山もしくは荘園とは何であったのかという設定を行なっている。いま鎌倉幕府成立期すなわち封建国家成立過程のある時期を考えようとする場合、その前代に成立した旧権力は当然幕府もしくは武士たちにとって克服せねばならない対象であるはずである。在地領主が荘園領主的要素をいかにして現実の在地支配の場所で克服していったか、または古代的な政治形態をどう破壊していったかという設定が必要であるし、その上にのってはじめて公家政権に対する幕府の対応関係の性格も歴史的に理解できるようになるのではなかろうか。

1　源平内乱期の武力㈠

僧空海による金剛峯寺の開創以後、紀伊国が荘園化の一途をたどって平安時代末に至ったことは周知のことである。有名な嘉承二年(一一〇七)の官宣旨案(1)に記された紀伊国在庁官人の注文によると、紀伊管内七ヵ郡のうち名草郡一郡を残して「毎郡十分之八九、已為庄領」という状況であって、伊都・那賀両郡に至っては「永削其名字歟」とあって郡の名を省いてはどうかとまでいわれるような状態であった。もちろん紀伊国内の荘園すべてが高野山領であったわけではないが、その大部分がおそらく高野山領であったことは想像に難くない。

荒川荘が金剛峯寺に寄進されたのは平治元年(一一五九)七月のことである。(2)藤原長実の娘であって鳥羽天皇の皇后となった美福門院得子の寄進にかかっている。鳥羽院の菩提をとむらわんがための寄進行為であった。そして美福門院自身も寄進のあった翌年の永暦元年(一一六〇)十一月に没しており、(3)あるいはその死期を予想しての寄進かとも思われる。そしてこの寄進行為はともかくとして寺領となって以後、荒川荘がスムースに経営されたということはないようである。平治元年(一一五九)七月十七日に寄進され、これに対応して寺家の側は二十九日に検注の要望を出している。これに対して八月中下旬に検注すべきことが令旨によって許可された。(4)しかしこの検注が問題なく行なわれたという様子はなく、荘官・住人たちのかなり激しい抵抗があったことを想像させる。この高野山への抵抗はのちに述べる隣接の田仲荘や吉仲荘の荘官たちとのある種の横の連合のもとで行なわれたものと思われる。検注を行なうに際し「庄民承諾之後、閑加検注」という文言は、(5)単に高野山による検注行為が荒川荘のみの問題として政治的にとどまることなく、摂関家領であった田仲荘・法成寺領であった吉仲荘の両荘の荘官・住人の生存の方法にもかかわっていたものと思われる。領主となった高野山の政策を荒川荘の荘官・住人が受け容れるか否かということは、田仲・吉仲両荘の荘官・住人がその領主の政策・弾圧を受け容れるということにもつながる問題であった。そのゆえにこそ荒川荘検注に際して「庄民承諾」を待つ必要があったのである。

平治元年(一一五九)九月、検注を終えた高野山は荒川荘荘官に下文を発し、その一円支配をめざして行動を開始する。(6)佐藤仲清・能清はこうしたなかで登場してくる。もっとも仲清の荒川荘に対する乱行はそれ以前からながく続いていたものと思われ、たまたま荒川荘が高野山に寄進されたことから、この頃より史料上に現われてきたものと考えてよいであろう。かなり後の文治二年(一一八六)の史料では、(7)美福門院伝領時代に仲清乱行が行なわれたことが述べられている。

仲清は荒川荘に隣接する田仲荘の荘官(預所)である。いつ頃から紀伊国のこの地に住みつくようになったかは明らかではないが、仲清の頃には田仲荘と密接な関係があった。まずその家系を(8)「尊卑分脈」によって確かめてみよう。

秀郷―千常（左衛門尉）―文脩（従五下 左衛門尉）―文行（母利仁女 検非違使）―公光―公清（左衛門尉）―季清（従五下 左衛門尉）―康清（左衛門尉）┬仲清（母源清経女 内舎人摂政随身）┬能清（内舎人 左衛門尉）―光清（左衛門尉）―成清（佐藤冠者）
　　　　　　　　　　　　　　　　　　　　　　　　　　　　　　　　　　　　└義清（鳥羽北面 左兵衛尉）　　　　　　　└基清（従五上 左衛門少尉）

「田原藤太」と字され、平将門の乱の鎮圧に功多かった藤原秀郷の流れを汲み、代々衛門府の尉という官職を帯びて仲清にまで至っており、その意味では武士たるに相応しい。すでに保安五年（天治元年〈一一二四〉）には、伊勢斎宮御禊に際して「内舎人藤原仲清冠老褐襖袴、脛巾鹿皮、平尻鞘、狩胡簶、懸、移鞍、緋手綱、差縄、」とあって(9)、内舎人として任官していたことが見えている。また有名なる西行、すなわち佐藤兵衛尉義清は仲清の弟にあたり、保延三年（一一三七）八月に世を捨てて出家しており、自分が武士であるときにたどったと同じ道をたどっている兄仲清と甥能清父子の行状を眼のあたりにみていたであろう。

さてこの仲清が史上に姿をあらわすのは、美福門院領から高野山領に荒川荘が移行する直前のことである。史料(10)を掲げよう。

院庁下　荒川庄官等

可令早任鳥羽院御使盛弘長承三年注文停止田仲吉仲両庄相論当庄四至内領地事

四至 東限檜橋峯并黒川　南限高原并多須木峯
　　 西限尼岡中心并透谷　北限牛景淵并紀陀淵

右、彼庄今月日解状偁、謹検旧貫、御庄建立之後、既雖及数十年、全無致如此牢籠之人、然間、故鳥羽院令崩御之後、即恣押取当御庄内、為彼田仲庄領之後、漸送年月、雖捧数度解状、無指御沙汰之間、適以、去比於院庁、被召対決当御庄官等与彼田仲庄住人等之刻、彼庄住人等、全依無其理、巻舌無陳方、因之、当御庄存無限理之処、庁御下文未成下之間、尚以被掠領之条、其理豈可然哉、就中、雖被倒諸国新立庄薗、於白河鳥羽両院庁御下文之所者、訴訟之時、領家注子細、可経奏聞之由、宣旨有限、然者、何乍見彼綸言、猥為田仲庄預内舎人仲清、忝被倒美福門院御領乎、殊可垂御還迹者也、望請鴻恩、且依先例、且任鳥羽院庁御下文、速被成下庁御下文、永令停止彼庄異論者、当庄堺、任御使盛弘注文四至、停止田仲吉仲両庄異論、可為美福門院領状、所仰如件、庄官宜承知依件行之、敢不可違失、故下、

平治元年五月廿八日主典代右衛門少尉安倍（花押）

別当内大臣兼左近衛大将藤原《公教》　判官代兵部権少輔平朝臣《時忠》

（以下署名略）

この史料から多くのことが知れる。荒川荘は立荘されて以後数十年経つが、この年平治元年（一一五九）に至ってはじめて乱行が行なわれたという。しかもそれは「故鳥羽院令崩御之後、即忝押取当御庄」とあって、仲清および荒川荘住人の押妨は特殊な時期をねらって展開したものであろうことが推測できる。荒川荘はその荘園領主が鳥羽院であるから鳥羽院が没すれば大きく政治的位置が変化するのは当然のことである。結局はその皇后であった美福門院得子の領地となるのではあるが、この間は乱行を構えるのに有利な時期であることはいうまでもないだろう。また鳥羽法皇死去の時は保元元年（一一五六）七月二日であって、この直後七月十一日に平清盛・源義朝による崇徳上皇白河殿攻撃が行なわれて保元の乱となることは周知のとおりである。このクーデタの時期をねらって仲清は乱行すなわち荒川荘押領を企てた。田仲荘という一荘園の預所という一荘官にすぎない彼が、自己の武士としての性格を保持・発揮して所領を拡大するには、荘園領主が中央で政争を起して混乱している時期がもっとも適切なところであった。かといって田仲荘の領主たる藤原忠通と荒川荘の領主たる美福門院は対立関係にあったわけではない。崇徳上皇方の左大臣頼長

と対立していた忠通にもっとも有力な庇護を与えたのは美福門院であって、両者とも乱には勝利者となっている。むしろこの両方の荘園領主ともにひとつの荘園にすぎなかった荒川荘どころのさわぎではなかったのである。この間隙をぬった仲清の政治的洞察力が大きく評価されねばならないであろう。そのことは、仲清が田仲荘預所であると同時に「内舎人」であったというところからも推測でき、前述したようにすでに保安五年（一一二四）には内舎人となっている。内舎人はもともとは中務省の官人であって、宮中において武力的職掌にあるものであったが、この当時にはもう摂関家の私的な侍にすぎず、そのことは「尊卑分脈」の仲清の箇所に「内舎人摂政随身」とあるところからも明らかである。したがって、仲清は摂政であった藤原忠通とかなり近い関係にかつてはあったことはまちがいない。もっとも政治的地位については比較にならないが、在地領主であったから預所にしたにせよ、忠通家として仲清をかなり近いものとして扱っていたことは確かである。だから忠通ないしは摂関家の政治的動向に対して敏感であったろうし、それだけの情報も仲清のもとに入っていたであろう。そうした政治的洞察のもとではじめて武力を組織して客観的に「乱行」を起しうる可能性と成功への道が存在したのである。しかもこの乱行は仲清ひとりの企てではなくて、田仲荘住人の全体の利害関係のうえにたっていた。加えて「田仲吉仲両庄異論」ともあるごとく、隣荘の吉仲荘ともある種の連合関係にあったらしい。すなわち仲清乱行は突発的・偶発的なものではなく、また浮薄な根のないものでもなかった。

ともあれこの仲清の乱行は、荒川荘が高野山領となってからも激しく展開する。平治元年（一一五九）に後白河院庁の下文[11]によって四至境も決定され、寄進直後に検注も行なわれている。また保元・平治両乱の終った永暦元年（一一六〇）十月には、田仲荘の荘園領主であった藤原忠通から荘官・住人に対して荒川荘への乱妨を停止するようにとの下文[12]が発されてもいる。保元・平治の乱という中央朝廷を政治的に揺り動かした事件が終ってみれば、荘園領主がその持つ荘園にふたたび政治攻勢をかけてくるのは当然のことであった。そのとき、いかに忠通が田仲荘の領主であったとしても仲清の側を政治的に支持しえないのは当然である。

こうした荘園領主側の攻勢に対して仲清側はどんな対抗措置をとったのであろうか。隣荘住人との同盟関係を強化していったであろうことは十分推定できるが、この他に注目されることは紀伊国の国司や在庁官人との結託があったことである。この結託関係がいつ生れてきたかははっきりとわからないが、荒川荘に対する荘園領主のしめつけが強くなる永暦元年(一一六〇)の末頃からであろうと考えられる。永暦元年(一一六〇)十月二十日に田仲荘の領主たる忠通家から下文が発せられ[13]、さらに同じ月の二十二日には美福門院からの令旨が発せられている[14]。この荘園領主間の同盟関係の成立によって仲清への圧迫は強くなり、これに主として刺激されて国司との結託関係が生れたものと思う。加えて永暦元年(一一六〇)十一月二十三日に美福門院が四十四歳にして没しており[15]、まさに仲清にとって永暦元年(一一六〇)末から応保にかけては荒川荘に新しい布石をなす絶好のチャンスであった。

応保二年(一一六二)十一月、東寺衆徒は二通の申状を中央に提出した[16]。

東寺

請特蒙　天裁任金剛峯寺解状被裁断寺領荒川庄訴申二箇条状

一請被任憲法裁断紀伊守源為長幷目代為貞在庁成実等罪科事

右得去十月十九日金剛峯寺解状偁、去年十月十一日、国司為長、引率目代為貞幷在庁成実等、以数百人之軍兵、乱入彼荒川庄、捜取仏物人物、焼失堂舎民屋、所犯之罪科至而重、早任法可被行辛(辜カ)矣、

一請被停止田仲吉仲鞆淵等庄非理妨如本打定荒川庄四至牓示事
右同状偁、荒川庄者、為往古寺領之上、鳥羽院御時、遣下庁御使盛弘、被打定四至牓示畢、其後　美福門院、為鳥羽院御菩提、安置金泥一切経於専寺、被寄当国荒川庄於経蔵、爰田仲庄之預所藤原仲清、忽構謀計、猥致牢籠之剋、有禅定殿下（藤原忠実）之去文、仲清偏非背　鳥羽当院両度之御下文、居彼之庄官、既軽本家政所之去文、是非如何、仍　奏聞子細之時、遣下実検官使、而仲清旁施賄賂、令抜捨往古之牓示畢、仲清非法、官使矯飾、其数雖多、不遑毛挙、然間、吉仲鞆淵等庄、被催傍輩之狼藉、争論往古之四至、早任証文幷御使盛弘之打定牓示、猶如本欲為寺領者、

以前二箇条、早任正道、被下　宣旨、停止彼非理、可令興隆仏法也、（中略）望請　天裁、任彼解状旨、被下宣旨、早蒙二箇条之裁報、奉祈万歳之宝祚矣、仍不堪懇歎（款）之至、注事状所言上也、誠惶誠恐謹言、

応保二年十一月　日　　都維那法師

（以下署名略）

東寺門徒等誠惶誠恐謹言

右、得去十月十九日金剛峯寺解状偁、請殊蒙恩裁、東寺一宗僧綱有職異躰同心、令奏聞子細於公家、被行紀伊守為長焼失寺領荒川庄追捕庄民罪科、兼又如元被打牓示子細状、右謹検案内、当庄元者、平等院大僧正（明尊カ）、以古文書経院奏、所被立之御庄也、然間、禅定殿下（忠実）御領田中御庄預所内舎人仲清、動依成妨、鳥羽院御時、以其旨被申殿下之刻、殿下被進避文之後、遣庁官盛弘、境四至被打牓示畢、其後重遣庁官国忠、撿注田地、然間、鳥羽院御悩

之時、以諸庄園被渡美福門院庁之刻、為其内被渡之後、仲清重企異論之刻、又被触申殿下之処、同被進避文畢、仍異論長絶、庄民安堵、爰美福門院奉為鳥羽院、令書写金泥一切経、建立経蔵於当山、以彼庄被寄進、支配一切経会幷旁仏事用途新、共尤可為厳重御庄之処、仲清不顧両度避文、猶以非成妨、相語八幡領鞆淵、法成寺領吉中庄官等、令割取庄田之条、論其猛悪更无比類、是皆見習国司為長所為之暴悪、所張行也、其故者、打簗於庄内川、令取魚鱗、夫殺含生、害人命者、朝章五刑之初重誡之、仏戒十禁之内殊制之、況於寺領内、好漁猟之条、禅徒之行、争不憐之哉、仍群侶等加制止、破簗之処、弥成忿怒、去十月之比、引率数多軍兵、追捕庄民、捜取資財雑物、焼失堂舎住宅、以一身成両犯、憲章所指、罪条不軽、若又僧徒有非法者、奏聞子細於公家、可致沙汰之処、無左右焼失庄家之条、還似軽朝威、適雖遣実検之官使、耽為長仲清等賄賂、無左右抜弃往古之牓示了、所為之旨、犯過既重、仍頻雖成訴、于今無裁報之間、（中略）望請　恩裁、早任道理、令奏聞子細於公家被裁断者、且知一宗諸徳之恩助、且仰四海安寧之聖化者、今加覆審、所申有其実、任道理被行罪科、境四至被打牓示者、殊修東寺秘密之教法、奉祈　南面無偏之宝算、誠惶誠恐謹言、

応保二年十一月　日　　　　　　三綱連暑（署）
（以下署名略）

この文書の中に仲清と国司との関係についてかなりの程度のことが述べられている。これによると紀伊守源為長の荒川荘侵略は応保元年（一一六一）十月に顕著な現象としてあらわれてきたらしい。国司為長にしても、おそらく以前から荒川荘の侵略を行ないうるチャンスをねらっていて、この応保元年（一一六一）末という時期を仲清と同じく絶好のものだと判断したものと思う。目代や在庁を引率し、「数百人之軍兵」をもって荒川荘に乱入するということは、一朝

一夕にして行ないうることではない。かなりの期間にわたる綿密な計画がないかぎり、その効果はおぼつかなかったにちがいない。また「捜取仏物人物、焼失堂舎民屋」という行為についても、その及ぼす結果に対する判断なくして国司という「公職」にあるものが行動するとは考えられない。満足しうる経過と結果についての見通しのもとで荒川荘への行動を起したのである。

一方仲清のほうの行為は、はじめのうちは為長とは無関係であったらしい。同じ申状によると田仲・吉仲・鞆淵三荘が乱妨停止の対象地域とされており、やはりこの三荘住人にある種の同盟関係のあったことが理解できよう。また「忽構謀計、猥致窂籠」し、さらにこれに対して出された「鳥羽当院(後白河)両度之御下文」を無視して仲清は乱行を続けた。そしてこの争いは高野山によって朝廷にまでもちこまれて奏聞を経、これに対して中央から「実検官使」が派遣された。ところが仲清はこれをうけ容れず、官使に対して「旁施賄賂、令抜捨往古之牓示畢」という行為に及んだ。官使を仲清方につけるという策を成功させたのである。このことは仲清が内舎人摂政随身として京都で確保しておいた勢力を背景にしてはじめてなしうることであったが、それ以上に官使の側が仲清に敵対できなかったということこそ真実ではなかろうか。高野山および後白河院の意向をうけて荒川荘境に出かけた官使であれば、そう簡単に仲清の前で引きさがれるわけがない。それが役を果すことなく「仲清非法、官使矯飾」といわれるような状況にまで至った背景は、仲清によって上記三荘の住人の勢力が糾合されていたということであり、その前提にもとづいてはじめて、こうした結果になったのではあるまいか。「引率数多軍兵」という表現もけっして高野山側の一方的な形容ではなくて、三荘住人の荘園領主権力に対する連合という事実を前提にして理解できるものである。官使実検によって、不利益をうけるということでは田仲荘住人のみではなく、吉仲・鞆淵両荘住人にとっても同じことだったのである。

またこの官使に対する利害関係においては仲清と国司源為長もその利害を共通した。保元・平治両乱および美福門院崩御という全荘園にとっての危機、したがって荒川荘と高野山にとっての危機をねらって荘園侵略を行なった国司為長にとって、ふたたびその勢力を回復・確立しようとする高野山とその手先たる官使が障害物であったのはもちろんである。当時の国司の地位から判断してみれば、こうした荘園形成に対して収公とまではいかなくても破壊という方向を出さねば己れの生存が不十分な基盤の上にしかきずけなかったのである。このゆえに仲清と為長の同盟が生れた。「雖遣実検之官使、耽為長仲清等賄賂、無左右抜弃往古之牓示了」と述べられており、また他の箇所では「仲清又巧謀略、相語国司」[17]ともあり、共通基盤として似たようなものがあったことはまちがいない。もっとも荒川荘領主たる高野山にとっては必ずしもこの仲清と為長は同一のものではなかった。いうまでもなく仲清がいくら「相語八幡領鞆淵法成寺領吉中庄官等」ったとしても、単なる隣荘の荘官にすぎないし、荒川荘の政治的な生殺与奪の権を握っているわけでもない。しょせん「乱行」の範囲を出るものではなかった。しかし国司源為長はそうではない。為長にそれだけの政治的な力が与えられれば荒川荘を顚倒することも可能であった。たとえば、かつて丹波守高階為章による丹波大山荘の収公が行なわれたように。高野山にとって仲清の乱行よりも為長による収公につながるかも知れない乱行のほうが政治的には対決せねばならない重要な問題であったろう。故に衆徒申状は「是皆見習国司為長所為之暴悪、所張行」と記録している。しかし、この高野山の判断とは歴史の流れは異なり、国司為長の姿はやがて消えてしまうが、仲清乱行はその子能清にうけつがれて鎌倉初期高野山の苦しむ大きな課題となる。

応保二年（一一六二）、二通の申状によって仲清および源為長の乱行を非難して以後の約二十年ほどは史料上に荒川荘侵略の記事はみえない。しかしなくなったわけではけっしてない。長寛元年（一一六三）には

禅定前太政大臣家政所下　紀伊国田仲庄
可寄進高野山領、如元令仲清子孫知行田仲庄年来相論堺地事
右件堺地、依国司訴、高野領荒河庄相論事、自　公家被尋申之時、被進田仲庄文書畢、仍下遣官使於地頭、被実検両方理非之日、任文書理、如元可為田仲庄領之由、官使令奏聞検注文書先畢、而今彼山衆徒歎申云、故美福門院御時、以荒河庄被寄進高野山之後、所知行件堺地也、於今者雖為殿下御領、永可被寄進当山之由所令申也、然者早可寄進高野山之状、所仰如件、庄官等宜承知、更不可違失故下、
長寛元年六月　日　案主惟宗在判
（以下署名略）

という藤原忠通家の政所下文が出されて[18]、「官使」が「地頭」に臨んで「両方理非」を「実検」し、「文書理」に任せて下された結論であって、それを田仲荘の領家であった忠通家が下文を発して認めたのである。「仲清子孫」とあるからすでにこのときには仲清は死去して、「子孫」の能清が所職を伝領していたらしい。さらに同じこの年には関白基実家の政所下文が出されて[19]吉仲荘住人の乱行がとどめられている。また治承二年（一一七八）には日前国懸宮役のことについて、官使や国使が荒川荘に乱入して「責費供給、寃淩百姓」という行為をなしている[20]。依然として国司側の行

動も終っていなかったことを示していよう。

治承三年(一一七九)の十一月、貴族・荘園領主にとっては保元・平治の乱以上に震駭すべき事態が発生した。平清盛による院政停止、すなわち後白河法皇を鳥羽殿に幽閉した俗にいう治承三年(一一七九)のクーデタである。平氏一門の独裁体制がこれによって成立するのであるが、これにさきだって院近臣その他の官職の停止が行なわれている。クーデタ以上に貴族にとっては恐怖であっただろう。この月十四日に福原別業より清盛が入洛し、ただちに敵対勢力の粛清にかかった。このとき右大臣であった藤原兼実は、その日記に「凡洛中人家、運資財於東西、誠以物忩、乱世之至也」[21]「凡世間物忩無極云々、無聞実説、子刻人伝云、天下大事出来云々、不聞委事之間、寅刻大夫史隆職注送曰、(中略)余披見此状之処、仰天伏地、猶以不信受、夢歟非夢歟」[22]と記している。院政というひとつの政治体制は、たしかに前代の摂関政治その他とその性格において異なるが、天皇または院を頂点とした組織であることにはちがいない。この時代では院の存在が否定されないかぎり院政はなくならないし、貴族たちもその生存に困るということはない。そうした政治組織を清盛は否定して平家独裁体制を形成しようとしたのであるから、平家につながらない貴族たちが驚天動地の想いをいだくのは当然のことであろう。それゆえに「洛中人家、運資財於東西」というような事態が発生し、「乱世之至」という表現にまでなるのである。一貴族であった兼実ですら「仰天伏地」という最大の形容をもってこの事態の切迫性をとらえねばならなかった。

佐藤能清の名はこうした時期に史料上にみえはじめる。安元二年(一一七六)四月には院北面として京都に出仕していたらしいが、[23]能清の乱行の初見は治承四年(一一八〇)四月のことである。高野山の検校定兼の申状[24]に「能清所行、事実候者、罪科不軽候也」と述べられている。もちろんこれが能清乱行の最初というのではなく、父仲清の乱行をそのままうけついだものであることはほぼまちがいない。平氏政権・源平内乱という貴族・荘園領主の危機の到来によってふたたび能清の勢力は高野山をむこうにまわして戦いうるという政治的位置を獲得したのである。やがてこれは高野山と能清(および田仲荘住人)との訴訟にまで発展したもようである。能清がこの時に高野山と戦いえたのは、もちろん能清自身の政治的洞察力のなすところであったことはいうまでもないが(能清もまた内舎人・左衛門尉であった)それ以上に仲清の場合にも指摘しえたように田仲荘と吉仲荘の住民間の同盟関係こそ能清乱行の主要な要素であったのではなかろうか。

平氏政権下の治承四年(一一八〇)十二月、この年二月に院政を開始した高倉院の院庁から紀伊国在庁官人たちに下文が出された(25)。田仲・吉仲両荘の荒川荘侵略を停止せよというものである。

新院庁下　紀伊国在庁官人等

可令早任鳥羽院并一院庁御下文停止田仲吉仲両庄妨高野山訴申荒川庄北堺事

四至 東限檜橋峯并黒川　南限高原并多須木峯
　　 西限尼岡中心并透谷　北限牛景淵并純陁淵南古溝

右、彼山今年十月　日解状偁、謹検旧貫、荒川庄者、暫雖為人領、元是弘法大師御手印之官符一万許町之内也、然故美福門院伝領之後、奉為鳥羽院御菩提、建立梵宇於当山、施入御庄於其砌、即相副御手印官符三帖、奉納御影堂、重又相具調度文書、被被(衍カ)納寺家宝蔵畢、依玆、以彼所当、被相折其仏供人供之間、能清長明等搆事於藍(濫)行、企妨於寺領之条、惣蔑尒王威、別不奈仏法也、就中荒川庄者、尋本公験、北四至者、牛景淵并(純脱カ)陁淵南古溝也、然院使盛弘被語田仲庄、荒川庄之内、除五町余、打牓示畢、其後長明弥乗勝、抜弃件牓示、流紀伊河畢、所為既非謀叛乎、依玆、八条女院為被改直本四至、令申下官使之処、長明又相語件官使、遙渡大河南、割取荒川庄中心東西三十余町南北十余町畢、仍寺家重依訴申法性寺禅定殿下(忠通)、田仲吉仲両庄相論堺、永令寄進高野山御畢、而猶能清依令祇候院中、背領家御避文、私所押領也、然間、去年十月比、右大将(平宗盛カ)家御高野詣之次、寺僧洩申上訴訟趣之処、聊似有御哀憐、仍寺僧企参洛、令訴申之間、可有対問之由、依被仰下、去五月廿日、於蔵人所、被召問両方庄官之日、田仲庄官長明等、一言無陳申、随負畢、其後、蔵人左少弁(行隆)、猶可遂対問之由、依被仰下、荒川庄官等、以八月廿四日雖参洛、田仲庄官長明等、一切不参云云、以知非理矣、但能清等者、謀略既尽之尅、奉寄事於殿下之御勢云云、事若実者、早任法性寺禅定殿下度々御避文、彼相論境、停能清非論、欲被返大師者也、其以者、尋東寺北家唱(昌)栄者、弘法大師南円堂鎮壇之徳也、依之御堂(道長)関白詣南山、頻顕霊瑞、宇治(頼通)博陸凝篤信、永施庄薗、凡数代関白、皆崇大師之聖跡、累葉賢佐悉興当山之仏法、是以法性寺禅定殿下守先蹤、荒川庄北堺、以永暦年中、令寄進大師御畢者、任彼庁御下文、宜令停止田仲吉仲等庄妨之状、所仰如件、在庁官人承知、不可違失、故下、

治承四年十二月　日

主典代右衛門少尉安倍(花押)

(以下署名略)

とあって、荒川荘に対して能清と「田中庄官」長明が「藍行」(濫行)を企て、「惣蔑佘王威、別不奈仏法」という、王法・仏法ともに無視するかのようであった。そして「院使」(「官使」)と語らって能清・長期は紀ノ川をへだてた北側の田仲荘から川を渡って南の荒川荘に侵入し、「荒川庄中心東西三十余町南北十余町」を割きとった。寺家はこれを藤原忠通に訴え、忠通は論争地を高野山の所有としたが、能清は「祇候院中」を根拠として、つまり院政とのつながりをもってさらに領家の忠通の決定を無視している。しかも単に荘地を押領したのではなくて、院使や官使ともども実力によって企てたものであったのであり、いわば計画的な行動のもとに武力を発揮しているのである。能清個人の組

織力ではこれだけの事態は起しえなかったと考えられる。

この平氏政権下の段階・時期における能清の存在とその軍事的編成の形態を確かめるためにさらに二通の史料を検討する。(26)

(別紙)「大将殿(平宗盛)被申案」

言上

事由

右、以先日為能清被濫妨荒川庄之由、令訴申候之処、不日有　御沙汰、可停止能清之狼跡(藉)之由、為左少弁(行隆)殿御奉行、被　仰下候状、満山之僧徒向御方、令申拝(抃)悦候之間、以去十八日、能清差遣数多之軍兵、令乱入荒川庄河南、令殺害住人、苅取作麦候了、違勅　謀叛之責、既余身候事歟、其由即令言上候了、然間、今日廿五日自荒川庄令申上候之状一通進覧之、件能清之郎従長明、搆城調兵、非不用(衍カ)御沙汰之末、剰号　頭亮殿　持明院少将殿之御下知、駈具近国之御家人、始自荒川庄、至于御山、可令焼払之由、依申送候、寺僧各失東西、所走迷候也、但(致御下知之)定彼(条者)二所之殿中、不令披露候事歟、其故者、当山既奉訪故　禅門(清盛)殿下之御丼、五十箇日之作善、注進先了、又依被奉渡故小松大臣(重盛)殿御遺骨、日々念仏読経無怠、設雖無賞翫、争及滅亡乎、是只能清之私謀略候歟、早重可令停止狼跡之由、欲被仰下、凡　大将殿(宗盛)下長日御祈、自二位殿御前所被仰下候也、三壇之護摩、依此騒動、殆可及退転、〇(不)耐恐歎、二千余人同心所令言上候也、以此由可令披露給候矣、恐惶謹言、

四月廿五日　僧

（別筆）「荒川庄解状」

言上

事由

右、以去十八日午時、自田仲庄、能清舎弟并長明等、千万軍兵相具足シテ、荒川ニ打入テ、庄内ヲ焼失、或殺害、或負手候了、然上、頭殿仰、并号権亮殿仰候テ、大和国ニハ、刀帯先生奉行、和泉国河内国家人等仰付、荒川庄焼失シ、百姓住人等併可殺害之由、所々縁人申遣処也、実住人等東西ヲ失テ候也、以去年之比、荒川北四至、院宣被成下候之後、于今無相違思給之処、何様事等候テカ、如此事出来候ラム、百姓等失為方候、早子細ヲ大将殿令申上御テ、如此狼藉令留御者、百姓等カ悦、何事如之候哉、然間、尚廿五日辰時、為荒川庄焼失、彼長明等可乱入庄内之由、所承候也、能清之庄池田申所ニ、以外搆城、集千万軍兵候テ、日々夜々、自国他国不論、頭殿御家人等郡（群）集仕ト云々、仍百姓等捨御庄、山林ニ交リ、或他郷他所ニ移住仕候テ凡為一人可留跡様不候者也、以去之比、自大将殿御文、并左少弁殿御文等、荒川庄雖被下候、田仲庄能清并長明等、全以不承引仕候シテ、弥頭殿仰ト申、権亮殿仰ト申候、謀叛之躰、浅猿見候也、以此之旨、可然様ニ令申上御者、謹所仰也、百姓等誠恐謹言、

四月廿四日未時　　荒川御庄百姓等

まずこの二通の文書によって、さきの高倉院庁下文が効果のなかったことが確かめられる。もちろん下文自体紀伊国在庁官人にあてられたものであって、その効果は在庁官人の行動があってはじめてあらわれるものなのであるが、仲清の場合にみられたごとく、能清の行動も国司や在庁官人の黙認なしに起されたものとは考えられないから、在庁を頼りにした下文の効果のありえようはずがなかった。下文から半年を経ない養和元年（一一八一）四月に高野山衆徒と

荒川荘百姓から言上状が出されるゆえんである。

衆徒言上状によると、高野山の訴えに対して左少弁藤原行隆の奉書が高野山の領有を保証したので「抃悦」するところであった。もちろんこれによっても能清の乱行はやまず、養和元年(一一八一)四月十八日に能清は「差遣数多之軍兵、令乱入荒川庄河南」めた。この時の能清の組織は「数多之軍兵」を召集しうるようなものであって、明らかに武士団組織原理を前提にしているようである。当然これは田仲荘以外の吉仲荘や鞆淵荘の住人たちを交えたものであるが、主として能清の組織にかかるものであったことはまちがいない。

能清には「郎従」がおり、長明といった。能清に代って「構城調兵、非不用御沙汰」という行動をなしたのはこの長明であった。この「城」がいかなるものであったかは不明であるが、高野山によってこう称されるかぎり何らかのこうした設備があったことは疑いなく、中世武士の館のようなものであったろうか。いずれにせよふつうの荘官に築きうるようなものではなく、武士としての支配原理にもとづいて設営したものであった。調えた兵にしてもそうである。国衙の支配原理を利用できる立場には能清も長明もいないし、武士団の長として、田仲荘の住人として召集したものであることはいうまでもない。能清はこうしたときに田仲荘住人の利益代表者として兵を徴発しうる権利を、仲清の代からの過程のなかで獲得していったものである。田仲荘住人の荒川荘に対する利益をどんな場合にも擁護していったらばこそ、この平氏政権下にも兵を徴集し指揮しうる権限をもつに至ったのである。それには荘官という職があずかって力あったことはもちろんである。しかし、その地位に仲清・能清父子が安住していたならばたちまち荘園領主側からの反撃をうけ、また住人層の中からも激しい攻撃が集中されたであろう。荘官という地位をもち、しかもその荘園が畿内荘園であってみれば、仲清・能清を凌いでとって代わる人物にはこと欠かなかったにちがいない。そのなかで能清が武士団を経営・維持していくことは至難のわざであり、田仲荘住人全体もしくは吉仲荘・鞆淵荘などの住人の利益をある程度代表・体現することなしにそれが完遂できはしない。

おもしろいことに百姓言上状によると能清には「舎弟」がいて、この人物も長明と同じく「千万軍兵相具足」しうるところであった。この人物は誰か。

「尊卑分脈」によると能清には一人の弟がいる。基清である。のち保元の乱に源義朝に従って活躍した関東武士後藤実基の養子となって後藤兵衛尉基清を名のることになる。まずこの「舎弟」が基清であることは彼のそののちの行動からみても首肯できるところである。

基清は仲清の子・能清の弟として生れた。その生年は没年より逆算して久寿二年(一一五五)のことと思われ、養和元年(一一八一)荒川荘乱入のときには二十七歳であった。田仲荘預所の子として成長し、仲清・能清が内舎人などであった関係上基清も京都での生活が多かったことが推測されるが、平安末期の動乱時代にあって自身が武力的行動に出ることもきわめて多かったにちがいない。この両方の場所が彼の生活の舞台であった。彼が頼朝方についた経緯は明らかではないが、少なくとも頼朝にとっては大いなる利用価値のある存在であったことは疑いないところである。元暦元年(一一八四)六月には小山朝政、三浦義澄などと並んで幕府の重鎮であったらしく、「馴京都之輩也」とされている。[27]それ以前の基清の存在形態からみて対京都対策にきわめてふさわしい人物であったろう。[28]武力的にも平家追討に大きな手柄をたてたようであり、その後文治元年(一一八五)四月に後白河院から官位を与えられて本国下向を停止された東国住人の中に入ってはいるが、対朝廷策への便利さのゆえか以後もしばしば頼朝に随行したりしており、[29]重要な位置を鎌倉幕府によって与えられていた。文治五年(一一八九)七月には京都に居て重要な役割を果していた一条能保の使者ともなっている。なかでも基清らしい役割を果したのは畿内近国の叛乱の防止という作業であった。鎌倉幕府の機構も定着した建久四年（一一九三）三月、近国に潜んでいる平家与党の追討が命ぜられ、(30)同年九月には故後白河法皇の旧跡宣陽門院が群盗に荒らされるので「相催畿内近国御家人等、可差進宿直」の旨を基清ら三人に仰せ含められている。(31)こうした京近辺の守衛には最適であったのだろう。仲清の代からの朝廷とのつながりと、基清の代での鎌倉幕府との接触が彼の地位を決定する大きな要素であった。

能清はこのような弟基清および郎従長明の武力の他にもうひとつの武力組織を持っていた。「近国之御家人」「和泉国河内国御家人」などと文書中に述べられている「御家人」を徴発しうるということである。「号　頭亮殿　持明院少将殿之御下知」「頭殿仰并号権亮殿仰候テ」などと偽って「自国他国不論」ず召集したものである。

この家人または御家人とは平氏のそれであり、能清の家人ではない。平氏とのかかわりを基礎として能清が徴収した家人である。つまり平氏は、能清のごとき存在を通じて各国に居住している家人を動員してその軍事力としていたのである。平氏はこの時期には源氏との対立が深まり、その武力形成などにも苦慮していた時期であって、源氏は頼朝を中心にして着々と地歩を固め、この治承五年（養和元年〈一一八一〉）三月には、駿河国にまで戦線を西漸させて平氏を攻めてきた。これに対して平家も重衡を大将軍として軍を編成し、墨俣河をはさんで対峙した。これがいわゆる墨俣合戦である。合戦そのものは源氏の大将源行家以下の敗退となり、行家の男子が討たれるということで終了するのであるが、この平氏の兵力を集めるために平氏は畿内・近国の御家人を結集したものと思われ、能清はこの京都の情況を敏感にキャッチしてこれを利用しようとしたのである。この時の平氏の大将軍は平重衡であり、維盛・通盛・忠度などがこれに従った。(32)前掲百姓言上状にいう「頭殿」は重衡のことであり、「権亮殿」とは維盛のことである。重衡は衆徒言上状には「頭亮殿」とあって正しくは「頭亮殿」とよばれていた。(33) 衆徒言上状の「持明院少将殿」とは藤原基宗のことであり、一条能保のいとこにあたる。基宗が平家とどういう関係にあったかは不明であるがおそらく平氏による徴兵を援けたのであろう。

この平氏の「御家人」「家人」は明らかに「近国」とか「大和」「和泉国河内国」、さらに紀伊国というように近国という限定性はあるが現地に住んでいることはまちがいなく、単なる貴族としての平氏の人々の家人というものではない。平氏個々人との関係ではあろうがそこに家礼制とは異なる後世の御家人制のような主従制結合をみいだすことは無理であろうか。萌芽的ではあるがそこに御家人制を認めてもよいと思う。明らかに貴族の召し使いとしての家人と平氏の家人とは異なっているし、政治状況に敏感な高野山の衆徒によって「御家人」という呼称を与えられてもいる。御家人関係を成立させる全要素についての検索ができるわけではないが、少なくとも家人たちは在地に居て武士＝領主として生活しているし、源氏内乱に対応して軍役を平氏に奉仕している。この軍役奉仕の御恩が何であったかは不明であるが、まったく奉仕だけのものとは考えられず、あるいは、所領安堵という御恩が存在していたのかも知れない。「吾妻鏡」の「前々称地頭者多分平家々人也」という「平家々人」にしても、単なる私的家人ではなくて御家人制の存在を前提にしての家人と考えられないだろうか。たしかに平氏地頭は私的なものではあったが、御家人制という主従結合制度にもとづいた地頭制度であったのである。また御家人の召集にしても「近国」「和泉国河内国」とか「自国他国不論」とかあるように「国」がひとつの単位となって能清らは行なっており、平氏の御家人役徴発においても各国衙機構が何らかのかたちで利用されているようであり、たとえそれが平氏の公的権力獲得を示すものでないにしても、国衙機構のある部分を支配していたと考えることができるのではなかろうか。さすれば平氏御家人制も鎌倉幕府のそれとかなりの類似性をもったものであり、その継続性を主張することができよう。

こうした「近国」とか「大和」「和泉国河内国」とかの広い範囲にわたって武士を結集するということは、たとえ平氏に便乗するにしても容易なことではないし、また平家の家人とはいっても上のような場所に生活しているかぎり武士であったことは疑いないから大きな兵力であったことは確かである。「百姓等捨御庄、山林ニ交リ、或他郷他所ニ移住仕候テ、凡為一人可留跡様不候者也」という情況もあながち誇張ではないと思う。これだけの武力を実際に発動されれば一荘ことごとく滅亡したとしても不思議ではないだろう。

能清の武力的基盤は以上の要素から成りたっていた。すなわち、能清が在地の武士団として形成したものと、京都において形成した政治的地位を利用しての徴兵すなわち平氏の徴兵機構に便乗しての召集とである。もちろんこの両者は分離したものではなくて相関連するものではあるが、能清の果すべき政治的地位を考えたとき、やはり一応区別しておいたほうがよいだろう。きたるべき鎌倉幕府治下の政治状勢を考えると両者のもつ意味はどうしても異ならざるをえない。さらに能清の存在形態、平氏政権との関係を物語るのは、次の史料である。(34)

（端裏書）「院宣　白米免事　寿永二年」

東大寺領仏聖〔餉下同ジ〕免等妨事、（大和国）小東庄内前内府家五町六段左三位中将十町七段左衛門尉能清三町七段同羽鳥新三位三町七段停止彼等妨、

寺家進退、宜令進仏聖者、依

院宣上啓如件、

八月七日　　権右中弁（藤原光長）（花押）奉

進上　前大僧正御房

これによると能清は平氏の宗盛・重衡・資盛といった公卿たちとともに大和国小東荘を横領していたことになり、能清の地位の高さがよくうかがえる。しかもこうした公卿たちと同列に立って事を企てられるくらいであるから、当然平氏政権を構成する武士として軍事的指揮権を持っており、その指揮権にもとづいて御家人たちを徴発したのである。文書の日付の八月七日は、その前日寿永二年(一一八三)八月六日に後白河法皇の主導した平氏公卿たちの除名が行なわれた翌日であり、能清の解官は史料のうえでは確認できないが、宗盛らと同列にあつかわれているところからして平氏政権あるいは平氏軍制の中で大きな位置を占めていたことは疑いない。

ともあれ、こうして能清は平氏政権と特別の関係を保持することによって荒川荘を侵略した。こうした能清の持った武力形成組織は、平氏政権の武力を構成する重要な要素であった。しかも紀伊国という近国のことであれば平氏が自己の政権を保守する武力としてとくに注目していたであろうことは、想像に難くない。

このように平氏政権下でも能清の乱行は終らず、頼朝による鎌倉幕府の支配下にまでもちこされることになる。前述した大和国小東荘の例では寿永二年(一一八三)に除名された平氏の公卿たちと同列にあつかわれているが、能清は平氏とちがって没落することはなかったようである。この間に義仲「政権」が京都を征服するが、これとどう能清または田仲荘が関係したかということは史料が残されていない。ただ田仲荘の知行権については少し注目すべき史料がある。すなわち、尾藤太知宣なるものが元暦元年(一一八四)に関東に参向し、頼朝に自己の所領を安堵されんことを請うたとき「信濃国中野御牧、紀伊国田中池田両庄、令知行之旨申之」とある。この時頼朝は伝領由緒を尋ねるが「自先祖秀郷朝臣之時、次第承継処」と述べており、田仲荘も知宣の先祖秀郷以来の伝領を主張している。この知宣と能清はもともと同族であり、曾祖父季清の代から別流をなし尾藤氏を称している。(35)これを信ずるかぎり田仲荘の知行権は

公清━┳━季清
　　　┗━公澄━知基━知昌（尾張守）━知忠（尾張守・玄蕃頭）━知広（従五下 尾藤五 民部大丞）━知宣（尾藤太）

尾藤氏が持っていたようであり、佐藤氏が預所職についたのと同一時期にこういう支配体制ができあがったものであろうか。田仲荘の預所に佐藤氏がついたのも仲清のかなり以前からであると考えられよう。ともあれこの記事の中に「田中庄者、去年八月、木曾殿賜御下文之由申之、召出御下文覧之、仍知行不可有相違之旨、被仰云々」とあって木曾殿義仲が知宣に下文を放ってその知行権を認めたことが知れる。[36]

この頃、元暦元年(一一八四)のはじめ頃から頼朝による対寺社政策、したがって高野山政策もさかんになってくるようである。その対策の中心となるのはまず寺院のもつ武力であった。元暦元年(一一八四)二月、頼朝は朝廷に四ヶ条を奏請する。その四条目に「仏事間事」とあって彼の寺院観の一つが示されている。「如近年者僧家皆好武勇、忘仏法之間、行徳不聞、無用枢候」という認識がその基本になっており、「自今以後者、為頼朝之沙汰、至僧家武具者、任法奪取」[37]という政策を行なっている。つまり寺社の武装解除である。文治元年(一一八五)閏七月には大内惟義が頼朝の命によって高野山の悪僧が追捕されてもいる。[38]もちろんここで問題にしたいのは武装解除そのものではなくて、武装解除にしたがって寺院側に与えられた見返りがあったはずであり、その代償が何であったかということである。頼朝がそのようなことを言う以上寺院に対して武装に代る保護を与えたことはまちがいなく、寺院の全体的な弱体化をねらったものではけっしてない。高野山にかぎっていえば、この奏請より数箇月ののち頼朝は高野山領阿弖河荘に対する寂楽寺の乱妨を停止して寺領に保護を加えており、これを手はじめとして文治二年(一一八六)正月には寺領の兵粮米・地頭の停止が衆徒の訴えをうけて北条時政によって命ぜられている。[39]この兵粮米・地頭の停止はなにも高野山領に限ったことではないが、高野山の場合はその前年十二月にすでに北条時政が書状を発して「御祈禱依為殊勝、所令奉免候也」とあって兵粮米に関しては文治二年(一一八六)以前に免除となっており、それが文治二年(一一八六)正月に至って地頭とともにあらためて停止されたものであろう。ともあれこれらのことは高野山領に対して鎌倉幕府が大きな影響を与える政治権力として出現してきたことを示している。

こうした鎌倉幕府の成立と確立に伴って高野山は、今度は頼朝を寺領保護運動の対象として行動を開始する。この頃の高野山にとってもっとも大きな政治的課題は、摂関政治・院政について新しく出現してきた鎌倉幕府に対してどう自己を位置づけるかということであったことは言を俟たない。高野山というとりたてて自己を保存するべき直接的手段をもたない荘園領主にとって、幕府によって荘園をどう保護させるかが最大の問題であったろう。幕府による地頭の設置や停廃に一喜一憂するところであったにちがいない。それゆえに文治元年(一一八五)に設置された地頭が文治二年(一一八六)に至って、たとえ没官領以外のところであったにしても停廃がなしくずし的に行なわれていくという段階は、自己の荘園を政治的に幕府体制下で再編成しようとしていた高野山にとって絶好の機会であった。幕府の荘園領主権力に対する弱みを最大限に利用して新しい支配体制を確立していこうとする。

一方このことは能清にとっては、どうあらわれてくるであろうか。能清にとっても高野山と同じくこの時期が重要な時期であったことは疑いない。前にも述べたように能清の生活および活動の基盤が、多く京都において形成した地位から導かれていることはまちがいないから、その京都の権力が義仲・頼朝によって攪乱される文治前後は能清がその地位を再編成せねばならない重要な時であったはずだ。しかも高野山は平氏政権から頼朝政権に至る間に幾多の手段を講じていた。その前で拱手していれば政治的に敗北するのは必然のさまであった。能清が摂関家の随身であったり内舎人であったりしたことによって形成・維持してきた政治的地位は、その保護者たる京都貴族の政治的地位によって大きな変化をうけねばならない。しかもそれが畿内の荘園であってみればなおさらのことである。能清にとっても高野山にとってと同じく、頼朝による地頭の設置という事件はまさに晴天の霹靂であった。田仲荘は没官領ではなかったにせよ、荘園に地頭を設置しうるという事実は能清にとって最大の恐怖であったろう。この時期、とくに高野山の荒川荘対策にとりたてての変化があったとも考えられないし、京都貴族の田仲・荒川荘境相論に対する政策に変化があったとも思えない。しかし頼朝の寿永二年(一一八三)十月宣旨から文治元年(一一八五)十一月の守護・地頭勅許までの間に獲得した諸公権が、そのまわりにある旧権力たる高野山や京都貴族に影響を与えないわけがない。さらにそのことによって能清の乱行の形態にも変化があらわれてくる。能清の武士団または田仲荘や吉仲荘の住人にとって、果さねばならなかった政治的課題はやはり頼朝または鎌倉幕府に対してどういう位置を獲得するかということであった。

そして、いままで荒川荘の侵略にその全存在の基盤をかけてきた能清にとって、その課題の実現のうえで最大の関心事となったのは高野山との関係であったろう。高野山が幕府ないしは頼朝にとってどう対処したかということによって、換言すれば草創期幕府において高野山という荘園領主がどういう位置を与えられたかということによって、能清の地位も派生的に決定してくる。初期幕府にとって内乱と関係のなかった荘園領主を切り捨てることのできなかったことは周知の事実である。さすれば、高野山と能清との荒川荘北部をめぐる対立関係への幕府の対策はおのずから明らかであった。すなわち、能清を排除して高野山という荘園領主を守り、貴族階級との摩擦を避けることである。初期の幕府が頼朝の旗あげ以来政治的にもっとも多くの配慮を重ねてきた政策を再確認するということであった。そしてそのことは、荒川荘との戦いたる「乱行」の中で形成・維持されてきた能清の武士団および吉仲荘・鞆淵荘住人との連合関係がまた消滅するということでもあった。「乱行」という具体的・現実的行為を通してきずかれてきた能清の権力であってみれば、その「乱行」が本来は能清の武士団を保護すべき幕府・頼朝によって政治の場面で拒否されるということは、すなわち能清という存在の全否定につながることになる。田仲・吉仲・鞆淵荘などの住人の利益を表現する行為としての「乱行」を行ないえない能清などは田仲・吉仲荘などの住人にとって意味のないものであろうし、また幕府に疎外されてしまった能清という武士は能清の同盟者たちにとっても意味のないものになったといえよう。

文治二年(一一八六)五月、高野山住僧の解状に能清の名が登場する。そしてこれが能清の名を高野山の文書にみる最後のものである。(40)

高野山住僧等謹解　申請　鎌蔵(倉)殿下　御裁定事

請殊蒙　鴻恩且依道理且任証文被裁断為左藤(佐)左衛門尉能清背度度院庁御下文幷法性寺(忠通)　殿下政所御下文等擬押領当山領荒川庄四至北堺不当子細状

副進　証文等

院庁御下文案六通内

鳥羽院一通　当院一通　高蔵(倉)院一通

美福門院一通　八条院二通

院使等注文案二通内

盛弘注文一通　国忠検注文一通

法性寺殿下政所御下文案一通

右、謹検旧貫、当寺領荒川庄者、平等院（明尊）大僧正堺四至被寄進鳥羽院、左官掌盛弘依　院宣、引率在庁官人等、臨地頭、任往古公験之旨、堺四至牓示畢、数十年之間、敢无他妨、其後、　美福門院御伝領之時、能清之親父仲清始巧新議、恣押領北堺、致種種濫吹、因玆、自　美福門院被奏聞　当院之日、於院庁召対両庄之住人等、被決断理非之尅、田仲庄住人巻舌堕負畢、仍任大治年中　鳥羽院庁御下文、長承三年同院御使盛弘之注文、保延元年同院御使国忠検注文之旨、於四至内者、不可致相論之由、当一院御時被宣下畢、其後、　美福門院奉為　鳥羽院御菩提、平治年中之比、当山建立御経蔵、安置金泥一切経、以当庄地利、被宛用仏聖供燈一切経会　国忌月忌幷長日供養法人供等也、而　当院宣幷　鳥羽院庁御下文、被成法性寺（忠通）禅定殿下御下文畢、其後仲清又巧謀略、相語国司、背院宣等証文、企窂籠、自寺家令奏達子細之時、為糺両方理非、被下実検官使幷八条院御使、去応保二年五月廿四日、官使国在庁両庄之住人等、相共臨地頭、致沙汰之間、官使矯餝偏頗不可勝計、仍八条院御使幷荒川庄住人等、不聞沙汰而皆以罷還畢、其後官使引率数多軍兵、无左右、当庄最中上村南北十余町、東西不知其数、田仲之方踏入畢、仍官使非法濫行不可承引之由、　八条院庁御下文顕然也、加之、　鳥羽院当一院高蔵（倉）院庁御下文、幷盛弘注文、国忠検注文、法性寺殿下政所御下文等、旁証文明鏡也、是以寺家任道理、領掌于今无其相違、宛用途无懈怠、所令御願役勤仕也、而始以去四月十五日、能清使者成貞丸引率数十人所従、乱入荒川庄、雖称鎌蔵（倉）殿下仰、全以无一紙御教書、恣当庄北堺可令押領之由、致苛法沙汰、誠寺僧訴訟何事如之哉、加之、同月廿八日、重能清使者吉沢丸致旁狼藉、作麦加制止、仏聖供燈等皆以擬押止之条、惣蔑如王威、別不奈仏法也、就中田仲庄者、関白殿下御領也、然能清為預所之職、不用本家御下文、又忽諸度々院宣、頗似在陰折枝、非理至不遑毛挙矣、抑当山者、鎌蔵殿下（頼朝）、万寿御前（頼家）、并御台所（政子）等、致長日御祈禱、僧徒各抽懇志者也、然能清遣无道使者、致種種濫行、欲乱寺領止仏事、愁緒不少哉、望請　鴻恩、早停止彼能清之濫妨、任度度院宣并関白殿下御下文等之旨、蒙御裁許者、将仰正道之厳旨、弥奉祈千秋寿福矣、仍勒状以解、

文治二年五月　　日　　大法師　永覚

（以下署名略）

荒川荘境相論に関する最後の解文として、高野山は準備したものであろう。頼朝に対して「鎌倉殿下御裁定」を仰いで解という下情上達の文書様式をとるということ自体、高野山の側が頼朝に屈服し、鎌倉幕府をひとつの政権として認めたことを示し、この政権に荘園の保護を求めたことを示している。高野山にとってもこの頃にはその主たる政治的保護者、すなわち荘園保護運動の対象として幕府を考えるようになっていたのである。管見のかぎりこの文書が高野山による頼朝または幕府に対する最初の解状であって、やはり文治元年(一一八五)末の地頭設置が高野山にも大きな影響を及ぼしたものではないだろうか。この文書では高野山寄進以前からの荒川荘の由緒を述べ、仲清時代からの乱行の模様をすべてにわたって記している。まずはじめに高野山寄進以前の荒川荘の模様を述べ、平等院大僧正明尊から鳥羽院へ寄進されて検注が行なわれ、その後数十年牢籠がなかったが、鳥羽院から美福門院得子に伝領されたときに仲清が乱暴を行なったと述べている。そしてこの乱行が仲清独りの行動によるものでなく、田仲荘住人の意志をある程度代表していたものであることは高野山自身も理解していたようであって、「両庄之住人」とか「田仲荘住人」などと記しているところから明らかである。この田仲荘住人の乱行は法的には圧迫される。こうした時点で美福

門院による高野山への寄進がなされるが仲清乱行はやまず、今度は国司と相語らって事を構えた。寺家はふたたびこれを訴え、応保二年（一一六二）に官使・国在庁・荒川田仲両荘住人立ち合いのもとで「臨地頭」んで実検が行なわれたが、このキー・ポイントを握る国在庁はすでに仲清と謀議のあるところであって、官使さえも「矯飾頗不可勝計」という有様であった。当然こういう事態は高野山に有利な状況をもたらすわけはなかったので「不聞沙汰、而皆以罷還畢」ということでこれを無視した。そののち官使みずから「引率数多軍兵」して荒川乱入を行なうが、美福門院の娘八条院（暲子）の庁下文にも荒川荘乱入を非法と断じていたことなどを証拠としていた高野山は、しばらく仲清乱行から荒川荘を保護しうることとなった。この時の全体的法的根拠は荘園領主たる地位を高野山に保障してくれる政治権力、すなわち院政の発行した文書であった。それが証文としてこの時副え進められた院庁下文三通と本所職を保有していた[41]美福門院・八条院母子の院庁下文三通であった。これに加えて二通の注文および田仲荘領主藤原忠通の仲清乱行停止の下文があったことはいうまでもない。ところが仲清・能清の乱行はそんなことでやむはずがなく、高野山の以上の周到綿密な計画をうち破るべく、また鎌倉幕府の下での能清の武士団の位置を確固としたものにするための基盤を確立せんがために武力でもって文治二年（一一八六）四月十五日に荒川荘侵入を行なった。能清の郎従成貞丸が「引率数十人所従」し

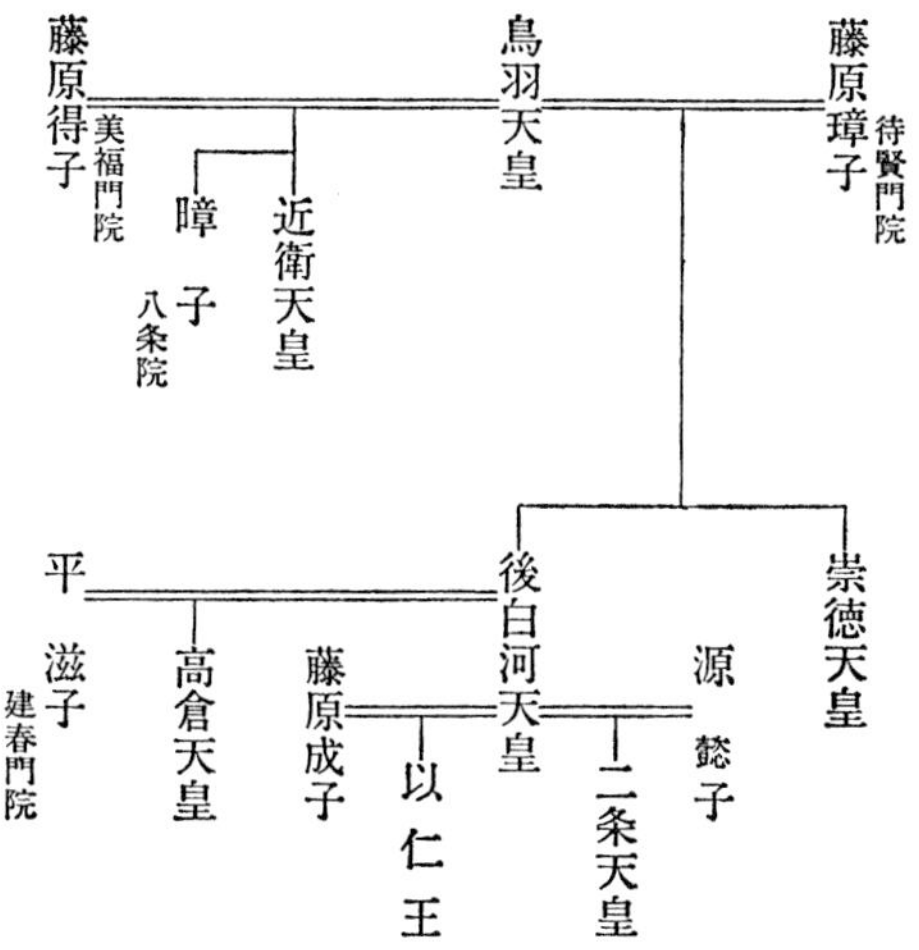

て乱入するところからはじまり、さらに四月二十八日には同じく郎従吉沢丸が手勢を率いて荒川荘に乱入した。この行動に能清の武士団および田仲荘などの住人がその存在をかけていたであろうことは、すでにこの頃には確固たる政治勢力を形成していた幕府・頼朝の存在の前に「一紙御教書」もないのに「鎌蔵殿下仰」を偽るという、考えうる最大の挑戦をなしたことにうかがわれる。この時期に能清側がこうした手段を用いねばならなかったことは明らかに幕府の出現によっており、本来は能清などの武士団を保護せねばならない幕府という政治権力に対して、自己を有利な位置に置かんがため地歩を形成する乱行であった。荒川荘侵入という武力のもとに荒川荘で既得権を頼朝の権力が介入する以前に確立しておき、それを前提にして幕府での地位を有利にせんとした。

これは、武家政権を希求したであろう能清にとってはまさに正当な行為であった。しかしながらこの時期の幕府にとっては能清の行動は無謀なものとしてしか映らなかったであろう。ようやく旧政権に公権力としての認定をうけ、かつ公家・寺社などとの勢力均衡の上で成立していた幕府にとって、荘園領主は旧来のままに保存して刺激を加えないというのが基本の政策であった。ことに頼朝や京下りの官人たちにとって寺院は倒すべからざる存在であったのはむしろ当然のことといえよう。そこでは保護・育成すべき能清の行動は圧迫されてしまうことになる。しかも能清はすでに自荘たる田仲荘の領主忠通家より下文をもって抑圧をうけていたのであって、田仲荘住人たちの共同行動にもとづいた能清乱行は、この時期に分裂させられてしまったのであろう。この高野山の解状に対して頼朝の加えた外題は次のごとくであった。

如解状者、件境事、度々経沙汰、被成　院庁御下文了、而能清忽称鎌倉下知、猥企濫妨之条、尤以不当也、早如元為高野山領、不可有相違之状如件、

（源頼朝）
（花押）

すなわち、高野山の主張を容れ能清の行動を「尤以不当也」として断つということが幕府の出した結論であった。草創期幕府にとって能清乱行は幕府が対公家政権という立場で形成してきた権力を崩そうとする運動につながる。こうした行動を抑圧することによって政治権力としての幕府の地位は辛うじて保たれていたのであって、それですらも承久の乱を避けえなかったのである。いくら武士団の長たる能清の行動であったとしても、幕府の命と偽わるなどは（あるいは高野山の偽造かも知れぬが）幕府の下文を政治的に権威あるものとして定着させようとしていた頼朝にとって許せないことであった。

おわりに

かくして文治二年（一一八六）五月の高野山よりの解状におけるものを最後として能清の名は高野山文書からは消えてしまう。幕府によって荒川荘四至内乱入が禁じられ、もはや能清が隣荘住人の意志を代表していたとしても幕府の前で行動はなしえなかった。武士団の利益を代表するような行動をもちながらも権力のもとに亡び去ってしまう。公家・寺社などの権力と共存してひとつの権力をきずいていた幕府・頼朝にとって能清乱行は排除すべきものであった。鎌倉幕府成立の段階で高野山は能清勢力に勝利した。能清の滅亡についてとくに平氏と能清との関係が影響を及ぼしたということはないようである。地頭の任命にみられるように平氏政権も平氏一族ばかりでなく在地領主たちをもその支配下に置き、武力的基盤ともしようとしたが、能清はその平氏の要請に応じて御家人を徴収する役割を分担し、自分の権力の維持にも利用したが、またそれが平氏軍制の主要な一環をになっていたことを疑うわけにはいかない。

鎌倉殿の御家人制との関係は明白ではないが、平氏もまた軍制のうえにおいて、本来は私的・家産的存在である御家人の武力を制度として採用していたのである。

なお、余談になるが、さきにも述べたように仲清の弟、能清の伯父に西行がいる。この西行と仲清・能清と比してみるとその生き方に大きなる差のあることがうかがえる。いかなる内面的動機があったにせよ西行は世の流れ、政治の嵐に自己を処しきれずして遁世し、みずから次代の政治をになうべきはずの武士という身分を放棄した。三十一文字の和歌に生涯を託し、その子さえも出家せしめた。(42) これに対して仲清は平安末期の激しい政治過程の中でみずから自己の一所懸命の所領を守ろうとし、闘いにその身をしずめる。その子能清も同じくその地を確保し、さらにそれを政治的に拡大せんとする闘争を文字通り「乱行」として田仲荘の荘園領主たる摂関家と荒川荘の荘園領主たる高野山に対してくりひろげる。この仲清と義清（西行）兄弟のどちらが自己に忠実に生き人間としての本性を全うしたかは判断がつかないが、少なくとも次代をになうべきものとして封建国家を想定するとすれば、兄仲清のほうに歴史の真実を求めねばならないような気がする。いくら仲清・能清の行動が「乱行」という無秩序・無原則なものとしてしか後世にその史料を残さなかったにしても、大きな歴史の流れを人間の生き方にみいだす場合、より大きな役割を果したのは一見無謀な行動のようにみえる仲清・能清父子の行為であったのではなかろうか。

（1）「高野山文書」嘉承二年正月二十五日官宣旨案（『平安遺文』一六七〇号）
（2）「高野山文書」平治元年七月十七日美福門院令旨（『平安遺文』三〇一五号）
（3）「女院補任」ほか。
（4）「高野山文書」平治元年八月三日美福門院令旨（『平安遺文』三〇一七号）

(5) 同右
(6) 「高野山文書」平治元年九月金剛峯寺政所下文(『平安遺文』三〇三一号)
(7) 「高野山文書」文治二年五月高野山住僧等書状(『鎌倉遺文』一〇八号)
(8) 秀郷流系図結城氏の部には、次のようにある。

康清─仲清─能清┬光清
　　　　　　　└基清

(9) 「永昌記」保安五年四月二十三日条
(10) 「高野山文書」平治元年五月二十八日後白河院庁下文(『平安遺文』二九七九号)
(11) 同右
(12) 「高野山文書」永暦元年十月二十日前太政大臣藤原忠通家政所下文案(『平安遺文』三一一一号)
(13) 同右
(14) 「高野山文書」永暦元年十月二十二日美福門院令旨(『平安遺文』三一一四号)
(15) 「女院補任」ほか。
(16) 「高野山文書」応保二年十一月東寺三綱等解(『平安遺文』三二三六号)、同応保二年十一月東寺門徒申状案(『平安遺文』三二三五号)
(17) 「高野山文書」文治二年五月高野山住僧等書状(『鎌倉遺文』一〇八号)
(18) 「金剛峯寺御影堂文書」長寛元年六月藤原忠通家政所下文(『平安遺文』補一〇二号)
(19) 「高野山文書」長寛元年七月二十五日左京権大夫平信範下文(『平安遺文』三二六三号)
(20) 「高野山文書」治承二年十二月五日藤中納言家御教書案(『平安遺文』三八六五号)

(21)「玉葉」治承三年十一月十四日条
(22)「玉葉」治承三年十一月十五日条
(23)「吉記」安元二年四月二十七日条
(24)「高野山文書」治承四年四月十六日奉行職事藤原行隆書状（『平安遺文』三九一〇号）
(25)「高野山文書」治承四年十二月高倉院庁下文（『平安遺文』三九四六号）
(26)「高野山文書」養和元年四月二十五日高野山衆徒言上状案（『平安遺文』三九八二号）、同養和元年四月二十四日荒川荘百姓言上状案。
　なお、この文書のうち後者は、『大日本古文書』家わけ第一「高野山文書」の当該箇所において文治二年（一一八六）のものとされており、したがって竹内理三氏編『平安遺文』には採録されておらず、同氏編『鎌倉遺文』八八号として掲げられている。しかしこの文書は前者と同じ内容について述べたものと考えられる。まず「去十八日午時」とあるのは「去十八日」と一致し、「頭殿《（重衡）》仰」「権亮殿《（維盛）》仰」というのも「頭亮殿《（重衡）》……之御下知」とあるのと一致する。また「去年之比、荒川北四至院宣被成下」というのも該当するものは治承四年（一一八〇）十二月の高倉院庁下文しかみあたらない。加えて「御家人」を召し集めたことや「城」を構えて兵を集めたという記述も同じである。したがってこの両文書は養和元年（治承五年〈一一八一〉）のものと思われ、同じ事件について百姓と衆徒の異なる立場にあるものが別々に叙述したものである。
(27)「吾妻鏡」元暦元年六月一日条
(28)基清は佐藤仲清の子として生れるが、のち後藤実基の養子となる。この養子になった時期は明らかではないが、実基は保元の乱において義朝に従って活躍しており、この時以後に京都での行動が多くなり、そのなかで紀伊国から武士として京都に出仕していた基清との接触が生れたのであろう。養和元年の百姓言上状には「能清舎弟」と書かれているからまだ佐藤姓であったものと思われるが、それが元暦元年（一一八四）には「後藤新兵衛尉基清」（「吾妻鏡」元暦元年六月一日条）とあり、また文治元年（一一八五）には「後藤兵衛尉実基、同養子新兵衛尉基清」（「吾妻鏡」文治元年二年十五日条）とあるから元暦元年（一一八四）以前に後藤家の養子となったものと思われる。

(29) 文治元年（一一八五）十月の勝長寿院供養、建久元年（一一九〇）十二月の頼朝拝賀など。

(30) 「吾妻鏡」建久四年三月十六日条

(31) 「吾妻鏡」建久四年九月七日条

(32) 「吾妻鏡」養和元年三月十日条

(33) 「吉記」治承五年三月十三日条

(34) 「東南院文書」寿永二年八月七日後白河上皇院宣。

なお、この文書は竹内理三氏編『平安遺文』では端裏書を「院宣　白米免事　寿永二年」として四一〇〇号に、また同じく「院宣　寿永三年」として補一四七号に重出して掲載されている。寿永二年（一一八三）とされたのは『大日本古文書』「東大寺東南院文書」の端裏書の訓みに従ったものであり、また寿永三年（元暦元年〈一一八四〉）とされたのは東京大学史料編纂所所蔵の写本に従っている（写本は見ていないが、さらにこれを転写した京都大学国史研究室所蔵謄写本「東南院文書」が「院宣（四字ヨメズ）寿永三年」とあるところから明らかである）。前者が前内府を平宗盛に左三位中将を平重衡に羽鳥新三位を平資盛に、後者が前内府を藤原師家にあてるのはこのためである。京都大学国史研究室架蔵の写真でも端裏書は確認できなかったが、『大日本古文書』編纂時に原文書が参照されているようであるし、また四字の判読不能とされている箇所も「白米免事」と訓まれているところからして『大日本古文書』を信頼して寿永二年（一一八三）の文書とするのが正しいであろう。加えて本文中にも述べたように寿永二年（一一八三）八月六日が平氏公卿の除名の行なわれた日であることからして、この文書がその翌日のものだとすると、よくこの間の事情と符合する。したがって『平安遺文』補一四七号は抹消されるのが適当である。

(35)「尊卑分脈」伊勢守藤成孫条
(36)「吾妻鏡」元暦元年二月二十一日条
(37)「吾妻鏡」元暦元年二月二十五日条
(38)「玉葉」文治二年閏七月十六日条
(39)「吾妻鏡」文治二年正月九日条
(40)「高野山文書」文治二年五月高野山住僧等書状（『鎌倉遺文』一〇八号）
(41)これらの点については、熱田公氏「高野寺領荘園支配の確立過程」（『日本史研究』六九・七〇号所収）を参照されたい。
(42)「尊卑分脈」伊勢守藤成孫条に

義清――権律師 隆聖

とある。

あとがき

私が、いつ日本の歴史に興味をもちはじめたのかについては、よく記憶していない。生れも育ちも京都であったから、歴史、とりわけて平安時代のそれはいつも身近かにあったわけだが、高校時代に長岡京発掘で著名な中山修一先生（現、京都文教短大教授）の教えをうけたのがひとつのきっかけではあった。高校を卒業して京都学芸大学（現、京都教育大学）に入学するときに第二社会科（歴史・地理専攻）を選んだのもそのためである。もちろんこのときは日本史を研究してそれを生業にしようなどと考えていたわけではなく、小学校か中学校の教師になりたいと思っていた。両親も元教師であったし、おじ・おばなども含めて当時すでに六人が教師・元教師であったから、幼時から自分自身もその道に進むことが既定の進路であって、どこか地方に出て教師になりたいと思った。しかし入学した学芸大は、当時にデモ・シカ先生という言葉が流行ったように〝教師にデモなろうか〟〝教師にシカなれない〟という風潮がきわめて強く、現在のように小・中学校の教師の評価は高くはなく、入学式の式辞にすら〝他大学を合格しなかったので仕方なくここへ入学した人々が大部分だろうけれども……〟などの文言があった。なにがしかのひけめを感じながら入学してきた人が多かったことは、友人たちと付き合っていくなかでもよくわかった。いうまでもなくそうした受験情況や社会風潮と教師という仕事の占める価値とはまったく別であるし、そのことを理解できないわけではなかったが、結局は自分自身の志操が明確でなかったという弱点をさらけだし、まもなく再受験の意志を固めて昭和三十五年（一九六〇）に京都大学文学部に入学した。以後しばらくの学生時代は、サルトルやカミュなどを読みふけることで過したように記憶しているが、国史学を専攻する決心を固めてからもそれは続いた。

はじめて聴いた専門的な講義は、上横手雅敬先生の「吾妻鏡」講読と荘園史概説であったが、とりわけ前者は史料の読みかたについてイロハから教えられた点においても、大きな収穫であった。いまでもその時のノートが書架のどこかに残してあるはずである。受講者の少ない授業であったから何度か一対一で教授していただいたことも合せて、その後先生の御助言を仰ぐきっかけとなり、平安時代に興味を深める原因ともなった。

三回生になって学部へ進級したときの国史学専攻者は私を含めて五人であって、〃有史以来の少人数〃と某先生をして嘆かしめた。いまも〃同業〃なのは田端泰子氏（橘女子大学）くらいであるが、当時の国史研究室には〃こわい〃先輩がおおぜい在籍しておられ、それぞれに学問的刺激をうけた。とりわけ日本史研究会古代史部会は私の勉強を深めるもっとも重要な場所であった。門脇禎二・上田正昭両先生がたえず出席しておられたし、すぐ上の先輩に佐藤宗諄・野田嶺志氏がおられ、手をとって勉強の仕方を教えていただいた。古代史部会の関心は律令制成立期にあったから私の興味とは必らずしも一致しなかったが、本書に収録した論文のかなりの部分はこの当時の勉強の結果である。

大学院に入学して研究を業とする途を選んでから十五年が経った。この間に多くの方々に指導・鞭撻を忝うした。指導教官として何かとお世話をおかけした小葉田淳・故赤松俊秀両先生、史跡調査などのお手伝いをさせていただいた柴田実先生、雑誌『日本史研究』の編集や京都市史編さん所での仕事以来多くのお手数を煩わせた林屋辰三郎先生、古代史担当教官として多大の御指導をいただいた岸俊男先生、設立当初の奈良大学には〃同僚〃として奉職したが先輩・師として可愛がっていただいた山本四郎先生、日本史研究会古代史部会などにおいて手をとって学問を教えていただいた門脇禎二先生、史跡調査や市史類の執筆などをお手伝いし〝京都史〟への興味をひらいてくださった上田正昭先生、教養部以来御指導を賜わっている上横手雅敬先生、専攻分野は異なるが発掘を指導していただいたり共同研究に加えていただいたりしている西川幸治先生、一回生のときに受講して以来親しくしていただいている熱田公先生、〝京都市史〟以来多大のお世話をおかけしている村井康彦先生、思えば、こうした先生方やまた諸先輩方の御指導の賜物としてのみ本書は存在しうるのであるが、どれだけ学界のために役に立つかについての自信はなく、さまざまな方々に〝恥〟をかかせることのみを怖れる。

それほど強い性癖はないが少しばかり〝人見知り〟をし、さしての能力にも恵まれない私を、ほかにも多くの方々が支えていただいた。交友関係を拡げるのが得意でない私にとって、上横手先生にいざなわれた安田元久先生を代表とする「御家人制研究会」は、安田先生はじめ石井進・福田豊彦・飯田悠紀子氏といった私と同じ分野をも専攻とされる人々、また第一線で活躍されるすぐれた多くの中世史家の方々と知り合えた点において、綾村宏・杉橋隆夫氏という有能な後輩と親しくなれたことと合せて、ありがたいものであった。佐藤宗諄・朧谷寿・所　功・森田悌・菊池京子（現姓、所）氏らとともに何度かもった京都での勉強会とともに、学問的刺激をしばしば与えられた。また、日本史研究者が日本史をもって果しうる社会的役割について、多くの教示・指導をうけた京都市史編さん所も私にとって重要な場所であった。第一著『研究史 平安京』はここでほぼ三年間にわたって嘱託（非常勤）をしていたときの勉強から生れたものであるし、とりわけ森谷尅久氏には多くの示唆・鞭撻を今も深くこうむっている。

勤め先から与えられた学問的環境も、比較的良好であって、校務やその他で研究を阻害されたことはほとんどなかった。博士課程を終了して直ちに就職した正強学園奈良大学は、文学部のみのごく小規模な創設されたばかりの大学であったから、図書や研究施設はどうしようもなくひどいものであった。設立の母体となった高等学校（正強高校）もけっして多くの利益をあげていたわけではなかったから致しかたのないことであったが、そのかわりに時間的には余裕があって、転職するまで九年間を勤めたけれども、その間入試シーズンを除いて一週間に二、三日を出校するのみであった。通勤時間に往復五時間ほどを要したので出校した日はまったく研究のためには使いものにならなかったが、それはそれで帰りには学生たちと〝飲む〟ために使えたから、楽しい時間ではあった。

もっとも、はじめのうちは往復の時間もなんとか史料や雑文を読むことに使えたが、三十歳代なかばになって乗物の中で字を読むことが苦痛となり、往復をロスと感じることが多くなった。動機や理由は多様であるにせよ、みずからがみずからに課したテーマを、与えられた時間・人生のなかで研究せねばならない研究者にとって、時間の浪費は第一に避けなければならないことだと思うし、そこへ自宅から至近の京都産業大学からお誘いをうけたので、これを渡りに舟とお世話になることにし、昭和五十三年（一九七八）四月、転じた。案の定、通勤は約四〇分余、タクシーなどの乗物を使えば一〇分余、大学の部屋でも研究ができるようになったのは嬉しいことであった。大学も研究に対して寛容で、大規模校であるにもかかわらず校務で費やす時間は比較的少なく、心おきなく仕事にうちこむことができた。本書もこうした新しい環境のなかでできあがったものである。

私ごとで恐縮であるが、本書の索引の作業を行なってもらったことをも含めて、妻道子にも多くの世話をかけている。身内の人間の口から言うのはおかしいが、妻は小学校の教師としてきわめて有能であったと思う。私が無理にそれを罷めさせたというわけではないが、転居にともなって二人の子供を育てるために私かどちらかが罷めねばならないという選択において、結局は妻が罷めることになった。社会的には妻のほうが罷めざるをえないという唯ひとつの選択肢しかない疑似選択を行なったのであって、やはりそれは欺瞞にすぎなかったであろう。教師という職業を今は失なっても、社会的に〝開かれた〟人間であり続けていてほしい。

また、最後に一言しておきたいのは、佐伯有清先生のことである。第一著『研究史 平安京』に引き続いて本書も先生の御斡旋をたまわった。吉川弘文館という歴史書出版社として比類のないすぐれた書肆を御紹介いただき、公刊の労をとっていただいたことは、望外のしあわせであった。第一著同様、もし本書が学界のために何らかの寄与するところがあるとすれば、それは佐伯先生の御厚意の賜物であり、ここに記して心からの深甚の謝意を表する。

なお、論文のコピーをはりつけて、さらにそこに書き込みなどを加えた見にくい原稿をよく処理していただいた吉川弘文館の担当者には感謝のほかはない。欧文レジュメを翻訳していただいた友人・石井登志子氏にもお世話をおかけした。外国の誰が読んでくれるかは知るよしもないし、また読まれることがないかも知れないが、とにかく外国人にも接しうるものにだけはしておきたかったからである。いずれにせよ御両者には貴重な時間をさいていただき、あつく御礼申しあげる。

A STUDY OF THE MILITARY SYSTEM OF THE HEIAN PERIOD

BY

MITSUO INOUE

YOSHIKAWA KŌBUNKAN

1980

A STUDY OF THE MILITARY SYSTEM OF THE HEIAN PERIOD

A preface

—A survey of the military system in the Heian Period.—

In this chapter, the developmental process of a military system in the Heian Period is surveyed. It was different from Europe in that, soldiers under the *ritsuryo-sei* (律令制), the system of statutes, were requisitioned as *yōeki* (徭役), corvée labor or statute labor, from among the common people. In other words, *yōeki* was a kind of taxation. To put people under requisition as *yōeki* grew difficult on account of a great variety of historical factors. In 792 (*Enryaku* (延暦)11) this system of drafting soldiers was abolished. In place of this system, *kondei-sei* (健児制), a selective service system, was enforced. In this *kondei-sei*, sons from clan families were selected as soldiers, though the practical effectiveness of this *kondei-sei* has been a doubtful point. This draft theory was converted into the selective service system, and fundamentally was continued through the middle ages and the modern period untill 1873 (Meiji 6). The Heian period has significance in respect to the initiation of this military system which continued for more than a thousand years.

Chapter 1

—The collapse of the statutory military system.—

Paragraph 1

—The establishment and development of the *kondei-sei.*—

The word, *kondei* had already appeared from the Nara Period, but the

substance of the *kondei-sei* at that time in many respects is not clear. What's more this *kondei-sei* was not the only military system at that time, but co-existed with a public soldier system. But in 792 (*Enryaku* 11) the public soldier system was abolished, and the *kondei-sei* became the only national military system. Then the national military force came to be supported by the sons of powerful clans, and the system which had drafted or recruited people as *yōeki* became extinct. There were no more than 60 *kondei* in every province, so the total number was only 3000 *kondei* in the whole country and it didn't work at all as a military force. What's worse especially in the provinces, where the governors in charge of control and administration under new and diverse circumstances needed a stronger military force. The former public soldier system was restored again at the request of the governors after several decades of the enforcement of *kondei-sei*. In some provinces where the public soldier system was not restored, the *kondei* soldiers became lower-grade officials of the *kokuga* (国衙), or governors office.

Paragraph 2

—Soldiers from *fushu* (俘囚), captive *Eso.*—

Fushū means Ezo who were controled by the *ritsuryo-kokka* (律令国家), the statute state. There is no definite opinion whether Ezo were a different race from the Japanese. The *ritsuryo-kokka* had accepted those *fushū* soldiers as military forces, but there had not been many examples and those were found mainly in the early Heian Period. As hunting played an important part in the support of Ezo society, their men were superior fighters. For that reason it might be conjectured that they were organized to be combatant. Their numbers were not so great, but it is significant that *ritsuryo-kokka* could put *fushū* under recruitment as soldiers. In the early Heian Period, the governing power of *ritsuryo-kokka* had been unsettled as seen in the enforcement of *kondei-sei*. The state concentrated its effort on maintenance of governing power over the common people.

As *fushū* were Ezo who were under the control of the *ritsuryo-kokka*, it meant that if the *ritsuryo-kokka* couldn't control the *fushū*, it was hardly possible that the statute state could govern the general populace. Therefore *fushū* had been employed in the military forces which were an important sector of the state organization and were bound to the *ritsuryo-kokka*. Accordingly in the tenth century when the collapse of the *ritsuryo-kokka* grew imminent, it abandoned effective control of the common people and the soldiers from among the *fushū* were no longer recruited.

Paragraph 3

—Arms possession of the *ritsuryo-kokka*.—

Establishment of *gundan-sei* (軍団制), armed corps system, namely the establishment of the *ritsuryo* military system, is generally thought to have been done between the latter half of the seventh century and the enforcement of the *Taihō-ryo* (大宝令), the *Taihō-Code*. Under the *ritsuryo* military system, arms had been kept almost entirely by the state. The bringing of all arms under full national control was completed by the*Taihō-Code*. With the enactment of the *Taihō-Code*, the state strictly controled and also produced arms, but with the collapse of the public soldier system, the control and production of arms became insufficient. The state became unable to maintain its arms production in spite of improved techniques. With the comming of the Heian Period, excellent arms began to be produced mainly by influential civilians. The state came to supply arms from those influential persons. As a matter of course, arms production was continued by the *zōhyōshi* (造兵司), the central chief of arms production and the *chihō no kokuga* (地方の国衙), the provincial governors' officers. But these arms were not sufficient in quality and quantity for the state's needs. Before long people so called *burai no yakara* (無頼の輩), who were outlaws and lived outside the control of the *ritsuryo-kokka*, began to produce arms privately and this phenomenon was one factor in the rise of the samurai.

Chapter 2

—A study of the military system.—

Paragraph 1

—Establishment of *kebiishi* (検非違使).—

Kebiishi, police and judicial chief, like *ōryōshi* (押領使), crime suppression chief, and *tsuibushi* (追捕使), chief of criminal capture, was *ryōgekan* (令外官), the governmental post established outside of the code. The official function of these chiefs had not been described in the *Taihō-ryo,* and the *Yōrō-ryo* (養老令), the *Yōrō-Code.* It was conceivable that *kebiishi* was established in the early Heian Period in 811(*kounin* (弘仁) 2). After that it played an important role in the military and political field. In the beginning it was an additional post with the *emonfu-kannin* (衛門府官人), the official guards; in 834 (Jyōwa (承和) 1) it became an independent government office and began to function both in and outside of Kyoto the capital. In addition to the *kebiishi, keishi-kebiishi* (京師検非違使) who worked around Kyoto, each province had the *kuni-kebiishi* (国検非違使), provincial *kebiishi.* This *kuni-kebiishi* took charge of maintenance of the provincial public peace. In the latter half of the tenth century, the system of government by aristocracy called *sekkan-seiji* (摂関政治), regent government, was developed and *kebiishi* became its most important military and political backing. Director's duties called *bettō* (別当), became to be occupied almost entirely by a member of the regent house. But with the development of the samurai caste, the power of the *kebiishi* was weakened although some samurai became members of the *kebiishi.* Samurai gradually replaced the *kebiishi* in taking responsibility for the public peace.

Paragraph 2

—A study of the *ōryōshi* (押領使).—

Ōryōshi, crime suppression chief, is first mentioned in historical data in

795 (*Enryaku* 14), when it undertook the accompaniment of *sakimori* (防人), the border guards. In the past, *ōryōshi* was theoretically defined as the combat leader, but at the beginning of the establishment of *ōryōshi*, it was charged merely with the movement of the soldiers, and it didn't actually join battle. It was after the *Taira no Masakado no ran* (平将門の乱), the insurrection of *Taira no Masakado* in the middle of the tenth century, that *ōryōshi* first participated in actual battle. This insurrection was the first such experience for the court nobles, aristocracy, since the establishment of the *ritsuryo-kokka*. The military system was changed gradually, in the course of these occurrences. The *ōryōshi* who had only been charged with the movement of soldiers began to join in actual battle. After this insurrection in addition to the central *ōryōshi*, the provincial *ōryōshi* was set up. Powerful samurai in the provinces were appointed to the post of *ōryōshi*. Samurai expanded their power in turn in the use of their official rights. By accumulating military power, *ōryōshi* had become the *shugo* (守護) or *sō-tsuibushi*(惣追捕使), the official city guard of Kyoto for the Kamakura Shogunate.

Paragraph 3

—A study of *tsuibushi*.—

The *tsuibushi* first appears in the historical data of 932 (*Shōhei* (承平) 2). They were established to surpress pirates who were harassing the central government in the Inland sea of Seto. Originally they took charge of police duties. In the course of the *Taira no Masakado* insurrection, they began to take part in military battles. In the beginning they were charged with large territories like the *shichidō* (七道), Japan at that time was divided into seven units plus *Kinai* (畿内) the capital, after these insurrections the *tsuibushi* was established in every province, and powerful samurai in the provinces were appointed to this post as they were to the *ōryōshi*. After the latter half of the tenth century, each province became a military unit, and gradually the military function and organization of

the *ritsuryo* system which had unified all Japan declined. In these new historical developments, the *ōryōshi* and the *tsuibushi* played an important role.

Paragraph 4

—*Genji and Heishi* (源氏と平氏), establishment of the *tōryō* (棟梁).—

The *tōryō*, the chiefs of the great samurai factions, were symbols of the military system in the latter half of the Heian Period. The *tōryō* means the chief of the big samurai grouping and they were mainly supporting the national military force at that time. The *tōryō* didn't have any fixed official position. But it was quite an effective means for the government to maintain its military force by using the *tōryō* who kept many samurai. The *tōryō* availed themselves of each opportunity to expand their power in seizing the reins of government as seen in the case of *Taira no Kiyomori* (平清盛). The *toryō* was not definited by official law; it existed quite privately. The medieval Kamakura Shogunate was composed of the *tōryō* and they were of deep significance in the development of the military system from ancient times to the medieval period.

Chapter 3

—A study of the military organization.—

Paragraph 1

—The *Taira no Masakado no ran* and the central court nobles.—

The *Taira no Masakado* insurrection was the only epoch-making insurrection since the *Jinshin no ran* (壬申の乱), an internal rebellion for power in the capital. As *Tairano Masakado* insurrection was the first large scale's insurrection after the establishment of the *ritsuryo* governmental structure, it was also an occasion for a trial of whether the *ritsuryo* code

was equal to the situation from the military standpoint. Actually it was 130 years after the establishment of the *ritsuryo* and it was no longer equal to the situation so for years new changes were being made in the military fields. The establishment of the *ōryōshi*, the *tsuibushi* and the changes of their official duties were some of the changes instituted. With this insurrection as an impetus, the changes in the military system were evident, although the changes in general policy were not so obvious.

Paragraph 2

—Military structure under the abdicated sovereigh.—

Military organization under the abdicated sovereigh which was developed from the end of the eleventh century to the twelfth century has not been made clear. The office of the retired soverign which was the heart of the abdicated sovereign's power, was originally a domestic organization of *jyōkō* (上皇), ex-emperor, or *hōō* (法皇), a retired emperor with a buddistname. One of the functions in the domestic organization, *hokumen no bushi* (北面の武士), samurai who guard the *inn*'s official residence, became the military force behind the abdicated sovereign's office. The *tōryō* was appointed to the *hokumen no bushi* and came to be based on the abdicated sovereign's military force. The abdicated sovereign didn't organize the soldiers who did the actual fighting, but they delegated responsibility for the formation and the leadership of the military force to the *tōryō*.

Paragraph 3

—Samurai disturbances in the time of the establishment of the Kamakura Shogunate.—

There were two samurai; *Sato Nakakiyo* (佐藤仲清) and *Sato Yoshikiyo* (佐藤能清), who lived and were active in *Arakawa no shō* (荒川荘) and *Tanaka no shō* (田中荘) in *Kiinokuni* (紀伊国) *Kouyasanryō* (高野山領), and whose lives covered the time from the latter part of the Heian Perid to the opening of the Kamakura Period. The history of the Japanese

military structure of that time can be understood through a consideration of their activities.

索　　引

あ 行

か 行

さ 行

た　行

な　行

は　行

ま　行

や　行

ら　行

わ　行

著者略歴

一九四〇年、京都市に生れる
一九六四年、京都大学文学部史学科（国史学専攻）卒業
一九六九年、京都大学大学院文学研究科博士課程修了
奈良大学文学部助教授を経て
現在、京都産業大学教養部教授

〔主要著書〕
京都―躍動する古代―　研究史平安京　渡来人
平安京再現

平安時代軍事制度の研究

昭和五十五年五月二十日　第一刷発行
平成二年四月一日　第五刷発行

著者　井《いの》上《うえ》満《みつ》郎《お》

発行者　吉川圭三

発行所　株式会社　吉川弘文館
郵便番号一一三
東京都文京区本郷七丁目二番八号
電話〇三―八一三―九一五一〈代〉
振替口座東京〇―二四四番

（印刷＝壮光舎・製本＝誠製本）

平安時代軍事制度の研究（オンデマンド版）

2018年10月1日　発行

著　者　井上満郎《いのうえみつお》

発行者　吉川道郎

発行所　株式会社 吉川弘文館

〒113-0033　東京都文京区本郷7丁目2番8号

TEL　03(3813)9151(代表)

URL　http://www.yoshikawa-k.co.jp/

印刷・製本　株式会社 デジタルパブリッシングサービス

URL　http://www.d-pub.co.jp/

井上 満郎（1940～）

ISBN978-4-642-72091-5